"一带一路"
沿线国家和地区海关管理及便利通关丛书

欧亚经济联盟国家海关管理及便利通关

CUSTOMS MANAGEMENT AND CLEARANCE FACILITATION
IN EURASIAN ECONOMIC UNION COUNTRIES

《欧亚经济联盟国家海关管理及便利通关》编委会 ◎ 编著

中国海关出版社有限公司

中国·北京

图书在版编目（CIP）数据

欧亚经济联盟国家海关管理及便利通关/《欧亚经济联盟国家海关管理及便利通关》编委会编著 . —北京：中国海关出版社有限公司，2021.1
（"一带一路"沿线国家和地区海关管理及便利通关丛书）
ISBN 978-7-5175-0489-4

Ⅰ.①欧… Ⅱ.①欧… Ⅲ.①海关管理-制度-欧洲、亚洲 Ⅳ.①F745.2

中国版本图书馆 CIP 数据核字（2020）第 268881 号

欧亚经济联盟国家海关管理及便利通关
OU YA JINGJI LIANMENG GUOJIA HAIGUAN GUANLI JI BIANLI TONGGUAN

作　　者：	《欧亚经济联盟国家海关管理及便利通关》编委会
总 策 划：	普　娜
责任编辑：	左桂月
出版发行：	中国海关出版社有限公司
社　　址：	北京市朝阳区东四环南路甲1号　　邮政编码：100023
编 辑 部：	01065194242-7527（电话）　　01065194234（传真）
发 行 部：	01065194221/4238/4246/4227（电话）　　01065194233（传真）
社办书店：	01065195616/5127（电话/传真）　　01065194262/63（邮购电话）
	https://weidian.com/?userid=319526934
印　　刷：	北京铭成印刷有限公司　　经　　销：新华书店
开　　本：	710mm×1000mm　1/16
印　　张：	24.75　　字　　数：465千字
版　　次：	2021年1月第1版
印　　次：	2021年1月第1次印刷
书　　号：	ISBN 978-7-5175-0489-4
定　　价：	80.00元

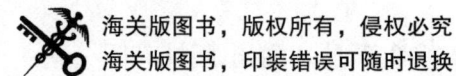

海关版图书，版权所有，侵权必究
海关版图书，印装错误可随时退换

《"一带一路"沿线国家和地区海关管理及便利通关丛书》编委会

主　任	张广志　许立荣
副主任	白　石　韩　坚
主　编	黄胜强
副主编	曹增东
编　委	王玉彦　钦明炜　孙晓波　仲伟玲　朱　振 华正红　刘　倩

《欧亚经济联盟国家海关管理及便利通关》编译委员会

主　　　编	卢厚林
副 主 编	朴明华　崔瑞杰
执行副主编	李华庆
编 写 人 员	马　婷　梅立峰　张志强　于　超　佟金辉
翻　　　译	高伟娜　王百海　王　轶　仲　颖　吴宇晗
	王一番　韩　东　刘怡宁　黄依舒

编写说明

为深入推进"一带一路"与欧亚经济联盟对接，全面了解欧亚经济联盟成员国海关管理及通关便利措施，推动与欧亚经济联盟成员国海关开展"三智"合作，支持中国企业"走出去"，促进贸易安全与便利，《欧亚经济联盟国家海关管理及便利通关》编委会成立编译工作组，组织俄语人才和业务骨干开展了欧亚经济联盟国家海关管理与通关制度研究工作。

自2018年1月1日《欧亚经济联盟海关法典》实施以来，俄罗斯、哈萨克斯坦、吉尔吉斯斯坦先后完成本国海关法典的修改，白俄罗斯、亚美尼亚的海关法典正在修改中。由于联盟各成员国国情不同，海关监管重点和监管方式有所差别，各成员国依据《欧亚经济联盟海关法典》，在本国海关法典中细化了规定。

本书的编写内容源于欧亚经济联盟各成员国海关法典，翻译和编写工作全部由海关业务专家完成，确保与欧亚经济联盟各成员国海关法典原文意思表达一致，其中重点介绍了欧亚经济联盟各成员国贸易概况、海关管理、口岸管理、通关程序、通关便利措施等内容。

此外，本书通过与中国海关通关制度的比较，梳理出欧亚经济联盟成员国的通关便利措施，包括提前支付税费预付款、变更税款缴纳期限、延迟确定海关完税价格、允许货物部分放行等，这些通关便利措施值得我们学习和借鉴。

在编译过程中，编译工作组力求做到翻译精准、表达准确，但由于能力和水平有限，文中难免有不足之处，敬请广大读者批评指正。

编译委员会
2020年12月

目　录
CONTENTS

欧亚经济联盟概况

一、欧亚经济联盟的前身——俄白哈关税同盟 | 3
二、欧亚经济联盟的成立与发展 | 5
三、欧亚经济联盟机构设置及其职能 | 6
四、丝绸之路经济带建设和欧亚经济联盟 | 7
五、《欧亚经济联盟海关法典》简介 | 8

第一篇　俄罗斯

第一章　俄罗斯国家概况 | 13
一、对外贸易发展概述 | 13
二、对外贸易政策的宗旨和目标 | 13
三、中俄经贸合作 | 14
四、"一带一盟"建设对接 | 14
五、中俄东部毗邻地区经贸合作 | 14

第二章　俄罗斯海关管理 | 16
第一节　海关概况 | 16
一、机构概况 | 16
二、海关职能 | 16
三、机构设置 | 17
四、地区海关局 | 19
五、俄罗斯海关法简介 | 22

六、俄罗斯海关历史沿革 | 23
　　七、2019 年俄罗斯联邦海关署主要工作 | 23
　　八、俄罗斯海关 2030 年发展战略 | 24
第二节　口岸管理 | 25
　　一、法律依据 | 25
　　二、一般性规定 | 25
　　三、基本要求 | 31
　　四、具体要求 | 33

第三章　俄罗斯通关程序 | 36
第一节　概　述 | 36
　　一、海关作业 | 36
　　二、海关优先作业 | 36
　　三、通关程序 | 36
第二节　预先信息和运输工具抵达申报 | 38
　　一、预先信息申报 | 38
　　二、运输工具申报 | 41
第三节　临时存储 | 43
　　一、一般规定 | 43
　　二、临时存储场地及期限 | 44
　　三、海关作业 | 44
第四节　申　报 | 45
　　一、申报人 | 45
　　二、报关代理 | 46
　　三、申报形式及内容 | 47
　　四、报关单处置 | 49
第五节　进出口税费 | 50
　　一、税收构成 | 50
　　二、海关规费 | 50
　　三、税款缴纳期限 | 53
　　四、税款计算 | 53
　　五、税款担保 | 54
　　六、税款退还 | 55

七、税款追征 | 56

第六节　商品归类 | 57
　　一、归类依据 | 57
　　二、商品归类的审核和确定 | 57
　　三、商品归类决定 | 57
　　四、商品归类预先决定 | 58

第七节　完税价格的确定 | 60
　　一、一般规定 | 60
　　二、确定完税价格的程序和方法 | 60

第八节　原产地的确认 | 65
　　一、原产地的概念 | 65
　　二、一般规定 | 65
　　三、原产地预先决定 | 65

第九节　海关检查 | 67
　　一、一般规定 | 67
　　二、海关查看和查验 | 67

第十节　货物放行 | 69
　　一、概念 | 69
　　二、部分放行 | 69
　　三、放行期限 | 69
　　四、特殊通关程序放行 | 70
　　五、有条件放行 | 72
　　六、不予放行 | 72

第十一节　海关稽查 | 73
　　一、一般规定 | 73
　　二、稽查方式 | 74
　　三、实施现场稽查海关关员的权利和义务 | 76
　　四、被稽查人的权利和义务 | 78
　　五、扣留、没收被稽查人账簿、单证或进出口货物 | 78
　　六、查封 | 80
　　七、稽查结论 | 80

第十二节　海关知识产权保护 | 81
　　一、适用范围 | 81

二、名录管理｜81
　　三、保护期限｜82
　　四、保护程序｜82

第四章　俄罗斯通关便利｜84
第一节　自由关税区海关制度｜84
　　一、设立目的｜84
　　二、基本情况｜85
　　三、企业入驻自由港的条件和要求｜85
　　四、特殊制度和优惠政策｜86
　　五、海关制度｜87
第二节　经认证的经营者（AEO）｜88
　　一、概念及范围｜88
　　二、列入名录条件｜89
　　三、适用的便利措施｜90
　　四、名录调整及退出｜90
第三节　暂时进出口制度｜91
　　一、暂时进口｜91
　　二、暂时出口｜93
第四节　预付款制度｜94
　　一、概念｜94
　　二、预付款的缴纳｜95
　　三、预付款的处置和使用｜95
　　四、预付款资金使用情况｜95
　　五、预付款的返还｜95
第五节　缴税期限变更｜97
　　一、概念｜97
　　二、适用条件｜97
　　三、不予变更缴纳期限的适用条件｜98
　　四、实施期限和要求｜98
　　五、利息｜99
第六节　特殊申报｜99
　　一、提前申报｜99

二、临时定期申报 | 100

第七节 管道及电线运输货物申报 | 101
一、管道运输货物申报 | 101
二、通过电线输送货物申报 | 104
三、税款担保 | 104
四、计量仪器管理 | 105

第二篇 白俄罗斯

第一章 白俄罗斯国家概况 | 109
一、国家概述 | 109
二、经济概述 | 109
三、对外贸易概述 | 110
四、中白经济合作 | 110

第二章 白俄罗斯海关管理 | 112
第一节 海关简介 | 112
一、机构概况 | 112
二、机构设置 | 112
三、机构职能 | 113
四、权利与义务 | 115
五、海关法规体系 | 117
六、历史沿革 | 118
七、白俄罗斯海关发展战略 | 119

第二节 口岸管理 | 119
一、工作职能 | 120
二、行政审批 | 120
三、口岸电子信息系统 | 121
四、发展规划 | 121

第三章 白俄罗斯通关程序 | 123
第一节 概 述 | 123

一、预先信息和运输工具抵达申报｜123
　　二、进出口货物海关申报｜123
　　三、税费缴纳｜124
　　四、海关检查和放行｜124
第二节　通关主体｜124
　　一、申报人｜125
　　二、报关代理人｜126
　　三、经认证的经营者｜128
第三节　预先信息和运输工具抵达申报｜132
　　一、预先信息申报｜132
　　二、运输工具申报｜133
第四节　临时存储｜133
　　一、概念｜133
　　二、临时储存地点｜133
　　三、递交和登记单证｜133
　　四、临时储存期限｜134
　　五、对临时储存货物的作业｜134
　　六、税款缴纳｜134
第五节　申　报｜135
　　一、概述｜135
　　二、报关单种类｜136
　　三、货物报关单｜136
　　四、转运报关单｜138
　　五、递交报关单证的期限｜138
　　六、报关单证的递交和登记｜139
　　七、报关单证的修改｜139
　　八、报关单证的撤销｜139
　　九、向海关提前申报货物｜139
第六节　商品归类、海关估价和原产地认定｜140
　　一、商品归类｜140
　　二、海关估价｜142
　　三、原产地认定｜146
第七节　进出口税费｜151

一、税费构成 | 151
　　二、税款计算 | 151
　　三、税款缴纳期限 | 152
　　四、税款退还 | 152
　　五、税款追征 | 153
　　六、税款担保 | 154
　　七、预缴款制度 | 155
　　八、海关规费 | 157
第八节　缴税期限变更 | 160
　　一、概念 | 160
　　二、适用条件 | 160
　　三、不予变更缴纳期限的适用条件 | 161
　　四、实施期限和要求 | 161
　　五、利息 | 161
第九节　监管方式 | 162
　　一、一般贸易 | 162
　　二、海关转运监管方式 | 163
　　三、海关仓库监管方式 | 165
　　四、关境内加工 | 167
　　五、关境外加工 | 170
　　六、加工供境内使用 | 172
　　七、暂时进口货物 | 175
　　八、暂时出口货物 | 177
　　九、复进口货物 | 179
　　十、复出口货物 | 180
　　十一、免税贸易货物 | 181
　　十二、销毁货物 | 182
　　十三、放弃并归国有货物 | 183
第十节　海关检查 | 183
　　一、概述 | 183
　　二、实施海关检查的方式和程序 | 184
　　三、海关鉴定 | 186
第十一节　货物放行 | 187

一、货物放行期限 | 188
　　二、有条件放行的货物 | 189
　　三、拒绝放行货物 | 189
第十二节　海关稽查 | 189
　　一、海关稽查概述 | 189
　　二、海关稽查人员实施稽查时的权利和义务 | 190
　　三、被稽查人员在海关实施稽查时的权利和义务 | 191
　　四、不配合现场稽查的处置 | 192
　　五、扣留、没收被稽查人账簿、单证或进出口货物 | 192

第三篇　哈萨克斯坦

第一章　哈萨克斯坦国家概况 | 197
　　一、国家概述 | 197
　　二、经济概述 | 197
　　三、对外贸易概述 | 197
　　四、中国与哈萨克斯坦的经贸关系 | 198

第二章　哈萨克斯坦海关管理 | 200
第一节　哈萨克斯坦海关概况 | 200
　　一、机构沿革 | 200
　　二、机构体系 | 200
　　三、机构设置 | 201
　　四、发展战略 | 201
第二节　海关法律体系 | 202
第三节　海关职责 | 202
　　一、海关政策领域职责 | 203
　　二、海关事务领域职责 | 203
第四节　海关的任务和职能 | 204
　　一、哈萨克斯坦共和国海关的任务 | 204
　　二、哈萨克斯坦共和国海关的职能 | 204
第五节　海关的权利和义务 | 205

一、海关依法享有的权利｜205
　　二、海关应当履行的义务｜206
第六节　口岸管理｜207
　　一、管理体制｜207
　　二、口岸管理部门职责｜208
　　三、口岸管理改革情况｜209
　　四、中哈边境口岸概况｜209

第三章　哈萨克斯坦通关程序｜211
第一节　概　述｜211
　　一、办理通关业务的地点和时间｜211
　　二、办理通关业务所需的单证和信息｜211
　　三、通关程序概述｜212
　　四、禁止和限制规定｜214
第二节　预先信息申报｜215
　　一、预先信息的用途｜215
　　二、预先信息的分类｜215
　　三、预先信息的提交期限｜215
　　四、预先信息的内容｜215
　　五、预先信息的提交｜219
　　六、海关对预先信息的处置｜219
　　七、不予提交预先信息的情况｜220
第三节　货物运抵欧亚经济联盟关境｜220
　　一、货物运抵欧亚经济联盟关境时的处置｜220
　　二、货物运抵欧亚经济联盟关境时的通关手续｜221
　　三、货物运抵申报时应向海关提交的单证和信息｜222
　　四、货物在运抵地的装卸作业｜224
第四节　货物运离欧亚经济联盟关境｜224
　　一、货物运离欧亚经济联盟关境的通关手续｜224
　　二、货物运离欧亚经济联盟关境的要求｜225
　　三、货物出境前的装卸作业或者更换运输工具｜226
第五节　临时存储｜226
　　一、货物临时存储概述｜226

二、货物临时存储场地 | 228

三、货物临时存储通关手续的办理 | 231

四、货物临时存储期限 | 232

五、对临时存储货物的处置 | 232

第六节　进出境运输工具 | 232

一、概述 | 232

二、暂时进境运输工具 | 234

三、暂时出境运输工具 | 236

四、进出境运输工具的申报 | 237

第七节　申　报 | 238

一、申报的基本规定 | 238

二、申报人 | 239

三、报关代理人 | 241

四、海关申报单类型 | 244

五、货物报关单和转运货物申报单应申报的信息 | 244

六、海关申报单申报信息证明文件 | 246

七、申报单的提交 | 246

八、申报单提交期限 | 247

九、申报单接单或退单 | 247

十、申报单信息变更及补充 | 248

十一、申报单的撤销 | 248

第八节　进出口税费 | 249

一、海关税费 | 249

二、海关规费 | 249

三、关税、进口增值税、海关规费付款人 | 250

第九节　海关检查 | 251

一、问询 | 251

二、核查报关单证和信息 | 251

三、外形查验 | 254

四、开箱查验 | 255

五、人身检查 | 256

六、检查场所 | 258

七、海关稽查 | 259

第十节　货物放行 | 269
　　一、货物放行概述 | 269
　　二、货物放行期限 | 269
　　三、发现行政或刑事违法行为时的货物放行 | 271
　　四、知识产权货物的放行 | 271
　　五、不予放行货物 | 273

第四章　哈萨克斯坦通关便利 | 274
第一节　优先办理通关手续的情况 | 274
第二节　经认证的经营者（AEO） | 274
　　一、概念 | 274
　　二、经认证的经营者（AEO）申请条件 | 274
　　三、经认证的经营者（AEO）认证程序 | 276
　　四、经认证的经营者（AEO）名录 | 277
　　五、经认证的经营者（AEO）证书效力的变更 | 278
　　六、经认证的经营者（AEO）享受的通关便利措施 | 280
第三节　特殊申报方式 | 282
　　一、提前申报 | 282
　　二、不完整申报 | 283
　　三、定期申报 | 283
　　四、临时申报 | 284
　　五、未组装件或拆散件的申报 | 285
第四节　税费缴纳便利措施 | 286
　　一、预缴款 | 286
　　二、缴税期限变更 | 287
第五节　特殊放行程序 | 288
　　一、递交报关单前的货物放行 | 289
　　二、办结单证和信息核查手续前的货物放行 | 291
　　三、海关化验结果出具前的货物放行 | 291
　　四、其他特定条件下的货物放行 | 292

第四篇　吉尔吉斯斯坦

第一章　吉尔吉斯斯坦国家概况 | 297
一、国家概述 | 297
二、经济概述 | 297
三、对外经济关系概述 | 297
四、与中国的经贸合作 | 298

第二章　吉尔吉斯斯坦海关管理 | 299
第一节　海关概况 | 299
一、机构概况 | 299
二、海关职能 | 299
三、机构设置 | 299
四、历史沿革 | 301
五、2019 年吉尔吉斯斯坦进出口贸易情况 | 302
六、吉尔吉斯斯坦海关 2019 年至 2023 年发展战略 | 303

第二节　口岸管理 | 303
一、管理机构 | 303
二、发展规划 | 304
三、中吉口岸情况 | 304

第三章　吉尔吉斯斯坦通关程序 | 306
第一节　概　述 | 306
一、法律依据 | 306
二、申报规定 | 306
三、海关监管方式 | 307
四、海关监管区 | 308
五、海关监管 | 308
六、风险管理 | 308
七、海关统计 | 309

第二节　申报人 | 309
一、申报人范围 | 309

二、申报人的权利 | 310

三、申报人的义务 | 310

四、申报人的责任 | 310

五、申报形式 | 310

六、申报单及所需信息 | 311

七、报关单申报及受理 | 313

八、特殊申报 | 313

第三节　经认证的经营者（AEO） | 315

一、概念及范围 | 315

二、证书类型 | 315

三、申请程序 | 316

四、担保 | 316

五、适用便利措施 | 316

六、调整及退出 | 317

第四节　货物进出境 | 317

一、预先信息申报 | 317

二、运输工具申报 | 319

三、货物运抵后作业 | 320

四、临时存储 | 321

五、货物运离欧亚经济联盟关境的通关手续 | 322

第五节　进出口税费 | 324

一、海关税的分类 | 324

二、征税对象及关税、进口环节税计算的基础 | 324

三、关税、进口环节税的计算 | 325

四、关税、进口环节税适用的税率 | 325

五、税费收缴方式 | 325

六、税款缴纳义务的履行 | 325

七、特定条件下放行货物转为进口货物的税费缴纳规定 | 326

八、滞纳金 | 326

九、海关规费 | 327

第六节　海关检查 | 328

一、海关检查方式 | 328

二、可采取的措施 | 328

三、问询 | 329

　　四、审核海关单证和信息 | 329

　　五、海关查看 | 330

　　六、海关查验 | 330

　　七、海关人身检查 | 331

　　八、场所验收和巡查 | 332

　　九、海关稽查 | 332

第七节　货物放行 | 335

　　一、放行的一般规定 | 335

　　二、货物放行期限 | 336

　　三、货物申报前放行 | 336

　　四、发现违法或犯罪行为时货物放行 | 337

　　五、对具有知识产权的货物放行期限的中止和恢复 | 337

　　六、不予放行的货物 | 337

第五篇　亚美尼亚

第一章　亚美尼亚国家概况 | 341

　　一、国家概述 | 341

　　二、经济概述 | 341

　　三、对外贸易概述 | 341

第二章　亚美尼亚海关管理 | 343

第一节　海关概况 | 343

　　一、机构概况 | 343

　　二、海关职能 | 343

　　三、机构设置 | 344

　　四、历史沿革 | 344

第二节　口岸管理 | 345

　　一、口岸管理职责分工 | 345

　　二、口岸发展趋势 | 346

第三章　亚美尼亚通关程序 | 347

第一节　概　述 | 347

　　一、执法依据 | 347

　　二、通关方式 | 347

　　三、通关单证 | 347

　　四、外贸经营权 | 347

第二节　申　报 | 348

　　一、申报人 | 348

　　二、海关申报单 | 348

　　三、申报地点 | 349

　　四、申报方式 | 349

第三节　进出口税费 | 352

　　一、海关税收种类 | 352

　　二、税款缴纳期限变更 | 353

　　三、税款担保 | 354

　　四、税款滞纳罚款标准 | 355

　　五、海关规费 | 355

第四节　海关检查 | 358

　　一、概述 | 358

　　二、实施海关检查的方式和程序 | 359

　　三、海关鉴定 | 361

第五节　货物放行 | 362

　　一、货物放行期限 | 362

　　二、有条件放行货物 | 363

　　三、拒绝放行货物 | 364

第六节　海关稽查 | 364

　　一、海关稽查概述 | 364

　　二、海关稽查人员实施稽查时的权利和义务 | 365

　　三、被稽查人员在海关实施稽查时的权利和义务 | 366

　　四、不配合现场稽查的处置 | 367

　　五、扣留、没收被稽查人账簿、单证或进出口货物 | 367

　　六、稽查结论 | 369

欧亚经济联盟概况

OUYA JINGJI LIANMENG GAIKUANG

欧亚经济联盟成立于2015年,其前身为俄白哈关税同盟。成员国包括俄罗斯、哈萨克斯坦、白俄罗斯、吉尔吉斯斯坦和亚美尼亚,这五国均是我国在"一带一路"建设中的重要合作伙伴。欧亚经济联盟总面积2028.73万平方公里,约占世界陆地面积的14%;人口1.83亿,约占全球人口的2.5%;石油和天然气储量分别占全球的9%和25%。欧亚经济联盟的目标是在2025年前实现联盟内部商品、服务、资本和劳动力自由流动,并推行协调一致的经济政策,最终建立类似于欧盟的经济联盟。

一、欧亚经济联盟的前身——俄白哈关税同盟

1995年1月6日,俄罗斯与白俄罗斯签署首个关税同盟协议;同年1月20日,哈萨克斯坦加入俄白关税同盟。1999年2月,俄罗斯、白俄罗斯、哈萨克斯坦、吉尔吉斯斯坦和塔吉克斯坦五国签署建立关税同盟的协定。2000年10月,上述五国签署协定,将关税同盟改组为欧亚经济共同体。2007年10月,俄、白、哈三国签署在欧亚经济共同体基础上成立关税同盟的协定。2009年11月27日,欧亚经济共同体政府间委员会(俄白哈关税同盟的最高机构)在明斯克召开会议,俄罗斯、白俄罗斯、哈萨克斯坦三国元首签署了包括《关税同盟海关法典》在内的9个文件,标志着俄白哈关税同盟正式成立。2010年1月1日起,俄白哈关税同盟启动,对外实行统一进口关税(部分商品有过渡期);7月1日起,俄罗斯与白俄罗斯率先取消关境。2011年7月1日起,俄罗斯与哈萨克斯坦取消关境。2012年1月1日起,三国取消彼此间的所有贸易、资本和劳动力流动壁垒。

(一)组织机构及争端解决机制

1. 组织机构

俄白哈关税同盟最高领导机构为欧亚经济共同体国家委员会(暨欧亚经济共同体最高机构),由成员国国家元首和政府首脑组成。同盟唯一的常设协调机构是"关税同盟委员会",拥有处理有关同盟运作一切事务的权力,如制定外贸商品目录、进出口税率、税率优惠和配额政策,以及研究和实施非关税调节措施等。

2. 争端解决机制

关税同盟委员会做出的决定具有超主权性质,成员国必须执行。如果成员国本国法律与该委员会的决定不一致,委员会决议的效力则大于成员国的国内法律。如果成员国对委员会的决定有异议,且内部协商未能达成一致意见,则可以提交给欧亚经济共同体国家委员会解决。

3. 进出口贸易统计中心

俄白哈关税同盟建立统一的进出口贸易海关统计中心,各国建立该中心的分支机构,成员国海关按照《关税同盟海关法典》规定的方法进行统计,定期将统计信息汇总并进行交换,以便为税收分配提供依据。俄、白、哈三国均在除本国以外的其他两国派驻税务代表机构,每月相互交换货物进出境信息和纳税资料,负责协调和处理征退税事宜。

(二)进口关税、增值税、消费税征缴机制

1. 进口税率的确定

2009年11月,欧亚经济共同体国家委员会和关税同盟委员会共同批准了《关税同盟统一税率》,并于2010年1月1日实行。统一税率中的进口关税税率以关税同盟成立前俄罗斯的进口税率为基础制定。俄、白、哈三国分别调整了其进口关税税率。俄罗斯调整了约18%的税率,其中上调350种,下调1500种。白俄罗斯74.6%的进口税率与俄罗斯相同,只上调了6.7%的进口税率。哈萨克斯坦与俄罗斯相比,进口税率重合度仅为36%,上调了5044种商品的进口税率,下调商品占比约为5%,平均关税税率由6.2%提高至10.6%。关税同盟为哈萨克斯坦400多种商品提供1~5年的"过渡期",要求哈萨克斯坦分阶段与统一税率接轨。

2. 对第三国征收机制

关税同盟对来自非成员国的进口货物,在货物报关口岸统一征收关税、增值税和消费税。

3. 成员国内部征收机制

关税同盟成员国之间进出口的货物免征关税,由税务机关征收增值税和消费税。对于增值税税率,由各成员国自行决定。2010年,俄罗斯和白俄罗斯的增值税税率为18%,哈萨克斯坦的增值税税率为12%。消费税税率根据不同的商品,按各成员国现有的规定征收。

(三)税收分配机制

1. 进口关税分配比例

经俄、白、哈三国协商,从2010年9月1日起,俄罗斯、哈萨克斯坦、

白俄罗斯关税同盟开始实施新的关税收入分配机制，俄、白、哈三国所得比率分别为87.97%、4.7%、7.33%。

2. 增值税、消费税收入分配实行先征后退

进口商自成员国进口时，向本国政府缴纳增值税、消费税。出口商凭出口单据向本国政府申请退税。三国税务部门建立信息交换系统，每月相互交换货物过境和纳税资料，负责协调和处理征退税事宜。

二、欧亚经济联盟的成立与发展

2014年5月29日，负责俄罗斯、白俄罗斯、哈萨克斯坦三国一体化进程的超国家机构——欧亚经济委员会最高理事会会议在哈萨克斯坦首都阿斯塔纳举行。俄罗斯总统普京、白俄罗斯总统卢卡申科、哈萨克斯坦总统纳扎尔巴耶夫在会上正式签署《欧亚经济联盟条约》。根据条约，欧亚经济联盟于2015年1月1日正式启动，欧亚经济共同体所有机构活动正式停止，其功能由欧亚经济联盟代替。2015年1月2日亚美尼亚加入欧亚经济联盟，2015年8月12日吉尔吉斯斯坦加入欧亚经济联盟。

2019年10月1日，欧亚经济联盟最高权力机构——欧亚经济委员会最高理事会在亚美尼亚首都埃里温举行会议，与会方讨论了推动欧亚经济联盟内部建立统一金融市场、调整成员国进口关税、协调成员国在天然气供应和运输等领域立法等议题。2020年1月1日，欧亚经济联盟各成员国就进口关税收入分配方案达成共识，分配比率为：俄罗斯85.065%，哈萨克斯坦6.955%，白俄罗斯4.86%，吉尔吉斯斯坦1.9%，亚美尼亚1.22%。

2019年12月20日，欧亚经济委员会最高理事会在圣彼得堡举行会议，会上确认白俄罗斯接任欧亚经济委员会执委会主席国。经过参会各方决议，白俄罗斯国民会议共和国院（议会上院）主席、前总理米亚斯尼科维奇被确认为下一任欧亚经济委员会执委会主席。

欧亚经济联盟实施观察员制度。2018年5月，摩尔多瓦成为联盟首个观察员国。2020年9月和10月，欧亚经济委员会分别审议通过乌兹别克斯坦、古巴获得欧亚经济联盟观察员国地位的决议，该决议待各成员国元首签署后即可生效。

2020年4月14日，欧亚经济委员会最高理事会会议通过视频连线方式举行。欧亚经济联盟轮值主席、白俄罗斯总统卢卡申科主持会议，哈萨克斯坦总统托卡耶夫、俄罗斯总统普京、吉尔吉斯斯坦总统吉恩别科夫、亚美尼亚总理帕希尼扬和欧亚经济委员会执委会主席米亚斯尼科维奇出席了会议。与会者就欧亚经济一体化2025年发展规划制定进程、欧亚经济联盟成员国天然气过境运输价格、国际道路运输分阶段自由化、制订欧亚经济联盟成员国经济发展方案和加强医疗卫生领域的合作问题进行了讨论。根据会议结果，各成员国元首通过了关于共同应对新冠疫情的联合声明。根据声明，各成员国承诺加强新冠疫情应对措施合作，以及促进医疗卫生领域的诊疗和研究合作。此外，声明要求各成员国努力保持贸易和市场的稳定，以及向人民群众提供支持。

三、欧亚经济联盟机构设置及其职能

（一）欧亚经济联盟最高理事会

欧亚经济联盟最高理事会是欧亚经济联盟的最高机构，由各联盟成员国的总统组成。

（二）欧亚经济联盟政府间理事会

欧亚经济联盟政府间理事会由各成员国政府首脑组成。

（三）欧亚经济委员会

欧亚经济委员会是欧亚经济联盟常设的超国家管理机构，主要任务是保障欧亚经济联盟的运行和发展，并制定欧亚经济联盟框架下经济一体化的建议，于 2012 年 2 月 2 日开始运行。

欧亚经济委员会由欧亚经济委员会理事会和欧亚经济委员会部长级理事会组成。欧亚经济委员会理事会由各成员国政府副总理组成。欧亚经济委员会部长级理事会由 10 名成员组成，每个成员国有 2 名理事会委员（部长）的名额，其中一名担任欧亚经济委员会主席。具体为：主席，贸易委员，一体化与宏观经济委员，经济与财政政策委员，竞争与反垄断调节委员，技术调节委员，工业与农工综合体委员，能源与基础设施委员，海关合作委员，内部市场、信息化及通信技术委员。根据欧亚经济联盟最高理事会决议，委员会主席和理事会委员的任期为 4 年并可继续留任。目前，欧亚经济委员会部长级理事会内设 23 个司，通过竞聘的方式选拔司长。委员会主席和理事会委员各设一个秘书处，分管 2~5 个司。

欧亚经济委员会的主要工作方向和任务包括：核算和分配进口关税，确定与第三国开展贸易的管理制度，开展对外贸易和联盟成员国间贸易统计，制定宏观经济政策、市场竞争政策、能源政策、货币政策，实施工业和农业补贴、国家和政府采购，研究解决涉及自然垄断、服务贸易和投资、运输、知识产权保护、劳务移民、金融市场（银行、保险、外汇、证券市场）、关税和非关税措施、海关管理、信息化、通信技术等领域的问题。

（四）欧亚经济联盟法院

欧亚经济联盟法院是负责确保成员国和联盟机构在欧亚经济联盟框架内适用《欧亚经济联盟条约》和其他国际条约的司法机构。

四、丝绸之路经济带建设和欧亚经济联盟

2015年5月，中国习近平主席与俄罗斯总统普京在莫斯科签署《关于丝绸之路经济带建设和欧亚经济联盟建设对接合作的联合声明》，宣布启动中国与欧亚经济联盟经贸合作方面的协定谈判。自2016年10月首轮谈判以来，双方通过五轮谈判、三次工作组会和两次部长级磋商，于2017年10月1日顺利实质性结束谈判。

2018年5月17日，中国商务部国际贸易谈判代表兼副部长傅自应同欧亚经济委员会执委会主席萨尔基相及欧亚经济联盟各成员国代表在哈萨克斯坦首都阿斯塔纳共同签署经贸合作协定。该协定是中国与欧亚经济联盟在经贸方面首次达成的重要制度性安排，标志着中国与该联盟及其成员国经贸合作从项目带动进入制度引领的新阶段，对于推动"一带一路"建设与欧亚经济联盟建设对接合作具有里程碑意义。该协定旨在进一步减少非关税贸易壁垒，提高贸易便利化水平，为产业发展营造良好环境，促进中国与欧亚经济联盟及其成员国经贸关系深入发展，为双方企业和人民带来实惠，为双边经贸合作提供制度性保障。协定范围涵盖海关合作和贸易便利化、知识产权、部门合作及政府采购等，涉及13个章节，包含了电子商务和竞争等新议题。双方同意通过加强合作、信息交换、经验交流等方式，进一步简化通关手续，降低货物贸易成本。

2019年10月25日，中国国务院总理李克强和欧亚经济联盟各成员国总理共同发表《关于2018年5月17日签署的〈中华人民共和国与欧亚经济联盟经贸合作协定〉生效的联合声明》，中国与欧亚经济联盟经贸合作协定正式生效。联合声明表示，协定的生效是建设共同经济发展空间、实现"一带一路"倡议与欧亚经济联盟对接，以及"一带一路"倡议与大欧亚伙伴关系倡议协调发展的重要举措，认为协定将有助于双方在经贸领域开展互利合作和建设性对话，有必要尽早顺利启动旨在促进双边贸易与合作的协定条款的实施工作，并保证发挥包括协定联合委员会在内的合作机制应有的作用。

中国和欧亚经济联盟经济互补性较强。联盟主要对中国出口石油、天然气、矿产品、木材及纸浆制品、金属及其制品。中国对联盟出口的产品主要

包括机械设备、交通工具、纺织品和鞋类产品、化工产品、橡胶、金属及其制品等。据中国海关统计，2017年1月至8月，中国与联盟成员国贸易总额为695.4亿美元，同比增长44.4%。中国继续保持联盟最大贸易伙伴国地位，在联盟进出口贸易总额中占比约15%。

五、《欧亚经济联盟海关法典》简介

2016年12月26日，在欧亚经济联盟最高理事会会议上，欧亚经济联盟各成员国元首签署了关于《欧亚经济联盟海关法典》的条约。该法典自2018年1月1日起正式生效。同时，自2010年7月开始施行的《关税同盟海关法典》正式废止。

《欧亚经济联盟海关法典》是联盟十分重要的一部法典，其在联盟法律体系中的地位仅次于《欧亚经济联盟条约》。该法典共有9编、61章、465条，对海关职能、海关制度、海关税费、海关监管、海关作业等进行了十分详细的规定，吸收了国际上海关管理的先进理念和做法。该法典的施行，进一步统一欧亚经济联盟5个成员国的海关管理，为企业进出口贸易创造更为有利的条件，将更好地促进贸易发展。与《关税同盟海关法典》相比，《欧亚经济联盟海关法典》主要变化包括以下方面：

1. 内容更多，规定更为详细。《关税同盟海关法典》共有8编、50章、372条，中文译文约13万字；而《欧亚经济联盟海关法典》共有9编、61章、465条，且有2个附件，中文译文约为43万字，涵盖的内容更多，规定更为详细。

《关税同盟海关法典》规定，诸多海关领域里的问题由各成员国法律自行规定，并签署有20个协定以调整海关领域里诸如商品估价、旅客进出境行李物品监管等问题。这就造成各成员国海关管理制度差距较大。《欧亚经济联盟海关法典》将更多的海关管理权限交由欧亚经济委员会负责实施，并将20个协定的内容直接在联盟海关法典内容中予以体现。

2. 电子申报成为主要申报方式。《关税同盟海关法典》规定，货物申报可采用电子申报或者纸质申报单，但在实践中更多地采用纸质申报单，电子申报仅是重复纸质申报单内容。《欧亚经济联盟海关法典》规定，货物采用电子方式进行申报，仅在特殊情况下（如停电造成海关信息系统无法使用）才可采用纸质申报单。进出口企业通过互联网报关，减少与海关工作人员接触，提高了通关手续办理速度。

3. 不需要提交报关单填制所依据的单证。《关税同盟海关法典》规定，在向海关递交申报单申报货物时，必须提交填制申报单所依据的单证。《欧亚

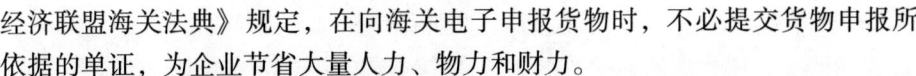

经济联盟海关法典》规定，在向海关电子申报货物时，不必提交货物申报所依据的单证，为企业节省大量人力、物力和财力。

4. 海关信息系统自动放行货物。《关税同盟海关法典》规定，货物放行必须由海关工作人员实施，海关信息系统无法自动放行货物。《欧亚经济联盟海关法典》规定，海关信息系统可自动放行货物。根据目前俄罗斯海关的实践，如果一切正常，海关信息系统放行一批货物一般只需5分钟。

5. 实施"单一窗口"制度。《关税同盟海关法典》规定，在向海关申报货物时，必须提交与放行货物有关的单证和信息。而《欧亚经济联盟海关法典》规定，如果海关信息系统中具有这些单证和信息，或者海关可以从其他国家机关信息系统中获取这些单证和信息，则不必提供。

6. 大幅缩短货物放行时间。《关税同盟海关法典》规定，海关一般在登记申报单之日的下一个工作日放行货物，特殊情况下为4个小时。《欧亚经济联盟海关法典》规定，海关一般在登记申报单之时起4个小时内放行货物，特殊情况下为一个工作日。《欧亚经济联盟海关法典》实施以来，海关手续办理时间缩短一半，货物通关时间缩减至原来的六分之一左右。

7. 扩大经授权的经营者权限。《关税同盟海关法典》规定，只有申报人才能成为经认证的经营者（AEO）。《欧亚经济联盟海关法典》规定，除申报人外，报关代理人、海关承运人、海关仓库所有人等都可以成为经认证的经营者。此外，经认证的经营者根据其运营的时间长短，保证金最低只需15万欧元。此外，《欧亚经济联盟海关法典》规定，经认证的经营者有三种类型，每种类型享有不同的海关通关便利；可以与非联盟国家开展经认证的经营者互认。这为与非联盟成员国有关国家机关开展经认证的经营者认证合作从法律上赋予了海关权限。

8. 规定网购商品免税进口限额。根据《欧亚经济联盟海关法典》规定，委员会可以规定网购商品免税进口的最高数量和最高价值限额，而各成员国可以规定比此价值限额更低的限额。

9. 延迟缴纳海关税费。《欧亚经济联盟海关法典》规定，可以在货物放行后1个月内缴纳海关税费，但同时必须支付利息。在一些不可抗力情况下，可以延迟到6个月内缴纳海关税费。

10. 延迟确定海关价值。对进口商品进行估价，是海关征税最为重要的环节。根据《欧亚经济联盟海关法典》，如果在海关申报时，难以准确确定货物海关价值，可以根据现有的单证和信息确定初步价值征税放行。在确定商品准确价值后，再补缴有关税费。

第一篇 俄罗斯
DI-YI PIAN ELUOSI

第一章 俄罗斯国家概况

俄罗斯（俄文：Россия，英文：Russia），国土面积为1709.82万平方公里，位于欧洲东部和亚洲北部，是世界上面积最大的国家。俄罗斯将全国划分为8个地区，在各地区派驻总统全权代表，以加强对各联邦区的垂直领导。俄罗斯最基本的行政单位为联邦主体，目前共有85个联邦主体，包括22个自治共和国、46个州、9个边疆区、4个自治区、1个自治州、3个联邦直辖市。

一、对外贸易发展概述

自1992年1月起，俄罗斯推行经济自由化政策，国内放开物价，对外放开贸易管制，建立起全面自由的贸易体制。1992—1999年，因经济发展持续低迷，俄罗斯对外贸易发展缓慢。2000—2008年，因经济形势逐步好转、经济稳步发展，俄罗斯对外贸易步入不断增长的轨道。2009年以来，由于受到国际金融危机的冲击，俄罗斯经济出现起伏，其对外贸易发展也随之波动。

俄罗斯的进出口商品结构较为单一。在出口商品结构中，能源类产品占主导地位，其他出口商品包括金属及其制品、化工产品、机械、设备及交通工具、食品及农业原料、木材及纸浆等均居次要地位。在进口商品结构中，机电产品是俄罗斯的主要进口商品，占比为48.6%。俄罗斯的主要贸易伙伴（含独联体国家）有：中国、德国、荷兰、意大利、乌克兰、白俄罗斯、土耳其、日本、美国、波兰、英国、芬兰。

二、对外贸易政策的宗旨和目标

俄罗斯长期对外贸易政策的宗旨是为俄罗斯有效参与国际劳动分工和提高其经济的全球竞争能力，为增强俄罗斯在世界经济中的主导地位创造条件。具体目标为：在对外贸易能源和原材料出口稳步增加（年增加1%~2%）的情况下，将俄罗斯在世界经济中的比重从2007年的3.2%（按照购买力指数计算）提高到2020年的4.3%；出口额从2007年的3540亿美元增至2020年的9000多亿美元（以2007年国际市场石油价格在80~90美元区间波动为前提）；与2007年相比，到2020年建筑机械设备出口增加5倍以上，达到1100

亿~1300亿美元；与2006年相比，到2020年运输服务出口增加3倍以上，达到450亿美元；到2020年将俄罗斯在5~7个品类的高技术商品和服务市场的比重提高到5%~10%的水平上。

三、中俄经贸合作

中俄双边和区域经贸合作经历了初期的迅猛发展、低位调整、稳步快速发展、后国际金融危机时代的大幅波动的4个发展阶段，总体呈现出规模不断扩大、层次日益提高、合作领域逐步拓展的积极态势。自1992年以来，中俄贸易额已经从最初的56.8亿美元增长到2019年的1107.57亿美元。目前，中俄经贸合作的主要领域包括能源合作、林业合作、科技合作、旅游合作及电商合作等。在能源合作领域，2010年11月，中俄原油管道漠大正式开通；2018年1月，中俄原油管道漠大二线正式运营，每年向中国通过管道输送3000万吨原油。截至2020年7月，累计输送原油1.86亿吨。在林业合作方面，俄罗斯是中国第一大原木进口来源国，2019年自俄罗斯进口原木及锯材2589.24万立方米。

2009年至今，中俄双边经贸波动幅度较大。2009年至2019年双边经贸额每年分别为396.00亿美元、548.00亿美元、792.50亿美元、881.60亿美元、892.10亿美元、952.80亿美元、635.52亿美元、695.00亿美元、840.71亿美元、1070.6亿美元、1107.57亿美元。

四、"一带一盟"建设对接

2015年5月8日，中俄两国在莫斯科发表了《中华人民共和国与俄罗斯联邦关于丝绸之路经济带建设和欧亚经济联盟建设对接合作的联合声明》(简称《"一带一盟"建设对接》)。其中，中国支持俄罗斯积极推进欧亚经济联盟框架内一体化进程，并将启动与欧亚经济联盟经贸合作方面的协议谈判；俄罗斯支持丝绸之路经济带的建设，愿与中国密切合作，并着力推动落实。

中俄在共同建设"一带一盟"框架内的合作潜力巨大，既能够互利共赢，又能够惠及相关国家和地区，因而双方合作的愿望强烈，已经就落实具体合作项目展开了积极而富有成效的洽谈。

五、中俄东部毗邻地区经贸合作

中国东北地区和俄罗斯远东联邦区在各自国家的经济发展中扮演着重要

角色、发挥着重要作用。为了协调国家区域间的发展，中国提出了老工业基地振兴战略，俄罗斯提出了东部地区经济开发国家政策。

中俄关系达到历史上最好水平，进入中俄全面战略协作伙伴关系新阶段。在中俄全面战略协作伙伴关系的大背景下，两国不断加大在东部毗邻地区的开发力度，同时借助俄罗斯加入世界贸易组织、成立远东联邦区经济发展部、APEC 峰会在符拉迪沃斯托克举行等重大利好事件，通过"双向点轴合作开发模式""网状经济合作模式"，中俄两国东部毗邻地区区域间经济合作获得新的机遇，双方的经济合作具有广阔的发展前景。为协调实施中俄地区发展战略，中俄两国先后制定了《中华人民共和国东北地区与俄罗斯远东及东西伯利亚地区合作规划纲要（2009—2018 年）》《中俄在俄罗斯远东地区合作发展规划（2018—2024 年）》，这为中俄东部毗邻地区开展经济合作、共同发展和繁荣创造了良好的条件。

第二章　俄罗斯海关管理

第一节　海关概况

一、机构概况

俄罗斯海关是俄罗斯联邦进出境监督管理机关，负责对进出境运输工具、货物、物品实施监管，查缉走私活动，执行外汇监管政策，保护知识产权，协助管理口岸交通，验核口岸卫生检疫和动植物检疫单证等工作。

俄罗斯联邦海关署自2016年起划归俄罗斯联邦财政部管辖，其行政长官的任命与撤职由俄罗斯联邦政府根据财政部的提议决定。俄罗斯联邦海关署与俄罗斯联邦税务局每年的税收超过俄罗斯联邦政府90%的预算收入。2019年，俄罗斯联邦海关署收缴税款5.72万亿卢布，占国库收入的28.4%；俄罗斯联邦税务局收缴税款12.61万亿卢布，占国库收入的62.5%。俄罗斯海关属于准军事组织——配备制式武器、实行衔级制度，实施统一的准军事化后勤和补给。俄罗斯海关关员分为享有关衔类公务员和国家文职公务员两类。关衔类公务员一般从事具体执法工作，如海关缉私、监察、审计，以及各层级海关负责人等，约占全体海关人员的25%。俄罗斯海关关衔分为4类13级，海关署长为海关高级国家顾问（高于海关上将），地区海关局局长通常为海关上将、海关中将或海关少将。文职公务员一般从事行政类工作，如海关统计、监管、税收等，约占全体海关人员的60%，分为3类18级。

二、海关职能

（一）基本职能

俄罗斯海关根据《欧亚经济联盟条约》《俄罗斯海关法》《俄罗斯货币法》《俄罗斯刑法》《俄罗斯行政法》等法律、条约的规定，具有以下基本职能：

1. 实施进出境监管；

2. 征收关税和其他税费；

3. 开展对外贸易及与欧亚经济联盟成员国之间贸易数据的统计；

4. 执行进出境商品禁限管理；

5. 开展知识产权保护；

6. 查缉毒品、文物、武器弹药、濒危动植物走私等违法违规活动；

7. 实施外汇监管，打击洗钱活动；

8. 确保跨关境运输货物和运输工具遵守规章制度。

（二）其他职能

除基本职能外，俄罗斯海关还具有以下职能：

1. 促进对外贸易的发展，促进俄罗斯出口，拓展过境潜力，保护国内生产者的利益；

2. 采取措施保护国家安全、公共秩序、人民生命健康、动植物、环境，保护进口商品消费者权益；

3. 协助外贸参与者行使权利；

4. 确保俄罗斯在世界海关领域履行国际义务，与外国海关或其他主管部门及国际组织开展合作；

5. 提供有关海关事务的信息；

6. 开展项目研发。

此外，俄罗斯其他法律法规还赋予俄罗斯海关行政或刑事执法权，协助履行交通管理、卫生检疫、动植物检疫等方面的职责。

三、机构设置

俄罗斯联邦海关署实行垂直管理体制，统一管理全国海关，在组织机构上可分为4个层次：海关署、地区海关局、隶属海关、海关站。目前，俄罗斯联邦海关署内设21个局，8个地区海关局，3个专业海关机构，9个直接隶属于海关署的海关，共有115个隶属海关，下辖537个海关站。此外，俄罗斯海关共有22个驻外国（地区）代表处，1个海关学院及3个分院。

（一）中央机关

俄罗斯联邦海关署中央机关包括财务总局，风险管理局，反腐败局，监管通关总局，放行后监管总局，贸易管制、外汇及出口监管局，反走私总局，海关调查局，分析局，海关合作局，监察局，公共服务和人事局，公共关系局，审计局，后勤保障总局，法制局，事务局，医务局，信息技术总局，海关收入和税收总局，商品分类局等。

（二）地区海关局

地区海关局共有 8 个，其范围与同名联邦区相重合，包括：中央海关局、西北海关局、南方海关局、远东海关局、伏尔加河流域海关局、北高加索海关局、西伯利亚海关局、乌拉尔海关局。地区海关局下设隶属海关和海关站。

（三）专业海关机构

专业海关机构是管辖区域为俄罗斯全境的特殊海关机构，包括：中央信息技术海关局、中央专业犯罪侦查海关局、海关基础设施放射性电子安全海关局。

（四）直接隶属于俄罗斯联邦海关署的海关

俄罗斯海关共有 9 个直接隶属于俄罗斯联邦海关署的海关，包括：伏努科沃机场海关、多莫杰多沃机场海关、谢列梅捷沃海关、中央消费税海关、中央能源海关、中央基地海关、中央海关（训犬中心）、莫斯科州海关、加里宁格勒州海关。

（五）境外代表处

在国际海关合作的框架内，俄罗斯联邦海关署在境外 22 个国家和地区设有代表处和代表。俄联邦海关署代表处是俄罗斯联邦海关署开展国际合作的主体，也是发展海关领域合作的主要渠道，受俄罗斯联邦海关署领导并完成海关合作局指派的任务。目前，在中国有驻北京、上海和香港三个代表处（哈尔滨即将设立第四个代表处）。

（六）附属机构

1. 俄罗斯海关学院。俄罗斯海关学院是俄罗斯海关和欧亚经济联盟国家海关的专业培训基地和中心，其利用与现代国际水平相对应的最新教育和信息技术来培训海关人员。总部设在莫斯科州，在符拉迪沃斯托克、顿河罗斯托夫和圣彼得堡设有分院。

2. 俄罗斯联邦海关署联邦企业。俄罗斯联邦海关署联邦企业根据俄罗斯联邦政府的法令于 1992 年成立，该公司主要提供数据、认证、基础设施综合运营、海关过境等服务。

3. 医疗机构。俄罗斯联邦海关署下设医疗机构，主要用于保障海关关员身心健康，包括俄罗斯联邦海关署中央临床医院和分别位于莫斯科、圣彼得堡、顿河罗斯托夫、叶卡捷琳堡、下诺夫哥罗德的五家诊所。

4. 疗养院。俄罗斯联邦海关署共有三个疗养院,分别位于圣彼得堡、索契和斯塔夫罗波尔边疆区基斯洛沃茨克。

四、地区海关局

(一) 中央海关局

中央海关局机关设在莫斯科市,是俄罗斯地区海关局中业务规模最大的海关局。其辖区与乌克兰的边境线长 1279 千米,与白俄罗斯的边境线长 886.5 千米。

中央海关局辖区包括俄罗斯联邦的 18 个行政主体:别尔哥罗德州、布莱恩州、弗拉基米尔州、沃罗涅日州、伊万诺夫州、卡卢加州、科斯特罗姆州、库尔州、利佩茨州、莫斯科州(拉曼斯科耶、库宾卡、奥斯塔费沃、舍莫捷科维斯基、切卡洛维斯基、机场除外)、奥廖尔、梁赞、斯摩棱斯克、坦波夫、特维尔大街、图拉、雅罗斯拉夫尔地区、莫斯科市(伏努科沃机场除外)。

中央海关局下设 12 个隶属海关,分别是别尔哥罗德海关、布良斯克海关、弗拉基米尔海关、沃罗涅日海关、卡卢加海关、库尔斯克海关、利佩茨克海关、莫斯科海关、斯摩棱斯克海关、特维尔海关、图拉海关、雅罗斯拉夫海关,此外还设有普利欧克斯后勤海关和中央缉私海关,共有 89 个海关站。

根据俄罗斯联邦政府的法令,在中央海关局辖区设有 4 个经济特区,包括:卡卢加、利佩茨克、图拉工业和生产型经济特区,特维尔旅游和休闲型经济特区。该辖区的经济活动是联邦税收的重要来源,辖区注册有 118 个临时仓库、19 个海关仓库和 10 个免税商店;注册企业 2.6 万家,与世界上 200 多个国家和地区进行对外贸易。

(二) 西北海关局

西北海关局机关设在圣彼得堡市,辖区为俄罗斯西北联邦区(加里宁格勒州除外),包括俄罗斯联邦的 10 个行政主体:卡累利阿共和国、科米共和国、涅涅茨自治区、列宁格勒州、摩尔曼斯克州、阿尔汉格尔斯克州、沃洛格达州、普斯科夫州、诺夫哥罗德州、圣彼得堡市。

俄罗斯西北联邦区与白俄罗斯、挪威、欧盟成员国(拉脱维亚、芬兰、爱沙尼亚)有共同边界,是与欧盟国家接壤的唯一地区。西北海关局辖区内有俄罗斯—芬兰边界线 1264.8 千米,俄罗斯—挪威边界线 221.1 千米,俄罗斯—爱沙尼亚边界线520.9千米，俄罗斯—拉脱维亚边界线275.7千米，俄罗斯—白俄罗斯边界线379千米。

西北海关局下设11个隶属海关，分别为阿尔汉格尔斯克海关、波罗的海海关、维堡海关、卡累利阿海关、金吉谢普海关、摩尔曼斯克海关、普斯科夫海关、普尔科夫海关、圣彼得堡海关、西北电子海关、西北缉私海关，共有80个海关站。

辖区内有47个口岸，包括：15个国际公路口岸、4个双边公路口岸、10个铁路口岸、10个水运口岸（海运和河运）、7个航空口岸、1个步行口岸。

（三）南方海关局

1992年4月20日，根据俄罗斯第131号国家海关委员会的命令，成立北高加索海关局，成为继西北和远东之后俄罗斯的第三个区域海关机构。2000年，随着南部联邦区的建立，北高加索海关局更名为南方海关局。

目前，南方海关局辖区与南部联邦区完全重合，覆盖了俄罗斯联邦的8个行政主体，分别是：阿迪格、卡尔梅克、克里米亚、克拉斯诺达尔边疆区、阿斯特拉罕、伏尔加格勒、罗斯托夫州和塞瓦斯托波尔市。

南部联邦区西临乌克兰，东靠哈萨克斯坦，南依阿布哈兹。陆地边境的总长度为830千米（与阿布哈兹为60千米，与乌克兰为770千米），海上边境线近800千米。

南方海关局机关设在顿河罗斯托夫市，下设11个海关，分别为阿斯特拉罕海关、克拉斯诺达尔海关、克里米亚海关、米勒罗沃海关、新罗西斯克海关、罗斯托夫海关、塞瓦斯托波尔海关、索契海关、塔甘罗格海关、南方电子海关、南方缉私海关，共有60个海关站。

辖区内口岸共设有56个口岸（16个公路口岸、9个铁路口岸、20个海运口岸和11个航空口岸）。截至2020年7月，有42个口岸正常运行（其中11个公路口岸、4个铁路口岸、9个航空口岸和18个海运口岸）。

（四）远东海关局

远东海关局机关设在符拉迪沃斯托克市，辖区共有11个行政主体，包括阿穆尔州、犹太自治州、堪察加边疆区、马加丹州、滨海边疆区、萨哈（雅库特）共和国、萨哈林州、哈巴罗夫斯克边疆区、楚科奇自治区、布里亚特共和国、后贝加尔边疆区，是俄罗斯地区海关局中辖区面积最大的海关局。

远东海关局下设12个海关，分别为远东缉私海关、比罗比詹海关、布拉戈维申斯克海关、布里亚特海关、符拉迪沃斯托克海关、堪察加海关、马加丹海关、纳霍德卡海关、萨哈林斯克海关、乌苏里斯克海关、哈巴罗夫斯克海关、赤塔海关，共有 64 个海关站。

辖区共有 86 个口岸，包括 26 个公路口岸、10 个混合口岸（秋冬季公路运输、春夏季水路运输）、11 个航空口岸、30 个海运口岸、7 个铁路口岸、1 个河运口岸和 1 个步行口岸。目前正常运行的口岸为 58 个。

（五）伏尔加河流域海关局

伏尔加河流域海关局机关设在下诺夫哥罗德市。辖区共有 14 个行政主体：下诺夫哥罗德州，巴什科尔托斯坦、马里埃尔、莫尔多瓦、鞑靼、乌德穆尔特、楚瓦什共和国，彼尔姆、基洛夫、奥伦堡、奔萨、萨马拉、萨拉托夫、乌里扬诺夫斯克州。

伏尔加河流域海关局辖区与哈萨克斯坦边界线长 2392 千米，其中陆地边界线 1994 千米，河界 393 千米，湖界 5 千米。伏尔加河流域海关局及其所属海关下设 47 个海关站，其中包括伏尔加河流域后勤海关站。

辖区共有 14 个航空口岸，分别是乌法、切伯克萨雷、下诺夫哥罗德、彼尔姆、萨马拉、奥伦堡（中央）、奥伦堡 2 号、奥尔斯克、乌里扬诺夫斯克（巴拉塔耶夫卡）、乌里扬诺夫斯克—沃斯托奇尼、萨拉托夫（中央）、萨兰斯克、喀山、下尼卡姆斯克机场。

（六）北高加索海关局

北高加索海关局机关设在斯塔夫罗波尔边疆区矿泉城。其辖区陆上与阿布哈兹共和国、阿塞拜疆共和国、格鲁吉亚和南奥塞梯共和国相邻，海上与南奥塞梯共和国、哈萨克斯坦相邻。北高加索海关局辖区是北高加索联邦区，包括 7 个行政主体：达吉斯坦共和国、印古什共和国、卡巴尔达—巴尔干共和国、卡拉恰伊—切尔克斯共和国、北奥塞梯共和国—阿兰共和国、车臣共和国、斯塔夫罗波尔边疆区。

北高加索海关局于 2010 年 7 月正式成立。达吉斯坦、矿泉城和北奥塞梯海关自 2011 年 1 月 10 日起划归北高加索海关局。其下设 18 个海关站。2010 年 10 月 20 日建立北高加索缉私海关，2018 年 10 月 25 日设立北高加索电子海关。目前正常运行的口岸 14 个（6 个航空口岸、6 个公路口岸、1 个铁路口岸、1 个海运口岸）。

（七）西伯利亚海关局

西伯利亚海关局机关设在新西伯利亚市，辖区共有 10 个联邦主体：阿尔泰共和国、阿尔泰边疆区、托木斯克州、图瓦共和国、伊尔库茨克州、哈卡斯共和国、克麦罗沃州、克拉斯诺亚尔斯克边疆区、新西伯利亚州、鄂木斯克州。

西伯利亚海关局辖区占俄罗斯与哈萨克斯坦整个边境线的三分之一以上（2743千米），与蒙古国边境线长1643千米，与中国边境线长58千米，还有4164千米的海上边境线。

西伯利亚海关局下设8个隶属海关，共有49个海关站。辖区共有45个口岸（11个航空口岸、7个铁路口岸、25个公路口岸、1个海运口岸、1个河运口岸），其中15个口岸运行正常，10个口岸关闭。自2011年7月1日以来，俄哈边境的20个口岸未开展海关监管工作。

（八）乌拉尔海关局

乌拉尔海关局机关设在叶卡捷琳堡市，辖区为乌拉尔联邦区，由6个联邦主体组成，分别是库尔干州、斯维尔德洛夫斯克州、秋明州、车里雅宾斯克州、汉特—曼西自治区和亚马尔—涅涅茨自治区。

乌拉尔海关局下设6个隶属海关，包括：乌拉尔电子海关、叶卡捷琳堡海关、秋明海关、车里雅宾斯克海关和以索罗金命名的科里佐沃海关及乌拉尔缉私海关。共有38个海关站。其中，叶卡捷琳堡海关的玛拉希特（专用）海关站专门进行贵金属和宝石报关业务。

该局辖区共有9个机场开展国际运输业务，包括科里佐沃机场（叶卡捷琳堡）、罗什基诺机场（秋明州）、汉提—曼西斯克机场、下涅瓦尔托夫斯克机场、马格尼托哥尔斯克机场、巴兰迪诺机场（车里雅宾斯克）、苏尔古特机场、库尔干机场、萨贝塔机场。

五、俄罗斯海关法简介

《俄罗斯海关法》是调整俄罗斯海关领域法律关系的基本法律。本书关于俄罗斯海关相关业务规范的介绍，主要依据该法。该法于2010年由国家杜马通过，2018年1月1日《欧亚经济联盟海关法典》正式生效后，俄罗斯修订了《俄罗斯海关法》，并于2018年11月28日公布（联邦法第289 - Ф3号），于2020年1月1日起实施。

《俄罗斯海关法》对《欧亚经济联盟海关法典》在俄罗斯联邦境内的实施进行了明确和补充，仅在俄罗斯联邦境内有效。其规定了俄罗斯海关的执法依据及要求，明确了海关机构设置的原则及实施海关监管时的职能、权利和义务，确定了进出境和在俄境内货物运输的基本原则及申报税费缴纳和通关程序。

《俄罗斯海关法》共分为8个部分、68章、398条。从调整内容来看，《俄罗斯海关法》的主旨在于建立俄罗斯海关事务调控的程序和规则，主要调整内容包括：商品运入俄罗斯和从俄罗斯运出；商品在俄罗斯联邦境内外存放、使用；实施海关作业；海关税费、特定关税、反倾销税、反补贴税的计算、缴纳、追缴、担保；联盟法律和俄罗斯法律的禁限规定；保障实施海关与拥有商品所有权、使用权和处置权主体之间的权利义务关系。

六、俄罗斯海关历史沿革

俄罗斯海关始于公元 10 世纪末。在《智者雅罗斯拉夫的俄罗斯真理》（11 世纪）一书中提到，古俄罗斯开始对消费品征收贸易关税，最早是在陆路和水路上对随货旅行的商人进行征收。到 13 世纪中叶，蒙古鞑靼人引入了新的税种 Tamga（来自突厥语），最初，所有的销售都需要盖上代表王子或行政长官所有权的印章，并缴纳 Tamga，逐渐地，Tamga 成为对商品价值征收的赚钱的关税之一。

17 世纪中叶，阿列克谢·米哈伊洛维奇统治时期通过了《贸易宪章》（1653 年）、《海关宪章》（1654 年）和《新贸易宪章》（1667 年），标志着俄罗斯海关制度改革的开始。

1917 年十月革命后，苏维埃俄国宣布对外贸实行国家垄断，于 1918 年成立工业贸易人民委员会实施海关监管工作。1920 年，该部门重组为对外贸易人民委员会。从 1946 年到 1986 年，海关署从属于苏联对外贸易部。

1986 年 2 月 12 日，俄罗斯历史上第一次成立了独立的海关部门——苏联部长理事会下辖的国家海关总署。1986 年至 1989 年，署长为弗拉基米尔·巴佐夫斯基。

1991 年 10 月 25 日，俄罗斯苏维埃社会主义共和国国家海关委员会成立（从 1991 年 12 月 25 日起，改为俄罗斯联邦国家海关委员会），直至 2004 年。

2004 年 3 月 9 日，根据俄罗斯联邦总统令，撤销俄罗斯联邦国家海关委员会，成立俄罗斯联邦海关署，直属于联邦政府领导。

2016 年 1 月 15 日，根据俄罗斯联邦第 12 号总统令，俄罗斯联邦海关署划归俄罗斯联邦财政部管辖。

七、2019 年俄罗斯联邦海关署主要工作

2019 年，俄罗斯联邦海关署共征收税款 57289.6 亿卢布。在全境建立了电子海关和电子申报中心的统一网络，包括 8 个电子海关和 16 个电子申报中心。年内实现：

- 在电子申报中心进行的电子申报占全部申报的 67.9%（计划值 60%）；

- 电子申报达到 100%（计划值为 90%）；
- 出口货物自动登记电子报关的份额为 87.6%，进口货物为 69.2%（计划值分别为 70% 和 60%）；
- 低风险企业电子申报自动放行所占的份额，出口货物为 75.9%，进口货物 57.3%（计划值分别为 60% 和 50%）；
- 在货物报关单中采用有效风险最小化措施的货物占货物总数的 48.11%（计划值至少 45%）；
- 自动风险布控在全部风险布控中的比重为 85%（计划值至少 85%）；
- 使用在俄罗斯联邦海关署的单一信息资源中开立的法人和账户支付的关税和税费的份额为 100%（计划值为 75%）；
- 在海关机构提起的刑事案件总数中，海关缉私部门发现的犯罪占全部的比重为 95.2%（计划值为 88%）。

八、俄罗斯海关 2030 年发展战略

2020 年 5 月 23 日，俄罗斯联邦政府总理米舒斯京签署第 1388－p 号令，正式通过《俄罗斯海关 2030 年发展战略》。俄罗斯海关在制定 2030 年发展战略过程中，充分吸纳了社会各界特别是商界的建议。在该文件中提出"促进国际贸易发展，贸易额和非原材料商品出口增长，确保俄罗斯联邦国家安全，海关税费应收尽收，实现高质量海关管理，为外贸企业创建竞争优势"是 2030 年前俄罗斯海关发展战略的任务，"建设遍布人工智能、能够快速重新配置、与内外伙伴信息互联、让商界感觉不到存在、实现高效管理的新海关"是发展战略的实施目标。其中：

"新海关"强调的是海关工作全面数字化和自动化。

"遍布人工智能"旨在通过海关通关监管技术数字化，应用"人工智能技术"处理大数据，采用先进的海关稽查、信息分析和管理方法。

"让商界感觉不到存在"的含义是对于诚信外贸企业，海关实施的所有阶段的作业采用电子文件流转，企业与经办关员无接触。

俄罗斯海关希望通过实施 2030 年发展战略使守法外贸企业获得更好的经营体验，包括：清晰的海关管理要求；引用先进的监管技术加快货物进出境；获得竞争优势，无随意和不正当的歧视或隐蔽的限制；降低成本和腐败风险；增强在俄罗斯开展外贸业务的吸引力。

《俄罗斯海关 2030 年发展战略》将大量应用创新的工作方法和先进技术，对海关关员和企业员工工作技能提出新要求。海关和外贸企业应同步开展信息技术应用的知识和操作、大数据分析、人工智能技术系统应用等方面的能

力建设，以确保 2030 年发展战略取得预期成果。

第二节　口岸管理

一、法律依据

俄罗斯口岸开放和验收工作的法律依据是《欧亚经济联盟关于跨边境口岸监管必备的设备、材料、技术设备、用房等统一标准要求》（关税同盟委员会 2011 年 6 月 22 日 N688 号决议，并于 2017 年 3 月 3 日由欧亚经济委员会第 N34 号决议修订）。

二、一般性规定

口岸的设计和建造（改建）是根据成员国的立法进行的。口岸作为单一综合体，旨在保障货运和旅客的正常通行，并保证对通过联盟边境的人员、车辆和货物实施有效的国家监管。

应按照 2010 年 5 月 28 日关税同盟委员会第 N299 号决定和 2015 年 10 月 14 日欧亚经济委员会理事会第 N92 号决定的有关要求，在口岸配备进行卫生检疫和动植物检验检疫监管的设施等。在口岸创造条件保障残障人员正常通行。口岸可以设立单独分配的车道（通道），以便成员国的人员、车辆和货物通行。监管机关的信息体现在"口岸证书"中。

经批准的口岸证书样式，见表 2-1：

表 2-1　口岸证书（样本）

I. 一般性信息	
1. 口岸名称	
2. 所属国家	
3. 邻国	
4. 相邻一侧口岸名称（与口岸确认和开放文件一致）	
5. 设立依据	
6. 开放依据	
7. 代码	
8. 地址（物理地址）	

表 2–1 续 1

I. 一般性信息	
9. 负责运营的法人	
10. 距离欧亚经济联盟关境线距离（千米）	
11. 按国际联运方式的性质分类	
12. 按国际运输类型分类	
13. 按工作制度分类（运行中）	
14. 按状态分类	
15. 工作时间（例行）	
16. 口岸专业化（与专业化设立文件一致）	
17. 设置双通道系统（"红色"通道和"绿色"通道）	
18. 设置转运行李有关的海关监管系统： 行李检查系统； 海关监管地点转运行李的搜索、识别和运送系统； 转运行李所有人的搜索系统	
19. 每天、每小时的设计吞吐量（与设计文件信息一致）	
货运： 公路运输 铁路运输（车厢） 航空器 海运（河运）船舶 集装箱	
客运： 汽车 铁路（车厢） 航空器 海运（河运）船舶	
轻型汽车（小轿车）	
商品（吨）	
人员	
20. 超大车辆通行的可行性	
II. 监管技术设施和系统	
21. 非接触式体温测量仪	

表 2-1 续 2

II. 监管技术设施和系统	
22. 生物废物的收集和销毁（利用）设备	
23. 车辆的清洁和消毒设备	
24. 确保兽医监管（监督）	
25. 食品消毒	
26. 护照（边检）检查	
27. 人员、行李和手提行李的外观检查（开箱检查）	
28. 运输工具和商品的外观检查（开箱检查）（无大型集中检查设备时）	
29. 大型集装箱扫描设备（移动式扫描设备所需场地）	
30. 车辆电子登记	
31. 重量和尺寸的认定	
32. 防辐射检测	
33. 通信与信息技术	
34. 视频监控（摄像头）	
35. 消防设备	
36. 出入位置的安保警报设置	
37. 信息交换	
38. 安保工程	
39. 备用电源	
40. 车辆电子登记自动化系统	
41. 车辆进入自动控制系统	
III. 口岸监管机构信息（必要条件、联系信息：电话、传真、电子邮件）	
42. 边境检查	
43. 海关	
44. 卫生检疫	
45. 动物检疫	
46. 植物检疫	
47. 运输监管	

注：本表格由欧亚经济联盟成员国监管部门填写。

以绥芬河—波格拉尼奇内公路口岸为例，详见表 2-2。

表2-2　波格拉尼奇内口岸证书

I. 一般性信息	
1. 口岸名称	波格拉尼奇内多边公路口岸
2. 所属国家	俄罗斯联邦
3. 邻国	中华人民共和国
4. 相邻一侧口岸名称（与口岸确认和开放文件一致）	绥芬河多边公路口岸
5. 设立依据	中华人民共和国和俄罗斯联邦政府1994年1月27日签署的《关于中俄边境口岸协定》；俄罗斯联邦政府1994年1月24日关于同意缔结《中俄边境口岸协定》的决定（第36号）；苏联政府1989年4月21日发布的698号关于国际客货运输的决定
6. 开放依据	俄罗斯联邦政府1992年12月10日第2309-r号令
7. 代码	信息暂缺
8. 地址（物理地址）	滨海边疆区波格拉尼奇内区A-184，距离国境线7.4千米
9. 负责运营的法人	符拉迪沃斯托克边界建设局 "波格拉尼奇内"有限责任公司
10. 距离欧亚经济联盟关境线距离（千米）	7.4
11. 按国际联运方式的性质分类	客货运输
12. 按国际运输类型分类	汽车运输（公路）
13. 按工作制度分类（运行中）	常设口岸
14. 按状态分类	多边口岸
15. 工作时间（例行）	9:00~21:00，一周7天工作制
16. 口岸专业化（与专业化设立文件一致）	根据俄罗斯联邦政府2012年11月10日发布的第1151号令《关于修订俄联邦政府2011年6月3日发布的第442号令附件一、附件二的决定》，列入指定进口化学、生物、放射性物质、废物和其他危险品的口岸清单，以及可进口食品、材料和制品口岸清单。根据俄罗斯联邦政府2011年7月7日第557号令，例如允许进口动物、动物源食品、饲料、饲料添加剂、兽用药物及必检疫的食品（材料、货物）的口岸

表 2-2 续 1

I. 一般性信息	
17. 设置双通道系统（"红色"通道和"绿色"通道）	无
18. 设置转运行李有关的海关监管系统： 行李检查系统； 海关监管地点转运行李的搜索、识别和运送系统； 转运行李所有人的搜索系统	无
19. 每天、每小时的设计吞吐量（与设计文件信息一致）	
货运： 公路运输 铁路运输（车厢） 航空器 海运（河运）船舶 集装箱	100
客运： 汽车 铁路（车厢） 航空器 海运（河运）船舶	44
轻型汽车（小轿车）	
商品（吨）	未确定
人员	2500
20. 超大车辆通行的可行性	未确定
II. 监管技术设施和系统	
21. 非接触式体温测量仪	便携式热成像仪
22. 生物废物的收集和销毁（利用）设备	无
23. 车辆的清洁和消毒设备	有，未工作
24. 确保兽医监管（监督）	有
25. 食品消毒	无

表2-2 续2

II. 监管技术设施和系统	
26. 护照（边检）检查	有
27. 人员、行李和手提行李的外观检查（开箱检查）	有
28. 运输工具和商品的外观检查（开箱检查）（无大型集中检查设备时）	有
29. 大型集装箱扫描设备（移动式扫描设备所需场地）	有
30. 车辆电子登记	无
31. 重量和尺寸的测量	无
32. 防辐射检测	有
33. 通信与信息技术	有
34. 视频监控（摄像头）	无
35. 消防设备	有
36. 出入位置的安保警报设置	有
37. 信息交换	无
38. 安保工程	有
39. 备用电源	有
40. 车辆电子登记自动化系统	无
41. 车辆进入自动控制系统	无
III. 口岸监管机构信息（必要条件、联系信息：电话、传真、电子邮件）	
42. 边境检查	俄罗斯联邦安全局边境管理局滨海边疆区分局波格拉尼奇内口岸边检站 滨海边疆区波格拉尼奇内区边防路31号，692582 电话/传真：8（42345）24-2-33，8（42345）58-3-55
43. 海关	乌苏里斯克海关波格拉尼奇内公路口岸海关站 所在地：滨海边疆区波格拉尼奇内区，A-184，距离边境线7公里，波格拉尼奇内多边公路口岸 邮寄地址：滨海边疆区乌苏里斯克市列宁大街103号，692519 电话：8（42345）21-3-90，21-4-29；факс8（42345）22-5-68 e-mail：usr mpgr p@ dvtu. customs. ru

表2-2 续3

III. 口岸监管机构信息（必要条件、联系信息：电话、传真、电子邮件）	
44. 卫生检疫	乌苏里斯克海关波格拉尼奇内公路口岸海关站 所在地：滨海边疆区波格拉尼奇内区，A-184，距离边境线7公里，波格拉尼奇内多公路口岸 邮寄地址：滨海边疆区乌苏里斯克市列宁大街103号，692519 电话：8（42345）21-3-90，21-4-29；传真8（42345）22-5-68 e-mail：usr mpgr p@ dvtu. customs. ru
45. 动物检疫	俄罗斯滨海边疆区兽医与植物检疫局乌苏里斯克市领土处 乌苏里斯克市共青团街40号，692525 电话/传真：8（4234）34-79-49 e-mail：ussurisk@ pkrpn. ru
46. 植物检疫	波格拉尼奇内多边公路口岸植物检疫站，滨海边疆区波格拉尼奇内区，A-184，距离边境线7公里 电话/传真：8（42345）21-2-42
47. 运输监管	乌苏里斯克海关波格拉尼奇内公路口岸海关站 所在地：滨海边疆区波格拉尼奇内区，A-184，距离边境线7公里，波格拉尼奇内多边公路口岸 邮寄地址：滨海边疆区乌苏里斯克市列宁大街103号，692519 电话：8（42345）21-3-90，21-4-29；传真8（42345）22-5-68 e-mail：usr mpgr p@ dvtu. customs. ru

三、基本要求

（一）口岸必备设施需满足的条件

1. 护照（边境）检查；
2. 非接触式测量人体的体温；
3. 确保植物检疫（监督）和对接受检疫的商品进行消毒；
4. 对车辆进行清洁和消毒；

5. 确保兽医检查（监督）；

6. 确定重量和尺寸参数；

7. 对人员、行李和随身行李进行检查（彻查）；

8. 对车辆和货物进行检查（彻查）；

9. 辐射监测；

10. 收集和销毁（处置）生物废品；

11. 出入的监管和安保警报；

12. 通信和信息技术；

13. 电视监视（视频监视）；

14. 消防设备；

15. 工程安全设备；

16. 信息交换；

17. 备用电源。

（二）口岸所需硬件设施的数量

口岸所需硬件设施的数量，需考虑以下因素：国际交通类型；口岸专业化程度；人员、车辆和货物通行的技术方案；口岸吞吐量（人员的过境密度；车辆/天/小时）；进出车道数量（公路口岸）；国际航站楼的数量（航空和海运口岸）；进出车辆和人员的分流；车辆类型（轻型车辆、货运车辆、客运汽车、船舶、飞机、客运和货运列车）和步行路线；口岸的法定工作时间；过境旅客和交通工具查验场地。

（三）口岸需为口岸联检部门提供的场所和设施

1. 口岸监管机构的工作场所；

2. 监管机构办公室；

3. 用于卫生检疫的专门场所（停车场、月台、岔路、泊位）；

4. 进行个人搜身的场所；

5. 满足卫生检疫要求的旅客大厅；

6. 临时隔离疑似传染病患者的场所；

7. 存放武器和弹药的房间；

8. 拘留人员的处所；

9. 暂时未被接纳的人的处所；

10. 服务器机房、通信设备机房；

11. 存放技术监管设备的处所；

12. 食堂、厨房和休息的场所；

13. 卫生设施；
14. 饲养服务犬的场所；
15. 电源系统和备用电源；
16. 会议室；
17. 用于动植物检验检疫货物存放的地点；
18. 隔离动物的场所。

口岸设施支持共享公用，周边需配备围栏和照明设备。

四、具体要求

（一）公路口岸

应在距离欧亚经济联盟边界较近的位置设立公路口岸，并尽量排除车辆绕行的可能。如地形条件不允许，可以在边界一定距离的地方建设口岸设施。

公路口岸面积取决于其功能顺序、车辆和人员的频次、实施监管工作的时长、受监管货物的特性和类型、口岸工作时间、口岸所在地的地形条件及未来基础设施的发展。

公路口岸基础设施应确保：
1. 车辆和旅客可以独立在两个方向通行；
2. 在不干扰主要流量的前提下，自由撤离车辆和旅客；
3. 满足口岸工作时间要求；
4. 设有超大、超重、危险和其他特殊货物的专用车道。

公路口岸应配备车辆自动电子注册系统，自动阅取车牌并存储有关信息，自动管理口岸的交通流量；应配备确定车辆重量和尺寸的系统，该系统必须确保确定总质量和车轴载荷（车桥称量）及车辆的总体尺寸。

公路口岸车道上用于监管车辆的处所，除用于超大型货车的地方外，均应设有遮阳（雨）篷。

公路口岸对车辆的检查需配备用于检查的升降机、监管人员的工作场地、临时储存货物的仓库（如有需要配备冷库）、车辆临时停放地点。

公路口岸基础设施应充分考虑口岸发展前景，并在车辆流量暂时（季节性）增加期间具备最大能力确保车辆通行，同时考虑到可能改变车辆行驶的方向（反向行驶）。

通往公路口岸的道路进出的车道应有足够的宽度，并为临时改变车道提供条件。车道需使用道路标志、交通信号灯等技术手段来控制车辆和行人的行动。

为了防止车辆未经许可离开公路口岸，需在口岸建立防冲撞系统。

公路口岸可提供安装大型集装箱检查系统的场地，以便对货物和车辆进行海关检查。大型集装箱检查系统安装的必要性由欧亚经济联盟成员国自行确定。

（二）海、河（湖）运口岸

在海上、河流（湖泊）边界均可设立口岸（以下简称水运口岸）。

水运口岸需确保货物抵离边境时可以从水路运输转为公路（铁路）运输或反向运输，以及可以存放扣押的货物和扣押的车辆。

水运口岸必要时需配备：
1. 用于检查车辆的设备；
2. 车辆电子登记系统；
3. 确定车辆重量和尺寸的系统；
4. 车辆进入的自动控制系统；
5. 车辆清洁和消毒系统。

水运口岸可提供安装大型集装箱检查系统的场地，以便对货物和车辆进行海关检查。大型集装箱检查系统安装的必要性由欧亚经济联盟成员国自行确定。

水运口岸基础设施应充分考虑口岸发展前景和国家联检部门的工作需求。

口岸需设置口岸联检大厅、客船（泊位）或停车区、服务场所、客运汽车和轻型车辆的停车场等。

（三）混合口岸

混合口岸是指冬季可以保障国际汽车通行、夏季保障河流（湖泊）国际运输的口岸。此类口岸必须满足对公路口岸和水运口岸的有关基础设施的要求，包括大型集装箱检查系统等。

（四）铁路口岸

铁路口岸的场所和设施包括：
1. 货运和客运铁路机车车辆检查场地；
2. 预留最大长度的铁路机车车辆的位置，尽可能安置在零坡度的直线段；
3. 入口和出口处的过渡桥梁，配备栅栏、探照灯和驾驶室的平台，用于从上方观察和检查火车；
4. 检查货车的天桥（可使用视频监控系统代替）；
5. 高平台；

6. 从下方检查火车的检查井（在铁路轨道两侧的人行道附近均配备，可使用带照明的轨道电视摄像机代替）。

铁路口岸可提供安装大型集装箱检查系统的场地，以便对货物和车辆进行海关检查。大型集装箱检查系统安装的必要性由欧亚经济联盟成员国自行确定。

铁路口岸对旅客和车辆的区域实行封闭隔离，包括旅客列车停车区、地下和/或地面通道、联检大厅等。联检大厅应位于车站大楼内，并包括旅客及其携带物品停留的场地。该大厅必须配备国家监管机构所需的工作场所。

允许将进出关境的旅客和行李物品合并在同一个联检大厅。

行李车停车场附近需设置带有遮雨棚的卸货区。车站大楼内或紧邻设施内设置单独行李厢检查室，以便对旅客行李物品进行检查。

（五）航空口岸

机场跑道上的客机和货机的停车区视为监管区域。

跑道和建筑物是国家对货物和人员进行国家监管所必需的，包括检查大厅、飞机停留区、特种车辆（载客汽车、伸缩梯等）和国际机场的人行横道等。

航空口岸可提供安装大型集装箱检查系统的场地，以便对货物和车辆进行海关检查。大型集装箱检查系统安装的必要性由欧亚经济联盟成员国自行确定。

为满足国家监管要求，航空口岸需配备行李处理检查系统，以提供技术手段满足海关监管要求，识别海关监管行李并对可能需要报关的货物和行李区分转移，运送转运行李至海关监管区等。

海关查验场所需配备以下设备：X光机及视频系统、识别行李代码设备、查询个人及行李物品信息系统等。

（六）步行口岸

步行口岸应提供以下场所和技术设备：

1. 监管机构工作人员办公场所；
2. 为监管机构工作人员配备设备齐全的供进行货物和旅客检查的工作场所；
3. 监管区域单独隔离，并为步行越过边境线人员配备檐篷。

第三章 俄罗斯通关程序

第一节 概 述

俄罗斯海关根据《俄罗斯海关法》等相关法律法规，对进出境货物、物品及运输工具进行监管，包括各作业环节及后续监管等，并建立相关监管作业制度，包括"临时存储"作业、"预付款"制度、税款延期等。

一、海关作业

俄罗斯海关将由管理相对人参与的货物、物品的通关程序称为海关作业。海关在设关地及法定工作时间内实施海关作业，特殊情况下经批准，可在海关监管区域以外及非海关工作时间实施海关作业。

二、海关优先作业

《俄罗斯海关法》规定，可以对一些特殊货物实施海关作业，包括：为了消除自然灾害、自然和人为紧急情况后果所需的货物，为执行维和行动或者开展演习所必需的军用产品，易腐货物，活动物，放射性材料，爆炸物，国际邮件，快运货物，用于在国际展览活动中展示的商品，人道主义援助物资，大众传媒报道和材料，为修理经营国际运输的运输工具和维持经营国际运输的运输工具安全运营所必需的发动机、耗材、备件和工具，成员国国家银行（中央银行）和其分支机构进口的成员国货币、外币、其他外汇、贵金属（其中包括黄金），以及其他类似货物。例如，中国对俄罗斯出口的水果蔬菜均在易腐货物名录内，属于实施优先海关作业的范畴。

三、通关程序

按照《俄罗斯海关法》规定，运输工具承运人在货物进境前应当向海关提交预先信息，运输工具进境后，运输工具承运人应当向海关递交运抵报告。

申报人在货物入境后,按照规定时间向海关申报,如果不能及时完成申报,货物应当进行临时仓储,在存储期限内办结申报手续。货物申报后,由申报人根据货物所适用的监管方式缴纳税费,海关实施检查后,对货物给予放行,货物放行后5年内,海关可以实施稽查。

(一) 预先信息申报

预先信息是进出境运输工具及所载货物、物品、人员的相关信息,由运输工具承运人在进口货物进境前申报。承运人在运输工具入境前应当按照规定申报预先信息数据,为了提高通关效率,承运人还可以选择申报非规定的预先信息数据项,供海关实施快速通关作业使用。

(二) 进出口申报

货物在入境后,运输工具承运人及其代理人根据不同的运输方式,按照时限要求,向海关申报运输货物的信息。进境运输工具完成申报后,申报人或其代理人应当在3小时内办理货物进口申报或其他海关手续,海关根据货物所适用的监管方式、商品归类、原产地、完税价格确定税费。申报人缴纳税费后,海关放行货物,否则应当办理货物临时存储手续。根据申报人申请,可以选择特殊方式进行申报,包括信息不全时采用提前申报、不完整申报和定期申报,在规定期限内进行补充申报。

(三) 税费缴纳

俄罗斯海关税主要由进出口关税、增值税、消费税和海关规费构成,还包括保障措施关税、反倾销税、反补贴税。在海关完成与货物放行、运输工具海关押运、商品存储有关的作业时,企业需要按规定向海关缴纳规费。俄罗斯海关为了提高通关效率和减缓进出口企业的资金压力,制定了税费预付款制度和缴税期限变更制度。税费预付款制度是由申报人在货物进出境前,将资金存入银行的联邦国库预付款专用账户,用以支付即将缴纳的税费,待货物申报后,从预付款中自动扣除税费。缴税期限变更制度是允许企业在提交税款担保的前提下,申请对部分或全部进口关税和进口环节税缴税期限进行变更。缴税期限的变更分为延期和分期两种方式。

(四) 海关检查

为了确保做到对进出口货物的有效管理,海关可以通过问询、单证审核、查看、查验、场所巡查、稽查等方式实施检查。海关在实施检查的过程中,可以采取口头问询、取样鉴定、视频监控、清点和押运监管货物等检查措施。

（五）货物放行

海关完成对货物的检查后，一般情况下应该在报关单登记 4 小时内通过海关信息系统向临时存储货物场所发送货物放行信息。《俄罗斯海关法》对货物的放行以商品为单位，当一票报关单申报了两项或两项以上商品时，海关应当放行符合放行条件的商品。特殊情形下，申报人可以通过提交担保的方式，实现申报前放行、审单前放行、需要海关鉴定的货物放行。

（六）海关稽查

俄罗斯海关自进出口货物放行后 5 年内，可以对与进出口货物直接有关的企业、单位的会计账簿、会计凭证、报关单证及其他单证和有关进出口货物进行检查，核查申报人是进出境管理规定。海关稽查分为单证稽查和现场稽查。单证稽查是通过研究和分析被稽查人在实施海关作业时提交的报关单、商业单据、运输单据（运输凭证）及其他单证中载有的信息的方式，来核查企业申报情况的稽查行为。现场稽查是海关前往被稽查人所在地或实际开展业务的地点实施检查。在稽查人员开展实地稽查时，可以对储存货物和单证的场所、仓库、档案室、其他地点实施查封。实施稽查后，海关稽查人员应当制作稽查结论。

此外，俄罗斯作为世界上最大的石油和天然气出口国，俄罗斯海关针对管道运输货物有较为成熟完备的监管规定。在暂时进出境货物管理方面，俄罗斯在适用范围上采用负面清单形式，限制较少，期限上也更宽松。俄罗斯海关非常重视海关知识产权保护，货物申报时，需要专门填写《俄罗斯知识产权统一海关名录》内的商品名称。

第二节　预先信息和运输工具抵达申报

《俄罗斯海关法》规定，进口货物申报前需要进行预先信息申报和运输工具申报。

一、预先信息申报

（一）概念

预先信息是指进出境运输工具及所载货物、物品、人员的相关信息，即运输工具信息及舱单信息。

(二) 分类

按照预先信息申报的目的，预先信息分为两类：第一类是海关用于评估风险，并据此确定适用海关监管方式及采取保障措施的预先信息；第二类是为了加快实施海关作业，以提升通关效率的预先信息。

第一类信息是申报人在入境前必须提交的；第二类信息是基于申报人意愿，自愿选择申报的。

(三) 申报要求

根据运输方式的不同，预先信息适用不同的申报要求。

以公路运输为例：

1. 申报时限

预先信息需在运输工具入境 2 小时之前提交，并自登记之日起在海关系统保存 30 个自然日，期满后，此信息作废。

2. 申报内容

进入俄罗斯关境需提交的第一类预先信息包括：

(1) 预先信息提交人的信息（包括承运人及其授权人的信息）（法人、非法人组织的全称或缩写，自然人的姓名、地址）；

(2) 确认报关代理人已列入报关代理人名录的文件编号（在报关代理人提交预先信息的情况下）；

(3) 有关货物承运人的信息（法人、非法人组织的全称或缩写，自然人的姓名、地址）；

(4) 车辆（牵引车）的注册号、注册国、品牌、识别号（VIN）（或车身、底盘、车架号）；

(5) 挂车或半挂车的注册号、注册国、识别号（VIN）（或车身、底盘、车架号）；

(6) 货物的起运国和目的国；

(7) 货物的发货人和收货人信息（名称和地址与运输单证一致）；

(8) 行驶路线（对于临时运入联盟关境的国际运输车辆）；

(9) 运输工具入境目的（用于临时驶入联盟关境的国际运输工具）；

(10) 为修理或维护国际运输工具而运入的零件和设备的名称（用于临时驶入联盟关境的国际运输工具）；

(11) 运单编号、签发地及签发日期；

(12) 货物件数；

（13）货物唛头和包装类型；

（14）货物名称；

（15）货物毛重（千克）或体积（立方米）；

（16）货物抵达联盟关境的地点（联盟边境口岸代码）；

（17）集装箱识别号（如有）；

（18）卖方的名称和地址（如果卖方不是发货人）；

（19）买方的名称和地址（如果买方不是收货人）；

（20）按照《对外经济活动统一商品目录》确定的商品代码（以下简称HS），不少于6位；

（21）每项商品《商品名称及编码协调制度》（HS）编码第二计量单位的数量；

（22）货物价格；

（23）目的地；

（24）货物换装计划（如果有换装）；

（25）证明遵守禁止、限制性规定的相关文件。

3. 申报方式

预先信息的申报语言为俄语，如果采用其他语言应翻译为俄语，并以电子文件形式向拟入境地海关提交。

4. 不提交预先信息的情形

如果未按期提交预先信息，海关将采取相关措施予以处理。但下列货物可以不提交预先信息：

（1）自然人通过联盟海关边界的自用物品；

（2）采用国际邮件寄递的货物（物品）；

（3）依据国际条约享有外交豁免权的公用物品或者享有特权或豁免的个人物品；

（4）消除自然灾害、事故和灾难影响进出的物资；

（5）军用物资，其资格由依照成员国立法规定给予的通行证（军用通行证）予以证明；

（6）在抵达地置于特殊海关制度下的货物；

（7）通过非联盟成员国境内运输的联盟货物；

（8）通过联盟海关边界且运入自由经济区区域（自由经济区区域界限完全或者部分与联盟海关边界段重合）的货物；

（9）原油、天然气、电力等通过管道运输或者输电线输送的货物。

（四）海关处理

海关受理预先信息后，系统自动生成预先信息申报号。若申报人提交的预先信息不符合申报要求，包括内容、结构、格式、语言等项目，则海关拒绝受理，申报人会收到载有具体不予受理原因的电子回执。

被海关受理的预先信息，海关信息系统自受理之日起保留30个自然日，期满后将作废。

二、运输工具申报

货物在入境后，承运人及其代理人根据不同的运输方式，按照时限要求，提交与该运输方式相对应的信息，向海关申报。

（一）申报时限

1. 公路运输

自汽车进境1小时内；在非海关工作时间抵达的，应自海关开始工作起1小时内。

2. 铁路运输

自列车在口岸海关监管区停靠起4小时内；非海关工作时间停靠的，应自海关开始工作起4小时内。

3. 水路运输

自船舶停靠到进境港口的码头或锚地时起3小时内；非海关工作时间抵达的，自海关开始工作起1小时内。

4. 航空运输

自航空器抵达机场停机地点时起1小时内；非海关工作时间停靠的，应自海关开始工作起1小时内。

（二）申报方式及内容

运输工具入境时，承运人需以电子形式向海关申报。各种运输工具均需提交的信息包括：证明遵守禁止和限制规定的单证和信息；如果申报过预先信息，需要提供预先信息申报号；转运的货物，需要提交转运申报单。

此外，承运人还要根据运输方式提交不同的单证和信息，具体如下：

1. 公路运输

需要提交下列单证：经营国际运输的运输工具证件；运输单据（运输凭证）；在运输国际邮件时，万国邮政联盟法规规定的随国际邮件同行的单证；

承运人持有的所运输货物（物品）的商业单据。

需要申报下列信息：运输工具备案信息；货物承运人（名称和地址）；货物起运国和目的国；发货人和收货人（名称和地址）；买方和卖方信息；货物件数、唛头及包装种类；货物根据《商品名称及编码协调制度》或者《欧亚经济联盟对外经济活动统一商品目录》确定的商品名称和至少前六位数商品编码；货物毛重（千克）或者体积（立方米）；是否载有禁止或限制进口的货物；国际货物运输运单填制的地点和日期；集装箱识别号码。

2. 水路运输

需要提交下列单证：总申报单、货物申报单、船舶备用品申报单、船员个人物品申报单、船员名单、旅客名单、运输单据（运输凭证）。

需要申报下列信息：船舶登记及船舶所属国籍；船舶名称；船长姓名；船舶代理人姓名和地址；船舶所载旅客（数量、姓名、国籍、出生日期和地点、登船港和离船港）；船员数量和组成；船舶起航港和停泊港（名称）；货物件数重量、货物包装种类；货物名称、总数量及描述；装货港和卸货港名称；应在此港口卸载的货物运输单据（运输凭证）号码；船舶剩余货物的卸货港名称；货物始发港名称；船舶所载备用品信息；船舶是否载有国际邮件；船舶是否载有含麻醉品、烈性物质、精神药物和有毒物质成分的药品；船舶是否装载危险货物，包括武器、弹药等；集装箱识别号码。

3. 航空运输

需要提交下列单证：总申报单、载运货物信息、所载备用品信息、运输单据（运输凭证）、旅客及其行李信息。

需要申报下列信息：航空器国籍标志和登记标志；航班号、航空器飞行路线、起飞港和到达港；航空器运营人（名称）；机组人员数量和组成；航空器所载旅客信息；所载货物名称；货物运单号；装货港和卸货港（名称）；向航空器装载或者从其卸载的机载备用品数量；航空器是否载有国际邮件；航空器是否载有禁止或限制进口到（运入）联盟关境的货物，含麻醉品、烈性物质、精神药物和有毒物质成分的药品、武器、弹药；集装箱识别号码。

4. 铁路运输

需要提交下列单证：运输单据（运输凭证）、铁路车辆交接单、载有备用品信息。

需要申报下列信息：发货人和收货人（名称和地址）；货物发站和到站（名称）；货物件数、包装种类；根据《商品名称及编码协调制度》或者《欧亚经济联盟对外经济活动统一商品目录》确定的商品名称和至少前六位数商品编码；货物毛重；集装箱识别号码。

第三节　临时存储

一、一般规定

（一）概念

进口货物进境后放行前，出口货物实际离境前，货物可以在口岸临时存储场所进行临时存储。临时存储不是一种海关监管方式，而是一个通关监管环节。货物放行前，经当事人申请，海关可以准予变更临时存储地。

（二）适用范围及办理时限

出现下列情形之一，申报人应将货物按照规定时限进行临时存储：

1. 对于进口货物，进境运输工具完成申报后，申报人在 3 小时之内不能办理货物进口申报或其他海关手续的，应当对货物进行临时存储。

2. 申报后申请撤销报关单的，自收到海关准予撤销报关单许可起 3 小时内将货物进行临时存储。

3. 进口货物已向海关申报，自收到海关延长货物放行期限的决定起 3 小时内将货物进行临时存储。

4. 进口货物已向海关申报，自收到海关中止货物放行的决定起 3 小时内将货物进行临时存储。

5. 进口货物已向海关申报，自海关拒绝放行货物起 3 小时内将货物进行临时存储。

6. 对适用特殊海关监管方式的进出境货物，在监管期限届满后应当扣留未实施扣留的，应当进行临时存储。

7. 进口转运货物未按期申报的，或申报后撤销报关单、被中止放行、拒绝放行的，自收到海关通知起 3 小时内进行临时存储。

8. 已办理复出口海关通关手续的货物，如果未在 3 个自然日内实际出境或办理转运手续，则应当进行临时存储。

9. 对于涉案货物，在结案后作出退还决定的，应不晚于判决生效之日起 10 个自然日内，将货物进行临时存储。

管道运输或者电线输送的货物因其运输方式的特殊性，不适用临时存储。

二、临时存储场地及期限

（一）临时存储场地

1. 临时存储场地包括：临时存储仓库，自由仓库，自由经济区，收货人的房舍、仓库、露天场地和其他区域，以及海关法规定的其他可以临时存储的地点。

2. 可能对其他货物造成损害，或者要求特别存储条件的货物，应储存在专门适合储存这些货物的临时存储场地。

（二）临时存储期限

1. 货物临时存储期限自海关将货物登记为临时存储货物之日起计算，期限为4个月。

2. 对在国际邮件互换地储存的国际邮件和旅客没有提取的航空运输行李，临时存储期限为6个月。

3. 临时存储期限届满后，没有放行或者没有获得离开关境许可的货物，海关将依法予以扣留。但在临时存储期限届满前已经申报的，海关没有放行的货物，不予扣留。

三、海关作业

（一）单证提交和受理

1. 单证提交

在办理临时存储手续时，承运人、收发货人及其代理人应向海关提交单证，包括货物运单、商业单据、通关单证。单证采用电子形式向海关提交。

2. 海关受理

海关应在1小时内审核申报人提交的单证，海关登记后，货物进行临时存储。

（二）对货物进行的处置

1. 为了保障货物完好无损，收发货人、场地负责人等相关人员在不改变货物状态的前提下，可以查看和测量货物，在临时存储区域内搬移货物。

2. 经海关许可，收发货人、场地负责人等相关人员可以提取货物样品或试样，修复破损包装，打开包装以确定货物数量或特性，开展货物后续运输所需的作业。

第四节 申 报

一、申报人

（一）申报人范围

1. 成员国人

具体包括：签订对外贸易合同的成员国人或其代理人，在货物进出境过程中具有货物占有权、使用权、处分权的成员国人。

2. 外国人

外国人不能直接在俄罗斯申报货物，但以下情况除外：

（1）在联盟成员国依法注册的外国组织或其分支机构，在办理公用物品申报时；

（2）非贸易行为的进出境货物所有人；

（3）在适用海关仓库、暂时进境、复出口监管方式和特殊监管方式时对非贸易货物具有占有权、使用权的外国人。

（二）申报人的权利和义务

1. 申报人享有以下权利：查看、测量海关监管货物，并对其实施相关作业；经海关许可，提取海关监管货物样品；在海关关员对货物实施查看、查验及提取货物样品时在场；了解海关所出具的对所申报货物的鉴定结果；对海关的决定、行为（不作为）进行申诉；为了核实所申报货物的信息，聘请鉴定人进行鉴定等。

2. 申报人应当履行以下义务：实施货物海关申报；按法定要求，向海关提交证明在海关申报单中所申报信息的真实性；根据海关要求交验所申报货物；缴纳海关税费、保障措施关税、反倾销税和反补贴税，办理担保手续；遵守特殊监管货物的限定条件。

3. 申报人责任。申报人不履行相关义务，申报不真实信息，向报关代理人提供无效单证，包括伪造和提供虚假单证，申报人应承担相应法律责任。

此外，在实施海关作业时，申报人或其代理人有权在场。根据海关要求，在实施海关作业时，申报人或其代理人应当在场以协助海关实施海关作业。

二、报关代理

（一）报关代理人

1. 概念

报关代理人是指列入报关代理人名录，接受申报人委托，并以申报人名义办理海关手续的法人。

报关代理人在其经营范围内，与申报人签署委托协议后，方可办理通关手续。报关代理人以申报人的名义完成海关作业，在履行海关税费缴纳义务方面，报关代理人和该申报人承担连带责任，申报人违规等特殊情况除外。

2. 备案及注销

报关代理人须符合相应备案条件，才能列入报关代理人名录。报关代理人可申请变更备案信息或注销备案资格，其不履行义务等也会被注销资格。

（二）报关代理人的权利和义务

1. 权利

在实施海关作业时，报关代理人具有被代理人相同的权利；报关代理人有权要求被代理人提供为了实施海关作业所必需的单证和信息，其中包括构成商业秘密、银行秘密及其他受法律保护的秘密或者其他机密信息的单证和信息，并在法定期限内获取这些单证和信息。

2. 义务

《俄罗斯海关法》明确了义务的无差别性，即相关义务对所有报关代理人均完全相同，包括：符合列入报关代理人名录的条件；按照海关要求提交报告；不得泄露国家秘密、商业秘密等秘密信息；按期缴纳税款；按期提交变更申请等。

在实施海关作业时，报关代理人的义务以在海关调整领域里的国际条约、法律文件和成员国海关立法规定的要求和条件为限。报关代理人的义务不包括遵守特定海关监管方式使用货物的条件和仅由被代理人承担的其他义务。

报关代理人以申报人的名义实施海关作业，报关代理人与被代理人对应当履行的缴纳关税、进口环节税、保障措施关税、反倾销税和反补贴税义务承担连带责任。但以下情形除外：申报人违反所申报监管方式规定的商品使用限制条件的；经申请允许变更缴纳关税、进口环节税期限的；申报人违反税收优惠政策的。

三、申报形式及内容

（一）申报形式

按照《俄罗斯海关法》的规定，申报人应当通过电子申报系统进行申报，因系统故障等原因无法实现电子申报的，可以提交纸质报关单。

（二）申报内容

申报人应当如实向海关申报以下内容：

1. 货物所适用的海关监管方式。
2. 货物申报人、报关代理人、收（发）货人信息。
3. 承运货物的进出境运输工具和在联盟关境内运输（将要运输）所使用运输工具的信息。
4. 货物信息，包括：

（1）按照计算和征收海关税费、保障措施关税、反倾销税、反补贴税和由海关征收的其他税费，为了保障遵守禁止和限制规定、内部市场保护措施、海关采取知识产权保护措施的要求，根据《欧亚经济联盟对外经济活动统一商品目录》确定的商品名称和相关描述；

（2）按照《商品目录》的商品编码；

（3）货物原产地；

（4）起运国和目的国名称；

（5）货物生产商；

（6）商标；

（7）列入俄罗斯知识产权统一海关名录的商品名称；

（8）包装描述；

（9）价格，以千克表示的数量（毛重和净重）和以补充计量单位表示的数量；

（10）货物完税价格（货物完税价格及价格确定方法）；

（11）统计货值。

5. 税费计算信息，包括：

（1）关税、进口环节税税率和海关规费费率，保障措施关税、反倾销税和反补贴税税率；

（2）是否适用优惠税率；

（3）特惠关税；

(4) 所计算的关税、进口环节税、海关规费、保障措施关税、反倾销税和反补贴税税额;

(5) 为了计算关税、进口环节税、保障措施关税、反倾销税和反补贴税适用的汇率。

6. 合同信息。

7. 是否属于禁止和限制货物。

8. 适用监管方式条件的信息。

9. 随附证件的编号。

10. 遵守与海关执法相关的法律文件的信息。

11. 货物申报单填制人和填制日期。

12. 需要提交的其他信息。

(三) 随附单据

俄罗斯政府已建立较为成熟的部门间信息交换平台,即"单一窗口"。办理海关申报手续时,海关能够通过信息系统或联网核查获取的相关单证和信息,不必向海关提交,在简化海关作业手续的同时,又提高了通关效率。此外,依照国际条约规定,为了实施海关作业,可以使用非本国制作的随附单证。例如,中俄海关合作框架下"监管结果互认"合作项目中,根据双方签署的《中华人民共和国海关总署和俄罗斯联邦海关署关于开展特定商品海关监管结果互认的议定书》约定,可将《载货清单》作为报关随附单据,就属于这类情况。所有随附单证,申报人都需要在结关后保存满5年。具体随附单据包括:

1. 合同或证明具有货物占有权、使用权、处分权的单证,以及申报人持有的其他商业单据。

2. 运输单据(运输凭证)。

3. 报关资格证明。

4. 证明遵守禁止和限制规定、内部市场保护措施的单证。

5. 货物原产地文件。

6. 依照《欧亚经济联盟对外经济活动统一商品目录》,对货物归类时使用的证明货物特性的文件;货物归类预先决定(如果有),如果按照海关转运制度,以未组装件或者拆散件形式(其中包括以不完整品或者未制成品形式)通过联盟海关边界的货物(货物部件),对这些货物,任何成员国海关作出的货物归类预先决定。

7. 缴纳海关税费、保障措施关税、反倾销税、反补贴税和担保履行缴纳关税、进口环节税、保障措施关税、反倾销税、反补贴税义务的证明。

8. 享受税收优惠政策的证明。

9. 变更关税、进口环节税缴纳期限的证明。

10. 确定货物海关完税价格方法的证明。

11. 经营国际运输的运输工具登记和所属国籍的证明,如果在将货物按照海关转运方式监管时使用公路运输方式运输货物。

12. 将货物置于所申报海关制度下条件的证明。

13. 境外加工海关制度下进口的产品,置于放行供国内消费海关监管方式下时,货物加工作业所申报价值的证明。

四、报关单处置

(一)报关单受理

海关应在报关单申报后 1 小时内,做出接受申报或退单的决定。退单即不予受理相关报关单申报。不予受理的情形包括:

1. 海关申报单递交给无权受理申报的海关。

2. 申报人不具备申报资格。

3. 未按照规定的申报形式进行申报。

4. 申报单数据填写不齐全。

5. 申报单数据结构或格式填写不规范。

6. 除特许情况外(提前申报、定期申报、管道电缆运输货物),报关单所申报货物不在申报海关所在成员国境内。

(二)补充申报及报关单修改(补充)

1. 报关单补充申报及修改的情况。经申报人申请或海关要求,可以对报关单进行修改和补充申报。具体而言:

在货物放行前,海关未要求申报人提交单证,未告知申报人货物查验时间及地点,未做出海关查看决定或指定海关鉴定,申报人可以申请修改报关单信息,包括补充申报。海关发现需修改相关信息或需要补充申报的,企业需在规定时限内修改(补充)报关单信息。

货物放行后,申报人申请并经海关许可,或海关决定修改(补充)的,可以修改(补充)报关单信息。

2. 修改(补充)要求。在货物放行前,只有涉及货物存储位置变更及不影响货物放行的技术或文字错误,海关才会许可对相关信息进行修改(补充)。

若对已被海关受理的报关单信息进行修改或补充申报,只能是对报关单所申报货物的相关信息进行修改（补充），即报关单修改（补充）不能增项。

（三）报关单撤销

1. 可撤销情形。进口货物放行前，除特殊情况外，可以申请撤销报关单；出口货物申报后、离开关境前，申报人可以申请撤销报关单。

2. 撤销操作。在撤销海关申报单时，新的海关申报单应在货物临时储存期限内递交。规定期限内没有递交海关申报单的，海关依规定对货物实施扣留。

第五节　进出口税费

一、税收构成

俄罗斯海关税主要由进出口关税、增值税、消费税和海关规费构成，还包括保障措施关税、反倾销税、反补贴税。

二、海关规费

（一）一般规定

1. 概念

海关完成与货物放行、运输工具海关押运、商品存储有关的作业，企业需要向海关缴纳的费用称为海关规费。

2. 分类

海关规费分为3种类型。一是业务类海关规费，是指因完成与货物放行有关的海关作业而收取的规费；二是押运类海关规费，是指因海关押运而取的海关规费；三是存储类海关规费，是指因存储而收取的规费。

（二）规费计算

1. 计费办法

业务类海关规费由此类规费支付人员计算；押运类海关规费、存储类海关规费由海关计算。

海关规费按俄罗斯联邦卢布计算，如果为计算海关规费金额要求进行外汇折算，除有专门规定以外，应使用俄罗斯联邦中央银行公布的官方汇率。

2. 费率适用

业务类海关规费金额，按照报关单被海关登记之日执行的费率计算。

押运类海关规费金额，按照海关做出押运决定日的费率计算，转运货物按照海关受理转运申报单之日的费率计算。

存储类海关规费金额，按照商品在海关临时存储仓库存储期间的费率计算。

（三）规费缴纳

1. 缴纳办法

海关规费的缴纳，按照缴纳关税、进口环节税规定的办法办理。

2. 缴纳期限

不同类别的海关规费，缴纳期限不同。业务类海关规费应于商品放行前缴纳，申请申报前放行的，规费需要在缴纳关税、进口环节税规定的期限内缴纳。押运类海关规费应在海关押运实施前缴纳。存储类海关规费应在商品从海关仓库实际出库前缴纳。

（四）海关规费的追缴和退还

1. 海关规费的追缴和退还，按照追征和退还关税、进口环节税规定的情形和办法办理。

2. 如果商品放行后，发现海关业务类规费计算有误，不再重新计算，不予补缴和退还。

3. 海关对所申报货物做出拒绝放行决定时，已收取的海关业务类规费不予退还，但海关拒绝放行决定被认定为非法的情形除外。

（五）规费的免除

1. 下列商品不予征收业务类海关规费：

（1）运入俄罗斯联邦或从俄罗斯联邦运出的商品，根据俄罗斯联邦法律属于无偿援助（支持）的。

（2）外交代表处、领事机构、外国其他官方代表处、国际组织及其代表处、机构和组织的人员运入俄罗斯联邦和从俄罗斯联邦运出的自用商品。

（3）根据俄罗斯联邦缔结的国际条约，享有优先权、特惠权和豁免权人员的个人自用物品。

（4）供展览而暂时进出境的文物或者置于放行供国内消费监管方式下的文物。

（5）非法运入俄罗斯联邦或从俄罗斯联邦非法运出情形下被退回的文物。

（6）货币及有价证券。

（7）海关转运货物。

（8）在俄罗斯国际汽车承运人协会和国际汽运交通联盟间调运的国际公路运输手册和 ATA 单证册。

（9）运入俄罗斯联邦、从俄罗斯联邦运出的消费税标识。

（10）自然人携带的无须缴纳或免于缴纳关税和进口环节税的自用商品。

（11）使用国际邮件寄递的商品，但所指商品的申报以提交单独报关单方式实施的除外。

（12）作为备用品运入俄罗斯联邦或从俄罗斯联邦运出的商品。

（13）从一种监管方式转换为另一种监管方式的商品。

（14）根据海关销毁制度，销毁后的废料（残渣）。

（15）因不可抗力、自然灭失造成损失的商品。

（16）抵达俄罗斯联邦境内，处于抵达地或位于抵达地附近的其他海关监管区且未置于任何海关制度之下的商品；置于复出口海关制度下并从俄罗斯联邦境内离开的商品。

（17）使用 ATA 单证册的暂时进出境货物。

（18）国际运输交通工具，包括根据暂时运入（准入）海关制度或自由海关区海关制度被放行到俄罗斯联邦境内后作为国际运输交通工具使用的。

（19）暂时进出口的用于大众传媒生产和出版的专业设备。

（20）用于开展电影拍摄、演出、戏剧和类似活动的（剧用服饰、马戏服装、电影服装、舞台设备、总乐谱、乐器和其他剧用道具、马戏道具、电影道具）的暂时进出境货物。

（21）用于体育比赛、示范性体育活动或训练的暂时进出境货物。

（22）用于参加俄罗斯联邦政府决定举行的会展活动、航空航天展会和其他类似活动时的展览品。

（23）与国际运输工具一同进出境的备用件和设备。

（24）根据自由海关区海关制度运入加里宁格勒州境内的商品和由其加工的置于放行供国内消费海关制度下的产品。

（25）用于开展试验、检验、实验、特性展示的暂时进出境货物。

（26）被置于出口海关制度下的货物，除被征收出口关税的货物。

（27）俄罗斯联邦政府规定情形下的其他商品。

2. 因存储而收取的海关规费在下列情形下不予征收：

（1）海关决定将货物存入海关临时存储仓库的；

（2）在俄罗斯联邦政府规定的其他情形下。

3. 俄罗斯联邦政府有权规定免除缴纳因海关押运而收取的海关规费的情形。

4. 货物价值不足 200 欧元的货物。

三、税款缴纳期限

按照《俄罗斯海关法》的规定，货物应当在放行前缴纳税费。依据不同的监管方式，纳税义务人缴税义务的产生、终止缴纳期限不同。例如，适用放行供国内消费监管方式与适用管道或线缆运输货物监管方式，其进口货物税款缴纳期限不同。

四、税款计算

一般情况下，税款由纳税义务人自报自缴。特殊情况下，由海关计核税款，包括涉案货物、灭失货物、未按期申报货物等。

（一）计征方式、方法

1. 关税

俄罗斯海关以从价或从量的方式计征进出口货物的关税。

从价计征关税的计算公式为：应纳税额 = 完税价格 × 关税税率。

从量计征关税的计算公式为：应纳税额 = 货物数量 × 单位关税税额。

2. 增值税

俄罗斯对不同海关监管方式的商品实行不同的增值税管理。

（1）进口方面：对置于放行供国内消费海关制度下商品，需全额缴纳增值税；对置于复进口海关制度下商品，需缴纳这些商品出口时被免缴或向其返还的增值税金额；对置于海关仓库、复出口、免税贸易、销毁、放弃收归国有海关制度下商品，不缴纳增值税；对置于关境内加工海关制度下，产品定期从关境运出的，不缴纳增值税；对置于关境外加工制度下，产品运入关境的，全额或部分免缴增值税；对置于暂时进境海关制度下的商品，全额或部分免缴增值税。

（2）出口方面：对置于出口海关制度下的商品，不缴纳增值税；对置于海关仓库制度下的商品，加工后成品按照出口海关制度运出的，不缴纳增值税；对置于复出口海关制度下的商品，向纳税人返还商品运入时缴纳的增值税金额。

（3）计算公式：

不征消费税进口商品的增值税 =（货物完税价格 + 进口关税额）× 增值税税率。

应征消费税进口商品的增值税 =（货物完税价格 + 进口关税额 + 应缴消费税额）× 增值税税率。

3. 消费税

应缴消费税进口商品的消费税按照从价、从量或从价兼从量计征。

计算公式：

从价消费税 =（商品完税价格 + 进口关税额）× 消费税率／（1 − 消费税率）；

从量消费税 = 商品数量 × 单个计量单位的商品消费税率；

从价和从量复合消费税 = 从价消费税 + 从量消费税。

五、税款担保

（一）需担保的情形

以下情形需要向海关提供税款担保：延期或分期缴纳税款，申报前放行货物，单证审核完成前放行货物，未获得鉴定结果前放行货物，将货物置于转运监管制度下，关境外加工货物，货物通过非联盟成员国境内由一关境运输至另一关境。

（二）担保方式

担保方式包括现金、银行保函、保证、财产抵押。经批准，担保人可以用另一种担保方式替换原担保方式。

（三）总担保

如果同一人在一定期间内实施数个海关作业，为了担保履行在实施所有海关作业时产生的缴纳关税、进口环节税义务，可以提供税款总担保。

在下列情形下，适用履行缴纳关税、进口环节税总担保：一是所有海关作业在向其海关提供总担保的成员国境内实施；二是在依照海关转运海关制度运输货物时，在数个成员国境内实施海关作业。

在总担保范围内，发生应缴未缴关税、进口环节税情形的，由接受总担保的任一海关进行追征。

（四）担保额度

1. 一般贸易税款担保额度

一般贸易税款担保额度按照一般贸易监管方式，且不适用特惠关税税率和进口关税、环节税优惠政策应缴纳的税额予以确定。

2. 税款缴纳环节的担保

如果缴纳关税、进口环节税时，因品名、数量、原产地和完税价格等影响纳税金额的要素不能确定，无法确定应当缴纳的关税、进口环节税税率，则按照已有信息确定的关税、进口环节税最高税率计算关税、进口环节税，即从量、从价就高。

3. 完成单证审核前放行的担保额度

在计算担保额度时可以使用相同或类似货物的完税价格。

4. 申报前放行担保额度

按照海关同意申报前放行货物之日实施的关税、进口环节税税率计算担保额度。如果为了确定关税、进口环节税税额需要将外币折算为本国货币，按照登记递交申请之日的汇率进行计算。

六、税款退还

（一）可退还情形

对于多缴纳或者多征收的关税、进口环节税，应当退还。具体情形分为：

1. 关税、进口环节税依照规定应当退还（冲销），包括：

（1）依法确定为多缴纳或者多征收的关税、进口环节税；

（2）缴入成员国立法规定账户的进口关税没有确定为具体货物的进口关税税额；

（3）缴入成员国立法规定账户的出口关税、进口环节税没有确定为具体货物的出口关税、进口环节税税额；

（4）货物依法被没收或者转变为国有财产（收入），如果对这些货物先前已履行缴纳关税、进口环节税义务；

（5）海关放行货物时，申报人变更为不需要缴纳关税、进口环节税的海关监管方式，则应退还已缴纳关税、进口环节税；

（6）经申请，申报人撤销海关申报单，则应退还已缴纳关税、进口环节税；

（7）复出口货物已缴纳的进口税款。

2. 特殊情况。经申报人申请，海关同意修改报关单中的涉税信息，多缴纳或多征收的关税、进口环节税应予退还。

（二）退还条件及期限

1. 退还条件。海关根据规定，已接受退还（冲销）关税、进口环节税情况发生的证明，并且认定税款缴纳人遵守退还关税、进口环节税规定的其他条件，已征的关税、进口环节税应予退还。

2. 退还期限。退还（结转）多缴或多征的关税、进口环节税和其他由海关负责征收的税费，应到指定海关办理，自确认多缴或多征税款的次日起3个工作日内退还。

对于多征的关税、进口环节税和其他由海关负责征收的税费，应当对多征税费金额偿付利息。利息计算时间自征收税费之日起至实际退还（结转）之日止，比率为俄罗斯联邦央行基准利率的三百六十分之一。

七、税款追征

（一）追征范围

在海关规定期限内，申报人如果没有履行或者没有适当履行纳税义务，海关将采取追征措施。

追征关税、进口环节税的措施包括：以缴纳人的资金、其他财产、预付款、应退税款和税款担保等缴纳税款。

（二）不采取追征措施的情形

具体包括：

1. 未缴纳的关税、进口环节税追征期限已过。
2. 因缴纳了关税、进口环节税或者因其他情况，缴纳关税、进口环节税义务终止。
3. 根据法律规定无法征收的关税、进口环节税，经海关确认为不可追征。
4. 对于涉案货物，经过核查对其作出退还决定后，依照规定应当向海关申报的，自退还决定生效之日起至将货物进行临时储存或者按照一种海关监管方式进行海关监管期间，在作出退还货物决定前已产生的缴纳关税、进口环节税义务，不采取追征关税、进口环节税措施。

（三）追征关税、进口环节税的海关

实施货物放行的海关为追征关税、进口环节税的海关，特殊情况下由应当征收税款的海关负责追征，例如置于转运监管制度下的进口货物。

对非法通过联盟海关边界的货物，关税、进口环节税由在其境内发现货物非法通过联盟海关边界事实的海关追征。

在按照海关转运方式运输货物时，如果提供了缴纳关税、进口环节税义务的担保，在需要缴纳关税、进口环节税时，由收取税款担保的海关追征。

在按照海关转运方式运输货物时，如果经认证的经营者或海关承运人是货物的申报人，在需要缴纳关税、进口环节税时，由将申报人列入经认证的经营者或海关承运人名录的海关追征。

第六节 商品归类

一、归类依据

俄罗斯海关基于《欧亚经济联盟对外经济活动统一商品目录》对商品进行归类，以适用税收调节措施、禁止和限制规定、内部市场保护措施，以及编制海关统计。

二、商品归类的审核和确定

申报人在向海关申报时，应依照《欧亚经济联盟对外经济活动统一商品目录》确定商品归类并向海关申报，由海关审核商品归类的准确性。

由海关确定商品归类的情况主要包括以下几种：

1. 海关发现商品归类不准确的，需做出商品归类决定，不论货物是否已放行。
2. 需要计算应缴纳的关税、进口环节税、保障措施关税、反倾销税、反补贴税时，海关会确定商品归类。此种情形下，如果海关不掌握对货物进行十位归类所需的信息，可以按照《欧亚经济联盟对外经济活动统一商品目录》确定至少四位的商品编码。
3. 申报人在规定时限内未完成完整品或制成品全部部件申报。

三、商品归类决定

商品归类决定根据是申请人的申请。由海关作出的归类决定，包括商品归类预先决定，对以未组装件和拆散件形式进口的货物作出的归类决定，以及为保证统一适用《欧亚经济联盟对外经济活动统一商品目录》，欧亚经济委员会对某些货物作出的归类决定。

（一）适用范围

商品归类决定适用于本国境内，涉及转运的，同时适用于联盟成员国关境。

（二）效力范围和解释

1. 效力范围

海关归类决定及其解释在本国境内具有强制力。

2. 解释

为保证统一适用《欧亚经济联盟对外经济活动统一商品目录》，欧亚经济委员会可以根据俄罗斯海关的提议，对归类决定作出解释。

（三）决定的变更和失效

决定的变更和失效包括以下几种情形：

1. 《欧亚经济联盟对外经济活动统一商品目录》变更的；
2. 作出商品归类决定后，发现存在不影响归类结果的错误的，例如印刷等，可以进行变更；
3. 获取补充信息后，依照《欧亚经济联盟对外经济活动统一商品目录》基本原则，对商品归类决定产生影响的；
4. 发现商品归类决定违反联盟框架下的国际条约或联盟机构决定的。

四、商品归类预先决定

商品归类预先决定相当于中国海关的归类预裁定，由申请人提交申请，海关做出决定，并公开发布。依据不同情况，商品归类预先决定可以变更、终止效力或撤销。与此相关的决定，要在作出这些决定的次日前发送给申请人，并说明原因，且应提请海关注意。

（一）申请及受理

1. 申请提交形式。申请人可以以电子或纸质形式提出预先归类申请。
2. 申请内容及材料。需包括完整的商业名称、公司名称（商标）、货物主要的技术和商业特征及其他信息。必要时，应提供货物样品或试样、照片、图片、示意图、产品证书及其他材料。
3. 补充信息。如果申请人提交的信息不足以作出商品归类预先决定，海关应在做出商品归类预先决定期限届满前 30 个自然日内，通知申请人提交补充信息，申请人应在 60 个自然日内提交补充信息。如果申请人在规定期限内没有提交补充信息，或者所提交的补充信息不足以作出商品归类预先决定，海关拒绝作出商品归类预先决定，并正式通知申请人，说明理由。

（二）决定的作出和变更

1. 作出决定的海关。申请人应当向货物实际进出口时放行货物的海关申请商品归类预先决定。

2. 决定作出期限。海关应在受理商品归类预先决定申请之日起 90 个自然日内作出商品归类预先决定。需要申请人提供补充信息的，补充信息时间不计入上述期限。

3. 决定有效期。商品归类预先决定自作出之日起 5 年内有效。

4. 变更决定。海关或申请人发现存在不影响归类结果的错误的，例如印刷等，可以进行变更。变更决定自作出此商品归类预先决定之日起生效。

（三）效力终止

遇到下列情况，海关将做出终止商品归类预先决定：

1. 经核实，申请人提供了不真实、不完整信息或伪造材料。此种情形下，商品归类预先决定自开始即无效。

2. 海关发现在作出此商品归类预先决定时，存在影响归类结果的错误。此种情况下，商品归类预先决定的效力自作出终止决定之日起无效。作出原预先归类决定的海关，应在 10 个工作日内，重新作出商品归类预先决定，新的商品归类预先决定自其作出之日起生效。

（四）决定撤销

遇到下列情形，海关撤销商品归类预先决定：

1. 海关修订《欧亚经济联盟对外经济活动统一商品目录》，且修改内容对已作出的商品归类预先决定类有影响的，海关应在修订公布之日起 30 天内作出撤销商品归类预先决定的决定。

2. 欧亚经济委员会作出商品归类决定，与此前作出的商品归类预先决定不一致的。

3. 俄罗斯海关作出归类决定，与此前作出的商品归类预先决定不一致的。

4. 世界海关组织作出的商品归类决定，与此前作出的商品归类预先决定不一致的。

（五）决定的公开

除涉及国家秘密、商业秘密、银行秘密及其他受法律保护的秘密信息，或者其他涉及利害关系人的机密信息外，商品归类预先决定中的信息应在联盟官方网站上公布。

第七节　完税价格的确定

俄罗斯于2011年加入世界贸易组织（WTO），而《WTO 估价协定》是 WTO 一揽子法律体系中规范各成员海关估价工作的国际公约，因此，在海关估价方面，俄罗斯海关与中国海关都遵循了《WTO 估价协定》的程序和方法。

一、一般规定

（一）审价依据

进口货物海关完税价格审定的依据是关税及贸易总协定相关条款，由申报人按照规定方法计算。价格确定适用的币制为卢布，若需外币折算，则适用申报当日汇率折算为卢布。

（二）初步完税价格

初步完税价格是欧亚经济联盟促进贸易便利化的一项海关措施，即如果在向海关申报时，计算完税价格的信息不全，暂时不能确定准确的完税价格，海关可以根据申报人提供的材料和信息，先确定申报货物的海关完税价格，即初步完税价格，根据初步完税价格计算并缴纳关税、进口环节税、保障措施特别关税、反倾销税和反补贴税。待补充相关信息后，海关再按照准确的完税价格重新计算税款。

（三）海关审价

特殊情形下需要由海关审定完税价格。《俄罗斯海关法》对具体情形有明确规定，主要包括发现申报人申报不准确的情况及涉案计税等。

二、确定完税价格的程序和方法

确定完税价格应以客观可量化的数据资料为基础，程序上普遍适用。在确定完税价格时，依次适用如下方法：进口货物实际成交价格估价方法、相同货物成交价格估价方法、类似货物成交价格估价方法、倒扣价格估价方法、计算价格估价方法、合理方法。纳税义务人可以申请颠倒倒扣价格估价方法和计算价格估价方法的适用次序。

(一) 成交价格估价方法

1. 定义

进口货物的成交价格,是指货物进口到关境时实付或应付且已进行价格调整的价格。

2. 成交价格成立的条件

(1) 买方使用和处分货物的权利不受限制,但限制货物可能转售的地域及对货物价值无实质影响的限制除外;

(2) 进口货物的价格不得受到使该货物成交价格无法确定的条件或者因素的影响;

(3) 卖方不得直接或间接获得买方销售、处置或使用进口货物所得收益,但可以作价款处理的除外;

(4) 买卖双方不存在特殊关系,或者即使存在特殊关系但未对成交价格造成影响。

3. 成交价格的调整项目

(1) 应计入完税价格的费用和价值。一是买方支付的相关费用,包括除购货佣金以外的佣金和经纪费,与该货物视为一体的容器费用,包装材料费用和包装劳务费用。二是与进口货物的生产和向联盟关境内销售有关的,由买方以免费或者以低于成本的方式提供,并可以按适当比例分摊的一些货物或者服务的价值。三是卖方直接或者间接从买方对该货物进口后销售、处置或者使用所得中获得的收益。四是与进口货物有关,作为该货物向联盟关境内销售条件的特许权使用费。

(2) 不计入完税价格的款项和费用。进口货物的价款中单独列明的下列税收、费用,不计入该货物的完税价格:一是货物进口后发生的建设、安装、装配、维修或者技术援助费用,但是保修费用除外;二是进口货物抵达联盟关境地点后,在联盟关境中运输这些货物的费用;三是进口关税、进口环节税和费用;四是为在联盟关境内复制进口货物而支付的费用。

(二) 相同货物成交价格估价方法

不能使用成交价格估价方法确定进口货物的完税价格时,则与被估价货物在同时或者大约同时,但不早于被估价货物入境前 90 天,且已销售到境内的相同货物的成交价格作为货物的完税价格。

1. 定义

相同货物成交价格估价方法,是指海关以与进口货物同时或者大约同时向俄罗斯境内销售的相同货物的成交价格为基础,审查确定进口货物完税价格的估价方法。

2. 价格适用

在采用该方法估价时,应使用与被估价货物在相同商业水平和实质相同数量销售的相同货物成交价值。使用上述价格时,应当以客观量化的数据资料,对该货物与相同货物之间由于运输距离和运输方式不同而在成本和其他费用方面产生的差异进行调整。

如果没有发现这些销售,则采用在其他商业水平或以其他数量销售的相同货物成交价值,且应考虑货物销售商业水平和数量差异进行相应调整。如果有多个相同货物的成交价格,应当以最低的成交价格为基础审查确定进口货物的完税价格。

(三) 类似货物成交价格估价方法

如果按照成交价格估价方法、相同货物成交价格估价方法都不能确定进口货物完税价格,则与被估价货物在同时或者大约同时,但不早于被估价货物进口到联盟关境前 90 天,已销售到境内的类似货物的成交价格作为货物完税价格。

在采用该方法估价时,应使用与被估价货物在相同商业水平和实质相同数量销售的类似货物成交价值。使用上述价格时,应当以客观量化的数据资料,对该货物与类似货物之间由于运输距离和运输方式不同而在成本和其他费用方面产生的差异进行调整。

如果没有发现这些销售,则采用在其他商业水平或以其他数量销售的类似货物成交价值,且应考虑货物销售商业水平和数量差异进行相应调整。如果有多个类似货物的成交价格,应当以最低的成交价格为基础审查确定进口货物的完税价格。

(四) 倒扣价格估价方法

如果不能根据成交价格估价方法、相同货物成交价格估价方法、类似货物成交价格估价方法确定完税价格,则货物的完税价格可以倒扣价格估价方法予以确定,但根据申报人的申请,可以调整适用倒扣价格估价方法和计算价格估价方法顺序。

1. 定义

倒扣价格估价方法是以进口货物、相同或者类似进口货物在境内的销售价格为基础,扣除境内发生的有关费用后,审查确定进口货物完税价格的估价方法。

2. 销售价格应当符合的条件

（1）是在该货物进口的同时或者大约同时，将该货物、相同或者类似进口货物在境内销售的价格；

（2）是按照货物进口时的状态销售的价格；

（3）是向境内无特殊关系方销售的价格；

（4）按照该价格销售的货物合计销售总量最大。

3. 费用扣除项目

费用扣除项目包括：

（1）通常支付或应支付给中间人（代理人）的佣金，或者通常费用及一般利润；

（2）在联盟关境运输和保险的一般费用，以及与这些作业有关的其他费用；

（3）进口关税、进口环节税及国内税费。

如果被估价货物、与被估价货物相同货物、与被估价货物类似货物没有以它们进口到联盟关境时的相同状态在联盟关境销售，根据申报人申请，被估价货物的完税价格根据这些货物的单价予以确定，但要扣除加工（处理）后的增值。加工增值额应当依据与加工成本有关的准确、客观量化的数据资料计算。

确定扣除的项目时，应当使用与国内公认的会计原则相一致的原则和方法。

4. 不适用扣除加工（处理）增值的情形

（1）由于进一步加工（处理），被估价货物失去其个体特性，但尽管货物失去其个体特性，因加工（处理）后的增加值数额可以准确确定的情形除外；

（2）被估价货物没有失去其特性，但在联盟关境销售的货物中占比很小，以至于被估价货物价值对所售货物价值没有产生重要影响。

以该方法确定完税价格，海关应当采取电子或者书面方式告知申报人这些信息的来源及根据这些信息所实施的计算过程。

（五）计算价格估价方法

1. 定义

计算价格估价方法，是指以相关费用总和为基础，确定进口货物完税价格的估价方法。

2. 计算价格因素

计算价格因素包括：

（1）生产该货物所使用的料件成本和加工费用；

（2）向境内销售同等级或者同种类货物通常的利润和一般费用（包括直接费用和间接费用）；

（3）该货物运抵联盟关境内输入地点起卸前的运输及相关费用、保险费。

确定上述有关价值或者费用时，应当使用与生产国或地区公认的会计原则相一致的原则和方法。

3. 利润和一般费用的确认

数额应从总体考虑且根据生产商或以生产商名义提供的信息予以确定。如果这些信息与海关具有的为了出口到联盟关境在销售同级别或者同种类货物时通常利润和一般费用（商业费用和管理费用）的信息不符，则海关可以根据其具有的信息确定利润和一般费用（商业费用和管理费用）数额。

4. 信息资料的使用

海关无权要求境外生产商提供文件和信息以确定货物的计算价值，但在海关调整领域里的国际条约和法律文件、联盟与第三方国际条约或成员国与第三方国际条约有不同规定的除外。

海关在征得境外生产商同意，并提前取得有关国家允许后，可以在境外核实该企业提供的有关资料。

使用该方法确定完税价格时，如果海关根据其具有的信息确定了进口货物（物品）海关价值，则采用电子或书面方式告知申报人这些信息的来源，以及根据这些信息实施的计算。

（六）合理方法

1. 定义

合理方法，是指当不能根据成交价格估价方法、相同货物成交价格估价方法、类似货物成交价格估价方法、倒扣价格估价方法和计算价格估价方法确定完税价格时，以客观量化的数据资料为基础审查确定进口货物完税价格的估价方法。

2. 方法使用原则

（1）使用合理方法确定完税价格，应基于客观可量化的数据；

（2）在该方法适用过程中可以放宽使用前5种估价方法。

3. 不得使用的价格

使用该方法确定货物完税价格时，不得使用下列价格：

（1）在联盟关境内生产的货物在联盟内部的销售价格；

（2）可供选择的价格中较高的价格；

（3）货物在出口国国内市场的销售价格；

（4）用计算价格估价方法之外的价值或费用计算的相同或类似货物的价格；

（5）出口到第三国或地区的货物的销售价格；

（6）最低限价；

(7）任意或虚构价格。

第八节　原产地的确认

一、原产地的概念

原产地是指货物生产的国家（地区），就是指货物的"国籍"。

二、一般规定

（一）需要证明原产地的情况

在适用受原产地影响的关税调节措施、禁止和限制规定、内部市场保护措施时，申报人应提供货物原产地证明。

（二）不需要证明原产地的情形

不需要证明原产地的情形包括：转运货物、自用物品及原产地确认规则规定的其他情形。

但若有迹象表明货物来自禁止进口到联盟关境、本国境内的国家或地区的，则需要证明原产地。

1. 原产地证书

进口原产地证明是货物原产国家（地区）授权机构签发的，或出口国家（地区）基于原产地确认规则规定情形由其授权机构签发的规定格式文件。

签发机构需将原产地证明副本及确认货物原产地的依据，自原产地证明签发之日起保存3年。

2. 其他可以证明原产地的文件

这是指与货物有关且具有货物原产国家（地区）或货物出口国家（地区）生产、销售、发货人声明的货物原产地信息的商业单据及其他单证。若经核实，原产地申报单中声明的原产地信息是基于原产地确认规则不适用的标准确定的原产地，则该货物的原产地申报单不视为原产地文件。

三、原产地预先决定

为了减少通关时间，海关依申报人申请，可以在申报前对进口货物作出原产地预先决定。

（一）申请及受理

1. 申请

申请人提交的申请材料应为俄语，并应含有供作出商品原产地预先决定所必需的信息，以纸质文件或电子形式提交。

2. 补充材料

如果申请人提交的单证和信息不能确定商品的原产地，海关应当自受理该申请之日起 20 日内，以纸质或电子形式向申请人发送提交补充信息的通知，申请人应当在 60 日内提交补充信息。

3. 不予受理情形

下列情形下，海关将不予受理原产地预先决定申请：

（1）申请主体不符合资格要求；

（2）申请人所递交的单证不符合要求。

对不予受理的情形，海关应当在 20 天内通过纸质或电子形式告知申请人，并说明不予受理的理由。申请人消除不受理情形后可以重新申报。

（二）决定作出期限和有效期

1. 期限

商品原产地预先决定应由海关在受理之日起 60 天内，对每项商品原产地进行认定。申请人补充信息、询函、海关鉴定（化验）时间不计入相关时限内。

2. 有效期

原产地预先决定的有效期，在货物原产地证书中进行明确。

（三）不予作出商品原产地预先决定的情形

1. 申请人重复申请商品原产地预先决定的，海关不予再受理，但商品原产地预先决定 60 天内到期的，可以重新申请。

2. 未在规定期限内提交海关要求提供的补充信息或提交不完整的，海关应当在提交期限结束之日起 20 天内做出不予作出预先决定的决定。

3. 在申请人递交的原产地预先决定申请书及其附属单证中，包含互相矛盾的信息。

4. 作为证明原产地的原产地证书违规出证，或者造假，或者包含虚假信息。

5. 海关为核实原产地证书真实性，发送询函后，在规定的期限内，签发或有权检查商品原产地证明的机构或授权组织未给予答复。

第九节　海关检查

一、一般规定

（一）检查形式

为了确保做到对进出口货物的有效管理，海关可以通过以下方式实施检查：问询、单证审核、海关查看、海关查验、场所巡查、海关稽查。

（二）检查措施

海关在实施检查的过程中，可以采取以下检查措施，具体包括：

1. 进行口头问询；
2. 请求、要求提供和获取为实施海关监管所必需的单证和信息；
3. 指定实施海关鉴定、选取货物样品；
4. 对货物（物品）、单证、运输工具、房舍和其他地点进行识别；
5. 使用海关监管技术设备、其他技术设备、海关执法船舶和航空器；
6. 对货物实施押运；
7. 指定货物运输路线；
8. 清点海关监管货物；
9. 聘请专家和鉴定人；
10. 要求对货物（物品）和运输工具实施货运作业和其他作业；
11. 运用视频技术等手段实施监控；
12. 检查是否具有货物清点的专用作业系统和系统使用情况；
13. 俄罗斯海关法规定的保障实施海关监管的其他措施。

二、海关查看和查验

（一）海关查看

海关查看是在不打开运输工具货仓（隔舱）和开拆货物包装的方式下，检查商品、运输工具及其货物海关施封锁、印章和其他标识是否符合规定。

1. 查看的目的

查看是为了核查、获取货物信息，确认货物及运输工具是否施加了封志、印章或其他识别标识。

2. 实施查看

海关工作人员在海关监管区内实施海关查看时，可以在货物收发货人或代理人不在场时进行。在海关监管区域外实施查看，需提前通知货物收发货人或代理人，在其陪同下进行。

海关实施查看后需要制作查看记录，记录查看相关情况；查看记录需出具给货物收发货人或代理人。在口岸海关监管区域内实施查看的，应在查看完成后 2 小时内制作查看记录；在其他地点实施海关查看的，应在下一个工作日开始时起 2 个小时内制作查看记录。

（二）海关查验

海关查验是去除海关施封锁、印章和其他标识后，打开运输工具货仓（隔舱）、载货容器、集装箱，开拆货物包装，以验核货物申报信息的真实性。

1. 查验通知

海关应提前通知申报人或其代理人查验时间和查验地点。申报人或其代理人应当在海关查验时到场，根据海关要求提供必要协助。

2. 径行查验

符合以下条件的，经批准，海关可以不通知申报人及其代理人，径行开展查验。海关实施径行查验时，需要 2 名见证人在场。

（1）海关怀疑进出口货物有违法嫌疑的；

（2）当出现威胁国家安全、人类健康和安全、动植物生命和健康、环境保护、欧亚经济联盟成员国民族文化财产保护等不允许拖延查验实施的情况时，其中包括存在易燃易爆品、有毒物品、危化品、毒品、麻醉品、精神药品、放射性物质、核材料、具有刺激性气味商品；

（3）国际邮件；

（4）违反出境货物通关监管规定或者未遵守特殊商品使用条件，留置在欧亚经济联盟关境的商品。

3. 查验记录

查验结束后，海关应当根据规定的格式和程序填制查验报告，查验报告应包含以下信息：

（1）实施查验的海关关员和到场人员的信息；

（2）查验结果；

（3）在报关人、货物权益相关人及其代表未到场的情况下实施查验的原因；

（4）其他规定信息。

在发现违法违规情事的情况下或者根据货物权益相关人及其代表的要求，

应当交给货物权益相关人及其代表一份查验记录。

第十节　货物放行

一、概念

海关完成对货物的检查后，可以通过海关信息系统向临时存储货物场所发送货物放行信息。因特殊原因，海关信息系统无法放行的货物，由海关关员根据相关信息确定是否可以放行。

二、部分放行

当一票报关单申报了两项或两项以上商品时，海关应当放行符合放行条件的商品。同一批货物，部分商品被放行，仍有剩余商品尚未放行，申报人可以暂时不从临时存储货物场所提取已放行的商品。

三、放行期限

（一）4小时内放行

自海关登记申报单起4小时内放行的情况有：

1. 报关单受理之时起4小时内。如果报关单是在海关工作时间结束前不到4小时接受申报的，则应在海关重新开始工作之时起4小时内完成。
2. 预申报货物放行起算时间为海关接收到货物存放到海关监管区的信息时。预申报的海关转运水运船舶运输货物放行起算时间为海关给予卸货许可时。

（二）下一个工作日内放行

自海关登记申报单之日的下一个工作日放行的适用范围包括：
1. 海关要求进一步提供单证，或者实施和保障实施海关检查的；
2. 申报人申请修改报关单的；
3. 申报人没有履行海关对报关单进行修改所涉及的信息的要求的。

（三）10个工作日内放行

涉及次日放行的情况，海关放行期限可以延长。海关放行期限的延长期不超过海关登记报关单次日起 10 个工作日。预申报货物延长期不超过自放行起算时间次日起 10 个工作日。海关转运货物延长期不超过转运申报单登记次日起 5 个工作日。预申报转运货物延长期不超过自放行起算时间次日起 5 个工作日。延长时间的类型为：

1. 完成进一步提供单证所需的时间，或者实施和保障实施海关检查所需要的时间；

2. 履行报关单修改所涉及信息的要求所需要的时间；

3. 在未完成海关审核单证和进行海关鉴定作业前提前放行货物需要提供税款担保所需的时间。

延长放行期限的，不晚于给予许可之日的次日起下一个工作日内通知货物申报人或其代理人。

四、特殊通关程序放行

特殊情形下可以通过提交担保的方式实现申报前放行、审单结束前放行、需要海关鉴定的货物放行等。涉案货物若没有收缴或扣留，也可以放行。

（一）申报前放行

1. 适用范围

在递交货物报关单前，下列商品可以按照放行供国内消费监管方式申请货物放行，并在货物放行当月的下个月 10 日前，向海关进行货物申报：

（1）为了消除自然灾害、自然和人为紧急情况后果所需的货物，为执行维和行动或者开展演习所必需的军用产品，易腐货物，活动物，放射性材料，爆炸物，国际邮件，快运货物，用以在国际展览活动中展示的商品，人道主义援助物资，大众传媒报道和材料，为修理经营国际运输的运输工具和维持经营国际运输的运输工具安全运营所必需的发动机、耗材、备件和工具，成员国国家银行（中央银行）和其分支机构进口的成员国货币、外币、其他外汇、贵金属（其中包括黄金）等；

（2）根据俄罗斯立法规定投资项目框架下进口的货物；

（3）欧亚经济委员会批准特定企业进口的特殊商品。

2. 放行条件

（1）按规定提交申请；

（2）货物必须在俄罗斯境内；

（3）除特殊情况外，需要提交关税、进口环节税、保障措施关税、反倾销税、反补贴税缴纳义务履行担保。

（二）审单结束前放行

1. 适用条件

在货物放行期限内，无法办结单证和信息核查的货物，在提交按照报关单申报价格计算税费的担保后，海关可以在完成单证核查前放行货物。

2. 不需提供担保的情形

（1）申报人是经认证的经营者；

（2）其他法定情形。

3. 不适用审单结束前放行的情况

海关发现申报人未遵守禁止和限制规定、国内市场保护措施及其他税收措施的，则不能在单证审核结束前办理货物放行手续。

（三）实施海关化验时的货物放行

1. 适用条件

在货物放行前实施的海关化验出具结果之前，根据报关单核算的数额缴纳关税、进口环节税、保障措施特别关税、反倾销税、反补贴税，并按照规定的数额提供税款担保后，申报人可以申请放行货物。

2. 无须提供税款担保的情况

申报人是经认证的经营者或者风险管理系统确定的其他情况，无须提交税款担保。如果报关代理人以申报人名义并受其委托办理通关业务，报关代理人应与申报人共同承担缴纳税款的义务，在报关代理人满足下列条件的情况下，无须提交税款担保：

（1）货物放行日没有拖欠海关税费、进出口环节税，货物报关单登记日没有拖欠保障措施特别关税、反倾销税、反补贴税、滞纳金、利息，并且税款担保没有被海关执行欠款追缴；

（2）在申报人未提交单证和信息供海关核查和/或根据海关决定应当履行税款缴纳义务的情况下，报关代理人已履行缴纳义务；

（3）欧亚经济委员会规定的其他条件。

3. 不适用的情形

如果海关发现申报人未遵守禁止和限制规定、国内市场保护措施及其他税收措施，则不能在单证和/或信息核查结束前办理货物放行手续。

（四）发现行政或刑事违法行为时的货物放行

如果发现具有行政违法或刑事违法行为的货物根据俄罗斯法律不予没收或扣押，海关应在行政或刑事诉讼结束之前放行货物。

五、有条件放行

所谓有条件放行,指海关监管货物的放行,即已办理了放行手续,但货物仍处于海关监管之下,需纳入海关后续管理。主要包括以下 4 种置于放行供境内消费海关制度下的货物:

(一) 特定减免税货物

特定减免税货物适用了缴纳进口关税、进口环节税优惠,这些优惠对使用或处分这些货物具有限制,即货物放行后 5 年内不得移作他用。

解除监管的情形主要包括限制期限届满、补缴税款、销毁、放弃、灭失、罚没、复出口等。

(二) 未取得许可证件的货物

需要取得许可证件的货物在放行时不能提供许可证件,经海关批准并承诺在 45 个自然日内提交相关许可证件的,可以放行,海关有权要求封存货物,禁止出售、转让。

规定期限内提交相关许可证件后即解除监管。

(三) 适用低税率的货物

依照联盟框架下条约,适用了比《欧亚经济联盟统一关税税则》规定更低的进口关税税率的此类货物,仅限于在俄罗斯境内使用。

解除监管的情形包括补缴税款、特定商品限制期限届满、销毁、放弃、灭失、罚没、复出口等。

(四) 成套未组装件和拆散件货物

在部分零部件进境后,不得转让给他人,不得转卖给第三方。

解除监管的情形为最后一批货物实际进境。

六、不予放行

(一) 不予放行的情形

1. 不符合海关放行货物的条件的;
2. 未按照海关要求变更(补充)申报信息;

3. 货物提前申报时,在报关单接单登记后 30 日内未按规定办理相关手续;
4. 在定期申报时,没有遵守相关规定,申报人在规定期限内没有履行缴纳海关税费、保障措施特别关税、反倾销税和反补贴税、利息、滞纳金义务的;
5. 在规定的货物放行期限内,未按海关要求呈验货物;
6. 中止放行后未恢复的知识产权货物;
7. 没有履行放行前审单提供相关信息或解释要求的;
8. 海关在对货物实施监管时,发现存在违反国际条约和法律规定的情形。

(二)实施程序

1. 决定作出

海关需依据委员会的相关规定,在货物放行期限届满之前,作出货物不予放行的决定。作出货物不予放行决定时,需要指出不予放行的原因。

2. 通知

货物不予放行可以通过海关信息系统或者通过纸质报关单通知,也可以在放行通知书上进行签注。

3. 不合法决定处理

如果货物不予放行的决定被认为是不合法的,则应在申报人重新报关时,适用货物首次申报当日的税率、汇率及相关禁限规定。而且申报人向海关递交重新申报的申请时,还可以递交申请修改再次申报数据的申请。

第十一节　海关稽查

一、一般规定

(一)定义

海关稽查是一种海关检查形式,是为了核查申报人是否遵守国际条约和法律规定,在货物放行后采用其他海关监管方式和保障措施实施的检查。海关稽查可在货物放行后 5 年内实施。

海关稽查主要将海关申报单和向海关提交的随附单证中的信息及海关获取的其他信息,与企业会计账簿和会计凭证、银行账户等信息进行比对。

(二)开展稽查的情形

海关稽查实行属地管理,即被稽查人接受其成立地、注册地或常驻地海关稽查。在下列情形下使用海关稽查：

1. 核查货物放行事实的信息时；

2. 对拟列入海关事务领域里开展活动名录的法人，核查其是否符合申请条件，或者核查已列入名录法人的活动；

3. 对拟列入经认证的经营者名录的法人，核查其是否符合申请条件，或者核查已列入名录法人的活动。

（三）被稽查人

被稽查人包括：

1. 申报人；

2. 承运人；

3. 在非临时储存仓库地点储存货物的所有人；

4. 在海关事务领域里开展活动的主体；

5. 拥有放行货物所有权的主体；

6. 经认证的经营者；

7. 进出口贸易相关参与人；

8. 有证据证明，持有或者使用非法进出境商品的主体。

（四）稽查内容

稽查内容包括：

1. 符合海关监管方式条件的情况；

2. 申报单中所申报信息的真实性；

3. 有条件放行的货物是否遵守有条件放行货物使用和处分的限制规定；

4. 海关事务领域从业人员是否履行海关法规定的义务；

5. 希望列入经认证的经营者名录的法人，是否符合列入此名录的条件，以及经认证的经营者遵守列入经认证的经营者名录的条件和履行海关法规定义务情况；

6. 企业是否依照海关法规定的海关制度使用货物。

二、稽查方式

（一）单证稽查

1. 概念

单证稽查是通过研究和分析被稽查人实施的海关作业和提交的报关单、

商业单据、运输单据（运输凭证）及其他单证中载有的信息的方式，来核查企业申报情况的稽查行为。

2. 稽查方式及要求

稽查人员不前往被稽查人处、不制发海关开展稽查的决定，在海关所在地开展稽查，并且没有稽查频次限制。如果申报人在规定期限内没有提交所需单证和信息，海关可以开展现场稽查。

3. 稽查期限

海关应自向被稽查人发出"海关单证稽查通知书"之日起不得超过90天完成单证稽查。上述期限不包括向被稽查人发送"提供文件或信息的通知单"之日与收到上述文件或信息之日期间的时间。在必要的情况下，海关单证稽查期限可延长120天。

（二）现场稽查

1. 概念

海关前往被稽查人所在地或实际开展业务的地点实施的检查。

2. 现场稽查的分类

现场稽查分类如下：

（1）计划内海关现场稽查；

（2）计划外海关现场稽查；

（3）计划外对第三人海关现场稽查。

3. 海关现场稽查决定

实施稽查的海关机构负责人及其授权的副职作出实施海关现场稽查决定，编制一式两份的"海关实施现场稽查决议书"，其中应注明以下信息：

（1）决定日期和登记号码；

（2）海关现场稽查形式；

（3）开展海关现场稽查的海关名称；

（4）海关现场稽查的理由；

（5）被稽查人的名称、其住所地（居住地）和实际开展活动地、其识别号码或注册号码；

（6）开展现场稽查的海关关员姓名及其职务；

（7）邀请参与开展海关现场稽查人员的姓名及其职务；

（8）海关现场稽查对象；

（9）海关报关单编号（如在商品放行后实施海关现场稽查）；

（10）现场稽查期限；

（11）海关规定的其他情况。

4. 稽查计划

海关在开展现场稽查前应制订稽查计划，海关对同一被稽查对象一年内不能超过一次现场稽查。海关对经认证的经营者的计划内现场稽查每三年不得超过一次。

5. 计划外现场稽查的理由

（1）通过对海关和其他国家机关信息的分析，表明被稽查人有可能违反俄罗斯海关法律规定的；

（2）有证据表明存在违反在海关调整领域里的国际条约和法律文件的信息；

（3）依申请核查列入经认证的经营者名录的情况；

（4）核查经认证的经营者经营和业务管理或者租赁用作货物（物品）临时储存的构筑物、场所和露天场地（露天场地的一部分）信息变更的情况；

（5）有必要对第三人开展计划外海关现场稽查的情况；

（6）非联盟成员国主管机关，申请对与货物进出口有关的贸易主体进行稽查的；

（7）受国家刑事案件审前调查机关（刑事追究机关）的委托核查相关材料的；

（8）受其他成员国委托的。

6. 稽查期限

开展现场稽查的期限不得超过两个月，经开展稽查的海关负责人或其授权副职同意，现场稽查期限可以延长1个月。特定情况下，现场稽查可以中止，但中止的期限不得超过9个月。

三、实施现场稽查海关关员的权利和义务

（一）权利

1. 在开展现场稽查时，海关关员有权：

（1）要求被稽查人提供商业单据、运输单据、会计核算凭证及与被稽查货物有关的其他信息，包括被稽查人对这些货物进行交易的信息；

（2）要求被稽查人提交货物运输、存储、销售、加工和使用情况的报告；

（3）要求对与被稽查人有关的货物交易（作业），被开展海关稽查的人提交与这些货物交易（作业）有关的被稽查人或者第三人开展作业和结算的单证副本和其他信息；

（4）要求银行、非银行金融机构提供与被稽查人相关的银行账户及资金

流动信息，其中包括具有银行秘密的单证和信息；

（5）要求国家机关提供开展海关稽查所必需的单证和信息，其中包括构成商业秘密、银行秘密、税收秘密及其他受法律保护秘密的单证和信息；

（6）因开展海关稽查向成员国和非联盟成员国的组织、国家机关和其他机关（组织）申请调取资料；

（7）组织实施鉴定等。

2. 在开展现场稽查时，海关关员还有权：

（1）要求被稽查人呈验被稽查货物；

（2）按照规定清点货物；

（3）海关关员在出示开展现场稽查的决定和工作证后，进入被稽查人所在地；

（4）选取货物样品或试样；

（5）从被稽查人处收缴单证或者其副本并制作收缴记录；

（6）为了制止旨在转让被现场稽查的货物或者采取其他方式处理这些货物的行为，按照法律规定，在开展现场稽查期限内扣留或者收缴货物；

（7）查封被稽查单证和货物所在（储存）的房舍、仓库、档案室和其他地点；

（8）要求被稽查人的代理人提交证明身份的文件；

（9）进入被稽查人信息系统数据库；

（10）要求被稽查人提供必需的文件（文件副本）、涉及其活动和财产的其他信息。如果依照法律规定，这些文件（文件副本）不应位于开展现场稽查的地点，则被稽查人应当在3个工作日内补充提供；

（11）使用技术设备（其中包括实施录音、录像、拍照的设备）及处理被稽查人采用电子方式提交信息的软件等。

（二）义务

在开展海关稽查时，海关关员应当：

1. 遵守被稽查人的权利和合法利益，不得作出不合法的决定和行为（不作为）给被稽查人造成损害；

2. 依法使用在开展海关稽查时获取的信息；

3. 确保在开展现场稽查时获取和制作的单证完整，未经被稽查人同意不得泄露其内容；

4. 遵守职业道德；

5. 在开展现场稽查、指定海关鉴定、选择货物样品和/或试样时，告知被稽查人的权利和义务；

6. 在开展现场稽查期间不得违反被稽查人的工作制度；

7. 根据被稽查人要求，提供开展稽查的相关法律规定；

8. 在开展现场稽查时，向被稽查人出示《现场稽查决定》和其工作证等。

四、被稽查人的权利和义务

（一）权利

在开展海关稽查时，被稽查人有权：

1. 要求海关提供并从海关了解开展稽查的信息；

2. 提供能证明其遵守相关法律的所有单证和信息；

3. 按照法律规定，对海关的决定和行为（不作为）进行申诉；

4. 要求开展实地海关稽查的海关关员出示开展现场稽查的决定和其工作证等；

5. 在海关开展现场稽查时在场，并对与现场稽查对象有关的问题给予解释等。

（二）义务

在开展海关稽查时，被稽查人应当：

1. 在稽查过程中，呈验被稽查货物；

2. 根据海关要求，在规定期限内提交纸质单证和信息；

3. 确保开展实地海关稽查的海关关员和被邀请参与开展此稽查的人员进入被稽查人所在地并为其提供工作地点；

4. 如果相关文件用俄语以外的其他语言编写，应当提供上述文件的翻译件；

5. 收到开展海关现场稽查决定之日起两天内，确定负责提交文件和信息的人员；

6. 在现场稽查时保障实施清点工作；

7. 确保稽查人员可以对货物进行采样和抽样；

8. 根据现场稽查人员要求，就相关问题给予书面和口头解释，并提供书面材料。

五、扣留、没收被稽查人账簿、单证或进出口货物

为了制止旨在转让被实地稽查的货物或者采取其他方式处理这些货物的行为，实施实地检查时可以扣留和没收货物。

（一）扣留

1. 海关对被稽查货物的扣留是指禁止被稽查人员对其进行处置和使用。扣留的货物转移至其所有权人场所，依照企业的申请，经实施实地海关稽查海关关长或其授权副关长批准，货物所有人可以使用被扣留的货物，但不得转让给其他主体，不得以其他方式转让或处置。

2. 扣留依据：
（1）经核查，发现被稽查货物商标不齐全；
（2）被稽查人不能提供货物放行手续；
（3）经核查，发现被稽查人违反有条件放行货物相关使用要求；
（4）经核查，发现被稽查人违反了税收优惠条件；
（5）经核查，发现被稽查人违反海关规定使用货物；
（6）在商品报关单数据库中，缺少商品生产厂家信息。

（二）没收

1. 海关机构应当没收商品的情形

（1）经核查，被检查商品属于禁止运入联盟关境或在俄罗斯联邦境内流通的；
（2）被稽查人不是应扣留货物合法持有人的；
（3）被扣留货物所有人拒绝保障商品完好性和遵守商品处置及使用禁止规定的；
（4）货物依法被扣留后，被稽查人未在期限内履行或未完全履行缴纳海关关税、税费、保障措施关税、反倾销税及反补贴税、利息和滞纳金义务的；
（5）货物依法被扣留后，被稽查人被注销登记的；
（6）货物依法被扣留后，被稽查人进入破产案件诉讼程序的；
（7）具有充足证据表明扣留商品不足以保障其完好性的。

2. 被没收货物的保管

被没收货物应放置在临时保管仓库。保管期间，对商品进行必要的拆卸、运输和装卸，所产生的费用由货物所有人承担；稽查结束发现不存在违反海关法律的行为，则与保管、拆卸、运输、装卸相关的费用由国家承担。

3. 返还没收货物

经海关稽查，未发现有违法行为，不存在因违法而应设情形的，应于稽查结束前返还没收的货物。返还没收货物和文件、解除扣押货物决定，应由海关稽查人员根据现场稽查情况做出。返还没收货物和文件、解除扣押货物，应按照海关稽查人员及被稽查人共同签署的协议书完成，该协议书一式两份，一份交于被稽查人，一份由海关留存。

如果自交付返还被没收商品指令之日起 1 个月内，或者自通过邮局发送该指令 1 个月内，被没收货物无人领取，则经法院判决，这些被没收货物转归国有。

六、查封

在稽查人员开展实地稽查时，可以对储存货物和单证的场所、仓库、档案室、其他地点实施查封。

（一）查封执行

实施查封时，应在被检查人或其代理人在场的情况下进行。如未到场的，须有两名证人在场的情况下进行。

（二）查封记录

实施查封时，应当制作《实施实地稽查并查封场所、仓库、档案室、储存（保存）文件和货物的其他地点记录》，记录报告中应包含：

1. 实施查封的海关工作人员的职务、姓名；
2. 被稽查法人的名称或被稽查个体经营者的姓名；
3. 实施查封的被稽查人经营场所地址；
4. 其他在场人姓名及参与查封的其他人员的姓名；
5. 查封措施描述；
6. 被稽查人同意保护被查封的场所和其他场地，以及知晓开启查封场所和其他场地的责任的签收证明；
7. 履行海关事务监督职能的联邦行政机关规定的其他信息。

七、稽查结论

（一）程序规定

单证稽查和实地稽查后，海关实施稽查的人员应当制作稽查结论。制作海关稽查结论之日是稽查完成之日，海关稽查结论由实施稽查的海关关长（副关长）在收到稽查结论后 3 个工作日审批。稽查结论应当在稽查结束 5 个工作日内交付给被稽查人或其代理人，被稽查人可以在收到稽查结论 15 个工作日内，就稽查结论内容向实施稽查的海关书面提出异议。

（二）稽查结论信息

海关稽查结论应该包括以下内容：
1. 被稽查人信息；
2. 实施稽查的海关稽查人员信息（职位、姓名）；
3. 详细描述违反俄罗斯海关规定的信息；
4. 应予补缴税款的金额。

（三）稽查发现问题的处理

根据海关稽查结论，发现涉税因素需要改单的，海关应在自完成海关检查之日起 5 个工作日内根据海关检查记录出具处理意见。

第十二节　海关知识产权保护

一、适用范围

海关根据法律，采取与中止商品放行期限有关的知识产权客体权利保护措施。

知识产权保护措施对置于海关制度下，含有依权利所有人申请列入联盟成员国知识产权海关统一名录或俄罗斯知识产权海关名录的著作权和邻接权客体、商标（服务标志）、商品原产地名称（下称知识产权客体）采取保护措施。

对置于转运海关制度、销毁海关制度下的货物，以及享有外交特权和常驻机构公用物品，海关不采取知识产权保护措施。

二、名录管理

海关对列入保护名录的知识产权进行主动保护。名录包括联盟成员国知识产权海关统一名录和俄罗斯知识产权海关名录。知识产权持有人需申请加入名录，才享有受保护的权利并承担相应义务。

实施海关事务领域监管监督职能的联邦执行权力机关负责管理知识产权海关名录。列入海关名录不收费。

著作权和邻接权客体、商标（服务标志）和商品原产地名称应当被列入知识产权海关名录，在遵守规定要求的条件下，由实施海关事务领域监管监督职能的联邦执行权力机关对它们提出将其列入海关名录的决定，或者将知识产权列入海关名录的预先决定。

三、保护期限

海关对知识产权权利人权利的保护期限应在将知识产权列入海关名录时规定，应考虑权利人（或其代表）在申请书中所指的期限，但自将知识产权列入海关名录之日起不超过3年。

依权利人（或其代表）在所指期限届满两月前提交的申请，所指期限可根据实施海关事务领域监管监督职能的联邦执行权力机关在上一期限届满日后的1个工作日内提出的相应决定延长。

延长将相应的知识产权列入海关名录期限的申请书可以使用互联网以电子文件的形式发送。

海关对知识产权权利人权利的保护期限可延长，且不受次数限制，但每次不超过3年，并应在遵守规定要求的条件下延长。

海关对知识产权权利人权利的保护期限不能超过权利人对相应知识产权的专有权的有效期。

四、保护程序

（一）一般规定

1. 保护形式。俄罗斯海关对知识产权的保护模式与中国海关对涉及知识产权货物的保护模式相同，也区分为依职权保护和依申请保护两种。

2. 保护措施。保护程序的实施主要体现为对涉及知识产权货物的处理，在俄罗斯监管环节中体现为中止放行相关货物。在货物中止放行期间经海关许可，双方有权提取样品。对于中止放行货物造成的损失赔偿由权利人承担。

（二）名录内货物放行中止

1. 中止放行期限

权利人可以申请延长中止货物放行时限，但延长时限不得超过10个工作日，而权利人（或其代表）要求延长时限用于调查、货物检验时，中止货物放行时限可以再延长。

2. 撤销中止放行的情形

（1）海关收到了权利持有人或者代表权利持有人利益或数个权利持有人

利益的人关于取消此决定的申请,即权利人放弃权利;

(2) 知识产权从相应名录中注销。

权利人放弃权利,即取消货物中止放行,但对侵权货物不得放行,而需由海关销毁。

(三) 名录外货物放行中止

1. 中止放行期限

货物放行期限可以被中止 7 个工作日。如果权利人(或其代表)已向海关递交了延期的书面请求或电子请求,并向在海关事务领域行使监管监督职能的联邦权力机构提交了将相关知识产权货物纳入保护知识产权海关名录的申请,海关有权延长中止放行期限,但延长不得超过 10 个工作日。

2. 撤销中止放行的情形

(1) 如果海关收到权利人(或其代表)递交的取消放行中止的声明;

(2) 如果申报人声明利用海关程序对中止放行货物进行销毁,同时权利人(或其代表)做出书面销毁同意。

第四章　俄罗斯通关便利

近年来，俄罗斯海关大力推进机构和业务改革，针对特种类型的监管区和特殊商品制定了专门的海关制度和申报方式；为了提高海关通关效率、减缓进出口企业的资金压力，制定了税费预付款制度和缴税期限变更制度；不断扩大经认证的经营者（AEO）制度适用企业类型，增加优惠措施，扩大ATA单证册使用范围。此外，在前面的通关环节中也提到了初步完税价格办法、未组装及拆散件管理、按商品放行等通关便利措施。

第一节　自由关税区海关制度

俄罗斯有多种类型的自由经济区，在自由经济区内适用自由关税区海关制度，下面以符拉迪沃斯托克自由港为例，介绍俄罗斯自由关税区海关制度。

2015年7月13日，俄罗斯总统普京签署《关于符拉迪沃斯托克自由港的联邦法律》，宣布设立符拉迪沃斯托克自由港。

一、设立目的

2015年5月，习近平主席与俄罗斯总统普京在莫斯科签署《关于丝绸之路经济带建设和欧亚经济联盟建设对接合作的联合声明》，提出要将中国的"一带一路"倡议与俄罗斯的"欧亚战略同盟"相对接。符拉迪沃斯托克自由港具有优越的地理条件："滨海1号"国际交通走廊（连接哈尔滨、绥芬河、格罗杰科沃、符拉迪沃斯托克、东方港、纳霍德卡、亚太地区港口）、"滨海2号"国际交通走廊（连接珲春、克拉斯基诺、波谢特、扎鲁比诺、亚太地区港口），以及极具潜力的"滨海3号"国际交通走廊，都处于自由港区域内。在此背景下，符拉迪沃斯托克作为俄罗斯面向中国的门户，在对接过程中发挥重要的作用。俄罗斯设立符拉迪沃斯托克自由港符合国家的发展需求，有利于促进远东地区的发展，提高当地居民的生活水平。

二、基本情况

符拉迪沃斯托克自由港总面积为 3.4 万平方公里，靠近中国和朝鲜边境地区。自由港在税收、海关和检疫等方面为入驻企业提供政策支持和优惠。包括符拉迪沃斯托克市在内的 16 个市政区被划入自由港区域，占有滨海边疆区约四分之一的区域，滨海边疆区的居民近 200 万人口，被划入自由港的市政区内有 140 万人，近 75% 的居民都生活在自由港区域内。

1. 自由港设立期限为 70 年，期限可依法延长。自由港区域包括滨海边疆区阿尔乔姆市、符拉迪沃斯托克市、大石头城、纳霍德卡市、帕尔季赞斯克市、斯帕斯克—达尔尼市、乌苏里斯克市、纳捷日金区、什科托沃区、十月区、奥尔金区、帕尔季赞区、波格拉尼奇内区、哈桑区和汉凯区等行政区，包括上述行政区域内的海港及其水域。已建立特别经济区、地区发展区和社会经济跨越式发展区的区域不属于自由港区域。

2. 在自由港区域内依法注册并签署企业经营协议的个体经营者或商业法人（国有或地方单一制企业除外）可成为自由港入驻企业。

3. 自由港管理机构包括监事会、全权联邦机构、管理公司和公共理事会。监事会由主管远东联邦区的副总理担任主席，由全权联邦机构领导担任副主席，成员还包括滨海边疆区地方政府、立法机构和财政、海关、税务、工业等联邦机构相关负责人及管理公司领导等，为自由港管理集体机构。全权联邦机构为自由港具体管理部门，负责入驻企业的注册登记和日常管理，可将相关授权移交管理公司。管理公司为根据关于社会经济跨越式发展区联邦法律确定的负责远东地区跨越式发展区运营的管理公司及其子公司。在全权联邦机构下可建立自由港公共理事会，由社会组织、全俄工会和雇主联合会、消费者联合会、科技机构、专家组织及个人等组成，根据监事会批准的条例开展工作。

三、企业入驻自由港的条件和要求

俄罗斯政府对企业入驻自由港设立的门槛较低，即项目能为自由港区域的发展增添新的经济活力，以及项目 3 年内最低投资额应等同或超过 500 万卢布（约合 8.06 万美元）。企业可通过网上注册申请入驻自由港，极为方便，减少了诸多行政环节，并防止官方人为干预。

俄远东发展部制定的《自由港联邦法》规定，在自由港区域内运营时间不少于 2 年，且每年向地方财政和国家预算外基金纳税不少于 1000 万卢布的原有企业，如提交3年内投资不少于1亿卢布的设备更新或现代化改造计划，可获得自由港入驻企业地位。

《自由港联邦法》明确规定了办理入驻手续的流程、企业和法人注册需要的手续。自由港入驻企业可以是个体业主、自然人或者机构（法人），其中包括外国投资者，就是说外国的合作伙伴也能进驻自由港，享受所有的特惠政策。

法律中对须准备的文件清单写得非常清楚，但对于入驻企业来说，最主要的是须撰写一份清晰的商业计划书，内容包含在自由港内将从事的商业活动项目、入驻企业将达到的规模等。然后，文件进入审批流程，入驻企业与自由港签署协议，在自由港内开展工作，享受所有的优惠政策。

四、特殊制度和优惠政策

（一）税收

1. 增值税

自由港入驻企业在提交纳税申报书和管理公司担保合同后，有权使用退税申请程序。如果纳税人在税务部门提出要求之日起15日内未退回其过多获得（抵免）的税款，管理公司有义务代付。

2. 利润税

自获得首笔利润的纳税期起，5个纳税期内（利润税纳税期为1年），应向联邦预算纳税税率为0，应向滨海边疆区预算纳税税率不高于5%。此后5个纳税期内应向滨海边疆区预算纳税税率不低于10%。入驻企业在3个纳税期内未获得利润，则上述纳税优惠期从第4个纳税期开始计算。

入驻企业要享受上述优惠税率政策，需符合下列条件：在自由港区域内进行法人国家注册；在自由港区域外没有所属的分支机构；未使用俄罗斯税法典规定的特殊税收制度；不属于纳税人统一小组成员；不属于非商业机构、银行、保险公司、非国有退休基金、证券市场职业参与者和清算机构；不属于任何一种特殊经济区入驻企业；不属于地区投资项目参与者。此外，执行在自由港开展经营活动协议产生的收入，不低于确定为纳税税基的总收入的90%；对执行在自由港开展经营活动协议产生的收入（支出）和其他经营活动收入（支出），进行独立核算。

（二）保险

自由港入驻企业，在其获得入驻企业地位的下月1日起10年内，适用于以下保险缴费费率：联邦退休基金6%，联邦社会保险基金1.5%，联邦强制医疗保险基金0.1%。这些优惠保险缴费费率,适用于《关于符拉迪沃斯托克自由港的联邦法律》生效之日起3年内获得入驻企业地位的入驻企业。

(三)劳动政策

引进和使用外国员工无须办理许可;入驻企业招收外国务工人员,为其办理入境邀请函和工作许可无配额限制;在招收员工时,同等条件下,俄罗斯公民具有优先权。

(四)外国公民入出境

通过自由港区域内口岸入境的外国公民,实行"入境、停留8天、出境"的简化签证制度。

(五)口岸监管

自由港区域内各口岸国家监管机构(边防、海关)工作时间的确定,应考虑保障人员、交通工具、货物、商品、动物全天候和不间断通过。

自由港区域内实行"一站式"监管机制,自非欧亚经济联盟国家进口的商品,承运人应以电子方式(经专业电子签名认证)提交办理海关、交通、动植物检验检疫监管所需的全部文件(身份证明除外)。

承运人在商品抵达欧亚经济联盟关境前(具体时间取决于运输方式)通过信息系统向海关提交预先信息。

五、海关制度

(一)管理规定

自由港区域内实行2010年6月18日签署的《关于关税同盟关境内自由(专门、特别)经济区和自由关税区海关程序有关问题的协议》规定的自由关税区海关制度,自由港区域等同于特别经济区。

(二)入区、出区税收制度

根据俄罗斯自由关税区海关制度,进入自由港区的外国货物免征进口关税和增值税,并且不适用经济性质的禁令和限制措施;货物出自由港区时免征出口关税,征收消费税。俄罗斯联邦政府决定建立自由港区时,可以对按照自由关税区海关制度存放的货物的贸易范围设立限制,制定不适用自由关税区海关制度的商品清单。

（三）前期备案管理及变更

进入自由港区的货物实行备案制管理，未经备案的货物，不得按照自由关税区海关制度申报。企业应在前一年 12 月 16 日前，书面向海关提交拟按照自由关税区海关制度进入自由港区的货物。如果进口货物的名称或数量发生变化，允许每个季度进行一次变更或补充，企业应在货物向海关申报前 15 日内完成。

（四）出区手续

按照自由关税区海关制度进入自由港区的货物流转到非自由港区外或转让到不享受自由关税区海关制度的企业时，海关根据《俄罗斯海关法》征收海关关税、增值税和消费税，并根据受理海关申报当日的税率追缴税款。货物进入联盟关境的日期为受理海关申报日期，货物的价格按照该日期确定，海关根据受理海关申报当日的税率征收海关关税、增值税和消费税。

第二节 经认证的经营者（AEO）

一、概念及范围

1. 概念

经认证的经营者（AEO）在世界海关组织（WCO）制定的《全球贸易安全与便利标准框架》中被定义为："以任何一种方式参与货物国际流通，并被海关当局认定符合世界海关组织或相应供应链安全标准的一方，包括生产商、进口商、出口商、报关行、承运商、理货人、中间商、口岸和机场、货站经营者、综合经营者、仓储业经营者和分销商。"

2. 范围

俄罗斯经认证的经营者制度是在俄白哈关税同盟海关法于 2010 年 7 月 6 日生效后才建立起来的（2015 年欧亚经济联盟取代俄白哈关税同盟）。现行的《俄罗斯海关法》（2019 年 1 月 1 日起开始生效）规定，经认证的经营者（AEO）是按照俄罗斯法律成立的法人组织，是在履行《俄罗斯海关法》规定条件的情况下加入经认证的权经营者名录的法人组织。经认证的经营者名录包括报关代理人名录、运输工具承运人名录、临时储存仓库所有人名录、海关仓库所有人名录、自由仓库所有人名录、免税贸易商店所有人名录。

二、列入名录条件

在准入方面，法人须符合不同条件，并向海关提出申请。海关在 120 日内作出审核决定，自列入名录之日起 10 日后颁发证书，并不限定有效期。曾被注销的，一年内不得再申请。列入经认证的经营者名录证书有 3 种类型，具体名录准入条件如下：

（一）第一类证书

1. 从业年限及业务量要求：

（1）报关代理人，从事相关业务不少于 3 年，且每年申报报关单量不少于 300 票或每年所申报货物价值达 100 万欧元；

（2）临时存储仓库运营人，从事相关业务不少于 3 年，且每年存储货物价值达 800 万欧元；

（3）海关承运人，从事相关业务不少于 2 年，且每年转运报关单申报量不少于 250 份；

（4）从事外贸经济活动的（运输以外的）企业，从事相关业务不少于 3 年，且每年申报报关单量不少于 20 票或每年所申报货物价值达 50 万欧元；

（5）开展货物运输业务的企业，从事相关业务不少于 2 年，且每年转运报关单申报量不少于 250 份。

2. 提供不低于 100 万欧元的担保。
3. 无拖欠税款、滞纳金及利息的情况。
4. 在向海关申请登记之前 1 年内无违法被追究行政责任的情况。
5. 企业股东、设立人、负责人、总会计师无因违法被追究刑事责任的情形。
6. 有符合海关法要求的相关作业系统。

（二）第二类证书

1. 从业年限及业务量要求与第一类名录相同；
2. 财务状况符合委员会规定；
3. 自有用作临时存储货物的建筑、场地，或者租赁的，租期须在 1 年以上。

（三）第三类证书

1. 在申请前已列入名录并持有第一类、第二类证书满 2 年；
2. 满足第二类名录列入条件。

三、适用的便利措施

（一）第一类证书

1. 优先办理海关手续；
2. 规定情形下免担保；
3. 申报前放行货物；
4. 优先查验；
5. 使用特定封志；
6. 优先参与改革；
7. 自行装卸、换装，包括解除封志。

（二）第二类证书

1. 在自有场所临时存储货物；
2. 在其场所开展海关作业；
3. 实施海关监管；
4. 优先查验；
5. 申报前放行货物；
6. 使用特定封志；
7. 规定情形下免担保。

（三）第三类证书

第三类证书的经营者可以享有第一、二类所有便利措施。

四、名录调整及退出

（一）证书效力中止

企业可以申请证书效力中止。未履行相关义务或者出现企业变更等情况，证书效力也会被中止。

（二）证书效力恢复

企业须在海关确认中止之日起 120 日内消除影响证书效力中止的原因，海关在获得相关证明后，5 个工作日内恢复证书效力。

（三）名录注销

企业法人变更、破产、未能履行相应义务、未能按期消除证书效力中止影响因素时，可以申请注销。

第三节　暂时进出口制度

在对暂时进出口货物的监管上，俄罗斯海关与中国海关的基本理念类似，但在适用范围上采用负面清单形式，限制较少，期限上也更宽松。俄罗斯为ATA公约签约国，接受和签发展览品、专业设备等ATA单证册。

一、暂时进口

（一）暂时进口概念及不适用情形

1. 概念

暂时进口（暂准进口）海关制度，是指对外国货物适用的一种海关制度，在其暂时进口期间可以部分缴纳或不缴纳进口关税、进口环节税和保障措施关税、反倾销税、反补贴税。

2. 不适用情形

（1）食品、饮料（包括含酒精的饮料），烟草和烟草制品，原料和半成品，耗材和样品，但进口少量的这些货物用以广告和展示目的或者用作展品或工业样品的情形除外；

（2）废碎料，其中包括工业废碎料；

（3）禁止进口的货物。

（二）暂时进口期限

1. 暂时进口期限

根据申报人申请，海关根据货物进口到联盟关境的目的和情况，确定不超过2年的监管有效期。对一些种类的货物，欧亚经济委员会可以另行规定特殊货物的海关监管期限。

2. 有效期的延长

在海关监管有效期届满前，或者在海关监管有效期届满后1个月内，经申报人申请，海关可以对暂时进口货物的监管有效期进行延长，总期限不超过2年。对一些种类货物，可以确定2年以上的海关监管期限。

（三）占有和使用限制

1. 状态保持

暂时进口货物应保持状态不变，但因为自然磨损改变及在运输和储存正常条件下由于自然损耗改变的除外。对暂时进口货物准予实施为保障其完好无损所必需的作业，包括修理（但大修、升级改造除外）、技术维护和保持货物处于正常状态所必需的其他作业，如果在结束暂时进口海关制度效力时能保障海关识别货物。准予对暂时进口货物进行试验、研究、测试、检查、实验，或者在试验、研究、测试、检查、实验过程中使用暂时进口货物。

2. 不需经海关许可，申报人可转让给其他人占有和使用的货物

（1）用于包装和保护进口货物的暂时进口的、多次循环使用（可回收）的包装容器；

（2）为了对其进行技术维护、修理（但大修、升级改造除外）、储存和运输而暂时进口的货物；

（3）为了进行试验、研究、测试、检查、实验暂时进口的货物；

（4）在委员会和成员国与第三方国际条约规定情形下，为了其他目的暂时进口的货物。

3. 申报人应实际占有和使用暂时进口货物

申报人应实际占有和使用暂时进口货物。但经海关许可，在通知海关后，准予申报人将暂时进口货物转让给其他人占有和使用。

4. 转让要求

须向接受申报的海关递交申请，说明将暂时进口货物转让他人的原因和受让人的相关信息，并按照海关要求办理相关海关手续，缴纳使用期限内的税款。

暂时进口货物转让给他人占有和使用，不免除这些货物的申报人遵守海关关于暂时进口的规定。

5. 运输工具限制

准予将作为运输工具的暂时进口货物在联盟关境外使用，如果它们是用作经营国际运输的运输工具。

（四）税款

对需部分缴纳进口关税、进口环节税的暂时进口货物，应当缴纳暂时进口期间的进口关税、进口环节税。

（五）效力终止、结束和终止

1. 效力终止
在暂时进口货物的海关监管有效期届满后，暂时进口货物海关监管效力终止。

2. 效力结束
在有效期内如果发生复出口、货物灭失及一些其他法定情形，暂时进口货物海关监管效力结束。采取其他海关监管方式对暂时进口货物进行监管后，暂时进口货物海关监管效力结束。

3. 效力中止
对于按照海关仓库和关境内加工海关监管方式进行监管的暂时进口货物，其海关监管效力中止。

二、暂时出口

（一）暂时出口概念及不适用情形

1. 概念
暂时出口海关监管方式，是指对联盟货物适用的一种海关制度，这些货物不缴纳出口关税从联盟境内出口暂时在联盟关境外存储和使用。

2. 不适用情形
（1）食品、饮料（包括含酒精的饮料），烟草和烟草制品，原料和半成品，耗材和样品，但出口少量的这些货物用以广告和展示目的或者用作展品或工业样品的情形除外；

（2）废碎料，其中包括工业废碎料。

（二）暂时出口期限

一般情况下，对暂时出口有效期不做限定。但对于某些必须返回俄罗斯境内的商品，海关可以设定暂时运出的最长期限。

根据申报人申请，海关确定的暂时出口有效期在届满前或者在期限届满后不晚于1个月内可以延长。

如果将暂时出口货物（对这些货物，俄罗斯立法没有规定将其运回境内的义务）所有权转让给外国人，对这些货物的暂时出口海关有效期不予延长，而且这些货物应当按照一般贸易出口海关监管方式进行监管。

（三）使用和处分的限制

1. 暂时出口货物应保持状态不变，但因为自然磨损改变及在运输和储存正常条件下由于自然损耗改变的除外。

2. 准予对暂时出口货物实施为保障其完好无损所必需的作业,包括修理(但大修、升级改造除外)、技术维护和使货物保持正常状态所必需的其他作业,如果在将货物置于复进口海关制度下时要保障海关对其能进行识别。

(四) 效力的结束和终止

1. 效力结束

在海关规定的暂时出口海关制度有效期届满前,将暂时出口货物置于复进口海关制度下,此暂时出口海关制度效力结束。

在海关规定的暂时出口海关制度有效期届满前,将暂时出口货物置于出口、关境外加工、暂时出口海关制度下,此暂时出口海关制度效力可以结束。

2. 效力终止

暂时出口货物(物品)可以分成一批或者数批置于相关海关制度下,此暂时出口海关制度效力终止。

效力终止的情形包括:

(1) 海关确定的暂时出口有效期届满,并且未申请延期;

(2) 在海关制度效力结束前,发现对暂时出口货物违反规定实施大修、升级改造作业的事实。

第四节　预付款制度

俄罗斯海关为了提高通关效率,减少货物在口岸滞留的时间,为企业提供了预付款制度。预付款制度允许申报人在货物进出境前,将资金存入银行的联邦国库预付款专用账户,用以支付即将缴纳的税费,待货物申报后,从预付款中自动扣除税费。

一、概念

预付款是为将要缴纳的关税、进口环节税、保障性关税、反倾销税、反补贴税、海关规费、保证金、对自用商品征收的关税和进口环节税,以及其他由海关机构负责征收的税费,且缴纳人对具体货物没有确定关税、进口环节税、保障性关税、反倾销税、反补贴税、海关规费、保证金、对自用商品征收的关税和进口环节税,以及其他由海关机构负责征收的税费具体种类和数额而提供的资金。

二、预付款的缴纳

预付款人将资金存入银行的联邦国库预付款专用账户,银行将到账信息上传到国家预算收入管理机构,在收到确认信息后4个小时内,到账信息将体现在支付人的海关备案银行账户上。

三、预付款的处置和使用

在下列情形下,视为预付款人对预付款进行了处置和使用:

1. 预付款缴纳人向海关提交了报关单;
2. 暂时出境的运输工具复运进境时,产生需缴纳税款情形并向海关申报的;
3. 预付款缴纳人递交了预付款返还申请或以预付款转作保证金申请的;
4. 预付款缴纳人收到税款催款通知,递交使用预付款申请的;
5. 预付款缴纳人递交了使用预付款缴纳管道运输货物的海关税费、利息及滞纳金申请的。

四、预付款资金使用情况

1. 预付款人可以向海关提交申请书查询预付款资金使用情况。海关应在收到申请书次日起20个自然日内,向预付款缴纳人提供前3年预付款缴纳资金的消耗情况。
2. 预付款缴纳资金使用情况报表应包括:
(1) 预付款到账金额;
(2) 缴纳税费、利息、滞纳金和支付保证金等实际支出的金额及相关证明;
(3) 预付款返还的金额及相关证明;
(4) 预付款剩余金额。
3. 共同对账。预付款缴纳人对资金消耗情况报表有异议的,应与海关对资金使用情况实施共同对账,进一步确定资金消耗情况。

五、预付款的返还

(一)申请返还期限

预付款申请人应在最后一次处置预付款次日起3年内提交返还申请。如果预付款未被使用过,自最后一笔预付款转入法人银行账户之日起3年内提交返还申请。如果该预付款由其他款项转入,自款项转入法人银行账户之日起3年内提交返还申请。

(二) 返还申请书填报信息

1. 纳税人统一编码、法人名称和地址;
2. 权利继承证明文件信息;
3. 纳税人信息;
4. 申请人开户银行账户信息;
5. 申请返还资金金额。

(三) 返还申请书证明文件

1. 非俄罗斯法人需要递交注册国法人登记证明,并翻译成俄文予以公证。
2. 注册为个体经营者的自然人,在提交预付款退还申请书时,应提交经公证的俄罗斯联邦公民护照复印件。
3. 自然人在提交书面预付款退还申请书时应提交支付(结算)单证复印件、经公证的俄罗斯联邦公民护照复印件。在预付款退还申请书是被交付预付款主体继承人提交的情形下,应提交经公证的、对预付款金额拥有权利证件的复印件。

(四) 预付款返还

海关收到预付款退还申请后10个工作日内决定是否返还。预付款返还时,以俄罗斯联邦货币形式返还。预付款在银行存储期间不计算利息。海关超过作出决定期限仍未作出返还决定的,按照俄罗斯联邦中央银行基准利率的三百六十分之一计算利息。

(五) 不予返还情形

下列情形下,预付款不予返还:
1. 申请主体不符合要求;
2. 申请书信息内容填写不准确;
3. 申请退还金额超出剩余金额;
4. 提交随附单证不全;
5. 申请书上提供的银行账号为非俄罗斯联邦货币账户;
6. 国库认为存款账户所在银行信息不实;
7. 银行认为退款收款人信息不实;

8. 预付款缴纳人存在未履行缴税义务情形；
9. 超过预付款退还期限的；
10. 预付款申请书填写不规范。

（六）特殊情况处理

1. 当退款申请人申请退还的金额超过账户剩余金额时，海关在作出拒绝退款决定同时，应当一并提供此前6个月的资金使用情况报告。如果退还申请人对此报告有疑义，可以申请共同对账。

2. 超过规定退还期限后未退还的预付款将被划归国库。

第五节　缴税期限变更

俄罗斯海关为了减缓进出口企业的资金压力，允许企业在提交税款担保的前提下，申请对部分或全部进口关税和进口环节税缴税期限进行变更。

一、概念

根据《俄罗斯海关法》的规定，一般贸易纳税义务人可以在提交税款担保的前提下，申请对部分或全部进口关税和进口环节税缴税期限进行变更。

缴款期限的变更分为延期和分期两种方式。延期缴纳税款是指经海关批准，允许申报人或其代理人延长税款缴纳时间。分期缴纳税款是指经海关批准，允许申报人或其代理人按照分期缴款计划分阶段缴纳税款。

二、适用条件

（一）进口关税可以变更缴纳期限的情形

一般情况下，纳税义务人可以在货物放行次日起1个月内缴纳进口关税。下列情形，可以在货物放行次日起6个月内延期或分期缴纳进口关税：

1. 因自然灾害等不可抗力原因给进口关税缴纳人造成财产损失的；
2. 联邦预算向纳税义务人的拨款延迟，或者由纳税义务人完成国家采购后联邦延迟支付；
3. 根据国家签订的国际条约，向纳税义务人实施的供货；
4. 从事农业生产的单位进出口的种植材料、播种材料、植物保护制剂、农机、畜牧业育种（农用种畜、种禽、种鱼和其他的畜牧业育种）、种畜产品（材料）、养殖动物产品；

5. 进口用于工业生产并实质性加工的原材料、机械设备及其零配件；

6. 欧亚经济委员会确定的其他情况。

（二）进口环节税可以变更缴纳期限的情形

在下列情形下，纳税义务人可以申请自一般贸易货物放行次日起 1 至 6 个月内延期或分期缴纳进口环节税：

1. 因自然灾害等不可抗力原因给进口关税缴纳人造成财产损失的；

2. 联邦预算向纳税义务人的拨款延迟，或者由纳税义务人完成国家采购后联邦延迟支付；

3. 根据国家签订的国际条约，向纳税义务人实施的供货；

4. 列入《俄罗斯联邦政府关于进口航空器及其配件延期或分期缴纳进口环节税目录》的货物。

三、不予变更缴纳期限的适用条件

进口关税和进口环节税在下列情形下不予批准变更缴款期限：

1. 不符合进口关税、进口环节税延期缴纳条件的；

2. 递交申请时，未提交俄罗斯联邦政府有权机构出具的相关证明；

3. 递交申请时，纳税义务人有超期未缴纳关税、进口环节税、保障措施特别关税、反倾销税、反补贴税、利息和滞纳金情形的；

4. 纳税义务人在提交进口关税、进口环节税缴纳延期申请前 1 年内，因违反海关管理规定，海关给予两次及以上行政处罚的；

5. 纳税义务人未按要求提交履行缴纳进口关税、进口环节税义务担保（额度不少于对其要求延期缴纳进口关税、进口环节税的金额）的（第二类或第三类证明书的经认证的经营者除外）；

6. 纳税义务人单位法人正处于刑事诉讼中，且该案件依据俄罗斯联邦刑事诉讼法为涉及进出口贸易的案件；

7. 纳税义务人正处于破产程序中；

8. 已申请申报前放行的货物。

四、实施期限和要求

申请人在递交分期缴款申请时，应当随附分期缴款计划，海关在 10 个作业日内作出决定，明确分期支付期限、数额及还款计划。申请人应当严格按照海关批准的延期或分期缴纳税款决定缴纳税款。

五、利息

对于变更缴款期限的货物，申报人应当按日缴纳利息。计算利息的期限自货物放行之日起至缴纳税款之日止，利息需按照海关决定按照一般贸易监管方式进行监管时的基准利率的三百六十分之一予以计算和缴纳。

下列情形下，可以免于缴纳利息：

1. 因自然灾害等不可抗力原因给进口关税缴纳人造成财产损失的；
2. 联邦预算向纳税义务人的拨款延迟，或者由纳税义务人完成国家采购后联邦延迟支付；
3. 根据国家签订的国际条约，向纳税义务人实施的供货。
4. 从事农业生产的单位进出口的种植材料、播种材料、植物保护制剂、农机、畜牧业育种（农用种畜、种禽、种鱼和其他的畜牧业育种）、种畜产品（材料）、养殖动物产品；
5. 欧亚经济委员会确定的其他情况。

第六节　特殊申报

为了提高通关效率，俄罗斯海关为申报人提供了特殊申报程序，申报人可以在不完全掌握报关单信息时，采用提前申报、临时定期申报的方式报关，在规定期限内进行补充申报。

一、提前申报

进口货物在进境之前及办理转运通关手续之前，可以进行提前申报，并在货物放行前进行补充申报。

（一）申报内容

在办理提前申报手续时，申报人可以不填写下列信息：运输工具信息（货物运输方式信息除外），申报信息证明文件，根据申报单类型、货物类别、运输方式确定的其他信息。上述信息未申报或已申报但需明确的，应在货物放行前进行补充或变更。

（二）货物存放要求

货物进入俄罗斯后或转运货物运抵指运地后，应当停放在提前申报报关单中申报的海关监管区或指定地点。申报人应将货物存放地的信息通知海关，并根据需要对申报信息进行变更（补充），或者通知海关不需要进行变更（补充）。

在办理提前申报手续时，禁限规定和国内市场保护措施的适用日期以海关登记申报信息变更（补充）日期或海关收到申报人提交不需要变更（补充）的日期为准。

（三）海关拒绝放行货物的情形

如果自提前申报报关单登记之日次日起 30 个自然日内出现下列情况，海关将拒绝放行货物：

1. 货物未停放在提前申报报关单中申报的海关监管区内；
2. 海关未准予水运进口货物在申报的入境地卸货；
3. 申报人未向接收提前申报的海关通报关于货物已停放在申报单上指定的海关监管区内的信息；
4. 没有通过变更（补充）申报单上申报的信息向海关提交所缺少的信息，或者没有向海关发送不需要变更（补充）申报单的信息。

如果货物放行期限延长或未准予放行，申报人必须按规定办理临时存储手续。

二、临时定期申报

（一）概念

在特定情况下，货物收发货人可以填制临时报关单进行申报，在规定期限内，补充相关信息后进行完整申报。

（二）适用范围

1. 无法提交准确数量和价格信息的出口货物；
2. 管道运输方式进出口货物；
3. 同一发货人在履行多份合同（包括不同供货条件、支付方式和价格）项下，按照同一海关监管方式出口的货物。

（三）不适用情形

1. 进行临时申报时，申报人涉案案件未办结的；

2. 申报人从事外贸经营活动不足 1 年，且从业期间办理进出口业务不足 12 次的，管道运输货物及申报前 1 年内纳税超过 1 亿卢布的情况除外。

（四）临时申报

向海关申报时，申报人可以不填写尚未掌握的部分报关单信息，包括收货方、目的国或贸易国、运输工具、货物包装（数量、种类、标记和顺序号）等，向海关进行临时申报。出口货物适用申报之日的出口关税税率及外汇汇率，根据申报出口的大致数量及对应价格计算税款。申报多项商品且商品编码不同的，可按照对应税率最高的商品编码合并申报。实际出口数量不得超过申报数量。

（五）完整申报

申报人应当自递交临时申报单之日起 8 个月内补充完善报关单信息，涉及禁限管理和需要缴纳出口关税的，最长期限为 6 个月。出口货物申报时适用货物离境之日的出口关税税率及外汇汇率和实际离境价格计算出口税款，该税款与临时申报时已缴纳的税款存在差额的，应当多退少补。若完整申报货物未缴税或逾期缴税的，税费计算时适用完整申报期限内申报纳税当日税率。

出口货物在临时申报后 8 个月（涉税、涉及禁限管理的 6 个月）内未实际离境的，对临时报关单予以撤销，如果申报人未能在规定期限内撤销报关单，海关将撤销作出的货物放行决定。

第七节　管道及电线运输货物申报

俄罗斯为世界上最大的管道天然气出口国，早在 20 世纪 40 年代就开始出口天然气，向欧亚二十多个国家输出天然气。2019 年，俄罗斯出口石油收入 1214 亿美元，占全球石油出口份额的 12.1%，位列第二。电力进出口也是俄罗斯能源贸易的主要商品。因此，针对管道运输和电线运输货物有较为成熟完备的监管规定。

一、管道运输货物申报

（一）申报

在以管道运输方式进出口货物时，允许通过临时定期申报的方式报关。

申报人应在货物实际进出境前向海关申报一份临时报关单,在货物实际进出境前补充申报,按规定缴纳税费,货物实际进出境后,在规定期限内进行完整申报,结清税费。

1. 临时申报

(1) 申报时限。申报人可以在管道运输货物实际进出境前3个自然月内向海关申报临时报关单,天然气可以在实际进出境前12个自然月内申报。

(2) 申报数量及价格。临时报关单上允许申报货物的大致数量和成交价格。该数量是申报人在所申报的外贸合同期限内进出境的大体数量,该成交价格根据合同规定的实际数量、消费属性和约定价格进行确定。

(3) 补充申报。如果在临时报关单申报后、货物实际进出境前,对计划进出境的货物数量发生改变的,可以修改临时报关单数据。但实际出口货物数量超过临时报关单上所申报的总数量时,应当对多出口部分另外进行临时申报。

2. 完整申报

申报人应在货物进出境的下一个月的20日前提交完整报关单。经申报人申请,海关可以延长完整报关单的提交期限,但最长期限不得超过完整申报截止日期90天。

在进行完整申报计算海关完税价格时,适用临时申报报关单登记之日俄罗斯中央银行公布的汇率。

(二) 进口货物税款缴纳

1. 临时进口报关单税款缴纳

(1) 如果临时报关单申报的进口货物供货期限超过1个月,则以临时报关单申报数量按比例计算1个月的供货数量为基础计算税款,按月缴纳。首月税款应当在开始放行前缴纳,随后月份的税款缴纳期限在每个供货月前一月的20日前。

(2) 如果临时报关单申报的货物供货期限不足1个月,则根据申报数量计算税款,并在临时报关单放行前缴纳。

2. 完整进口报关单税款缴纳

应当在每个供货自然月次月的20日之前进行完整申报,应根据实际进口货物准确信息计算税款。该税款与临时申报所计算的税款进行比较,多退少补。该税款如果多于临时申报计算的税款,不征收滞纳金。

3. 税率适用

临时申报和完整申报进口货物,均适用海关接受临时申报之日的税率和汇率计算税款。

（三）出口货物税款缴纳

1. 临时出口报关单税款缴纳

（1）如果临时报关单申报的出口货物供货期限超过 1 个月，则以临时报关单申报数量按比例计算 1 个月的供货数量为基础计算税款，以该税款的 50% 按月缴纳税款。首月税款应当在开始放行前缴纳，随后月份的税款缴纳期限在每个供货月前一月的 20 日前。

如果临时报关单申报的出口货物供货期限超过 1 个月，且在供货期上月的 20 日之后提交临时报关单，应当在本月 20 日之前提交报关单时，缴纳第一个月全额税款和第二个月应缴税款。

（2）如果临时报关单申报的货物供货期限不足 1 个月，且在上月 20 日之前申报的，则根据申报数量计算税款的 50% 缴税；如果是在上月 20 日之后申报的，则根据申报数量计算税款全额缴税。

如果临时报关单申报的货物供货期限不足 1 个月，则根据申报数量计算税款，并在临时报关单放行前按照该税款的 50% 缴税。

申报人提交临时报关单时的出口关税应按供货月计算，在供货月前一个月 20 日前，缴纳临时报关单 50% 以上的出口关税。

（3）如果临时报关单出口期限在 1 个月内，并且该报关单是在供货月上个月的 20 日之后申报的，则应交纳临时报关单全额出口关税。

（4）如果临时报关单出口期限超过 1 个月，且该报关单是在供货月上个月 20 日至供货月 20 日之间提交的，则应在申报时缴纳临时报关单第一个供货月的全额出口关税。如果临时报关单在供货月 20 日之后提交，在提交临时报关单时，应全额缴纳第一个月和第二个月的出口关税。

2. 完整报关单税款缴纳

每个供货自然月次月的 20 日之前，在进行完整出口申报时，应缴纳根据实际出口货物准确信息计算的出口关税的剩余部分，同时适用临时报关单受理之日执行的汇率。完整申报时的数量比临时申报时的数量多出的部分的税款和经海关允许延长申报期间不收取税款滞纳金。

3. 税率适用

在提交临时报关单时，出口关税按照临时报关单登记当日税率计算。

（四）禁限规定适用

以管道运输方式输送进出境的商品，适用临时进出境报关单登记之日的禁限管理规定。

（五）监管要求

1. 若临时报关单所申报货物在 1 个月内未实际进出境，申报人需在提交完整报关单期限届满前将此情况以书面或电子形式向海关报告。

2. 以管道运输方式输送的处于海关监管之下的货物，可以不经海关许可，即可在俄罗斯联邦境内换装，包括从管道运输方式往其他运输方式换或从其他运输方式往管道运输方式换。

二、通过电线输送货物申报

（一）申报时限

申报前允许电力进出口。但应不晚于实际供应电力的下一个月最后一日，向海关申报。

（二）申报数量

申报数量为在指定地点安装的记录电力输送的电力计量仪器读数。

（三）电力监管

1. 在进行出口电力报关时，允许使用位于接壤区域和外国境内的计量仪器的读数。计量仪器应位于根据负责国家间电力传输线路运营和沿国家间电力传输线路输送货物统计的组织间签订的关于组织电力流量统计的协议条件规定的地点。

2. 在进行进口电力报关时，允许使用位于接壤区域和其他国家境内的计量仪器的读数。计量仪器应位于根据负责国家间电力传输线路运营和沿国家间电力传输线路输送货物统计的组织间签订的关于组织电力流量统计的协议条件规定的地点。

3. 向海关申报时无须呈验货物。

三、税款担保

在以管道和输电线路输送货物时，在下列情形下，海关可以要求收发货人提交履行缴纳关税、进口环节税义务的担保：

1. 申报人实施对外经济活动少于一年的；
2. 申报人在收到缴款通知书之日起 15 个工作日内未缴纳税款的；

3. 如果申报人有未履行的海关行政处罚决定的。

四、计量仪器管理

1. 海关及其他相关部门共同确定可以安装计量仪器的地点，用于记录通过管道和输电线路进出口到俄罗斯的货物数量。

如果管道运输或者输电线路输送货物的计量仪器出现故障，则使用承运人提供的进出境货物实际数量向海关申报。

2. 为了防止对位于联盟关境的管道运输和输电线路输送货物的计量仪器读数进行接触和改变读数信息，海关在这些仪器上施加识别标识。

管道运输或者输电线路输送货物的计量仪器所位于的设施的所有人，应当保障这些计量仪器位于其境内的成员国海关被授权关员可以对这些计量仪器实施海关监管和施加（拆除）识别标识。

第二篇　白俄罗斯
DI–ER PIAN BAIELUOSI

第一章 白俄罗斯国家概况

一、国家概述

白俄罗斯共和国（白俄罗斯语为 Рэспубліка Беларусь，英语为 The Republic of Belarus），简称白俄罗斯，是位于东欧的内陆国家。东部及北部与俄罗斯为邻，南部与乌克兰接壤，西部同波兰、立陶宛和拉脱维亚毗邻。白俄罗斯是内陆国家，国土面积为 20.76 万平方千米，水资源十分丰富，被誉为"蓝眼睛之国"。白俄罗斯地处欧洲中心，是连接欧亚大陆的交通枢纽。白俄罗斯全国划分为 6 个州和具有独立行政区地位的首都明斯克市，下设 118 个区、106 个市、25 个市辖区、106 个镇、1456 个村。

二、经济概述

独立初期，白俄罗斯政府及时采取措施，以保证经济和社会稳定，再加之原来的经济实力，工农业生产滑坡在一定程度上得到暂时控制，经济下滑速度降低。此后，白俄罗斯积极推行"私有化、自由化、西向化"，以加速本国经济的转型。1994 年 7 月，卢卡申科当选为白俄罗斯总统。他对"休克疗法"式的私有化进行制止，中止"雪崩"式私有化，主张在"公众监督下公开实行私有化"，并宣布要建设一个"切实提高生产效率、没有赤字、有高水平社会保障机制"的"市场社会主义"。

白俄罗斯转型的目标是要建立"社会市场经济"，其方式是私有化和自由化。改革内容主要包括：实施经济体制改革，逐步实现国有财产的非国有化和私有化；使经济结构逐渐趋于合理化；建立价格机制，使之更符合市场经济；进行金融体制改革；进行社会保障体制改革；实行全方位对外经济战略，加快走向国际市场，融入世界经济，以此巩固白俄罗斯的国际地位。

现今，白俄罗斯工业基础较好，机械制造、电子、通信、仪器制造、冶金、石化、轻工和食品工业比较发达，在激光、核物理、核能、粉末冶金、光学、软件、微电子、纳米技术和生物技术方面具有较强的科研实力。其农业和畜牧业较发达，马铃薯、甜菜和亚麻等产量在独联体国家中居于前列。白俄罗斯经济在独联体国家中率先恢复并超过苏联时期的水平。

三、对外贸易概述

对俄贸易是白俄罗斯外贸政策的中心。俄罗斯是白俄罗斯最大的贸易伙伴，经济上对俄罗斯的依赖性决定了白俄罗斯的经贸走向。白俄罗斯经济贸易的增长必须以扩大对俄的进口量为前提。同时，俄罗斯也是白俄罗斯工业制成品的最大销售市场，双边贸易额在白俄罗斯外贸中的比重近60%。白俄罗斯外贸发展与俄罗斯国内经济状况及俄罗斯卢布汇率的变化息息相关。这种对俄罗斯的依赖性决定了白俄罗斯经贸发展的重心势必向俄罗斯倾斜，这是白俄罗斯目前经济发展的一个特点。

四、中白经济合作

白俄罗斯是中国在独联体地区重要的经贸合作伙伴，双方政治互信高，经济互补性强，合作潜力巨大。近年来，中白经贸合作迅速发展，合作规模逐年扩大，合作水平不断提高，在双边贸易、工程承包、金融合作、相互投资、园区建设及国际贸易通道等领域的合作成效显著。中国已成为白俄罗斯第五大贸易伙伴及在亚洲最大的贸易伙伴。两国合作项目涉及工业园区、农业、电力、新能源、建材、通信、交通和工业基础设施、造纸、化工、家电制造、航天航空、智能物流、酒店及房地产开发等多个领域。

中白进出口商品结构趋于多样化，互补性明显。白俄罗斯对中国出口的商品主要包括钾肥、聚酰胺、含氮杂环化合物、数据载体等；自中国进口的商品以科技含量较高的机器设备和零件为主，如计算机和通信设备及配件，此外，也进口一些白俄罗斯国内无法生产的原材料和日用品。白俄罗斯对其中部分零件、原材料和半成品进行再加工和组装以后提供给国内外消费者。

2014年6月，在白俄罗斯首都明斯克郊外，中白工业园奠基招商展示中心的开工仪式成功举行，受到国际大型企业的关注。这是中白两国创新合作模式、提升合作水平、促进产业整合、着眼未来发展的重要举措，也是白俄罗斯发展电子技术、生物医药、新材料等高科技产业，扩大对外开放和招商引资的"试验田"。中白工业园是两国目前合作规模最大、层次最高的项目，是中国在境外规模最大的工业园区，也是"丝绸之路经济带"的示范项目。

2016年9月，中国发展改革委与白俄罗斯经济部代表两国政府签署《中华人民共和国政府与白俄罗斯政府共同推进"一带一路"建设的措施清单》这是推动中白在"一带一路"框架下开展务实合作的第一份路线图。该措施清单涵盖交通物流、贸易投资、金融、能源、信息通信、人文等领域的相关措施或项目,有利于加强两国政策协调与产业协作。

建设"丝绸之路经济带"对中白两国是互利的。白俄罗斯将从中直接受益,其物流、运输、通信等领域将得到进一步发展,而中国将获得面向欧亚经济联盟和整个欧洲市场的平台。展望未来,中白经济合作将会得到进一步加强。

第二章　白俄罗斯海关管理

第一节　海关简介

一、机构概况

白俄罗斯共和国国家海关委员会（以下简称白俄罗斯海关委员会）是白俄罗斯的执法机构，负责执行国家海关政策，在其职权范围内确保白俄罗斯的经济安全，规范和管理海关，并协调与其他国家机构的活动。白俄罗斯海关委员会隶属于白俄罗斯部长理事会，在立法行为规定的某些问题上直接向白俄罗斯总统负责。

二、机构设置

白俄罗斯海关机构系统包括白俄罗斯海关委员会和海关。

白俄罗斯海关委员会负责全国海关事务的管理协调。其设置 1 名白俄罗斯海关委员会主席及 4 名副主席。

海关委员会内设 10 个司局，包括：

财务司：负责海关预算规划和筹资、财务和后勤支持，海关基础设施的发展等工作。

监管司：组织和改善海关业务（包括海关监管），为促进欧亚经济联盟海关对外贸易创造条件。

业务运行自动化司：组织和实施有关信息系统和技术、保障信息安全、进行海关统计，与白俄罗斯政府机构、欧亚经济联盟成员国海关等开展信息交换。

海关缉私和稽查司：调查违法走私行为，开展企业稽查。

关税司：收取海关关税，并参与确保遵守欧亚经济联盟海关法规和白俄罗斯海关法规实施的海关监管工作。

人事和思想工作司：执行国家人事政策，开展海关和公共关系方面的思想工作，组织活动并监督活动的执行情况。

法律司：为国家海关委员会的运作提供法律支持，并确保其活动的合法性。

内部安全司：负责确保海关自身的安全工作。

风险分析与业务监管司：开展风险管理和分析工作。

以及国家机密保护局。

白俄罗斯海关委员会下辖8个海关和1个海关院校，包括：布雷斯特海关、戈梅利海关、维捷布斯克海关、格罗德诺地区海关、明斯克中央海关、明斯克地区海关、莫吉廖夫海关、缉私海关、白俄罗斯海关高级研究和再培训学院。

三、机构职能

（一）宏观职能

1. 向白俄罗斯总统提出改进国家海关政策的建议。

2. 向白俄罗斯总统、白俄罗斯部长会议和白俄罗斯安全理事会国家秘书处通报白俄罗斯经济安全情况。

3. 制定和实施海关政策，在其职权范围内参与其他国家计划的制定和实施。

4. 与国际组织开展合作，在其职权范围内与外国海关和/或国际组织缔结部门间国际协定。

5. 通过法律规定的方式，在其官方网站上向媒体通报白俄罗斯总统的法案及白俄罗斯海关相关的法律法规。

6. 对海关和隶属于国家海关委员会的相关组织进行一般性管理、监督和协调。

7. 通过备案、查验、放行、后续稽查等方式对进出境运输工具、货物、物品的进出境活动实施监管，执行（政府）部长会议有关外贸决议。特别强调对战略资源、文物进行监管。

8. 通过搜集、整理进出口货物和运输工具统计数据，全面、准确地反映对外贸易的运行态势，及时提供统计信息和咨询，实施有效的统计监督，开展国际贸易统计的交流与合作，促进对外贸易的发展。

9. 通过对商品原产地，有关单证的收集、查看，按照编码规则对商品准确归类，按照关税法规计算税款，保证在规定时间内应收尽收。特别注意，在报关的时候白俄罗斯海关推行申报有关电子单证。

10. 组织海关有关科学项目研究，利用新技术开发新型海关监管手段，如辐射测量仪、使用通信工具共享信息资源等；按照有关规定招录新关员并加强海关专业培训。由于白俄罗斯曾受切尔诺贝利核电站辐射泄漏影响，该国特别注重核辐射有关测试、防护工作。

11. 对报关员资格批准和取消，规范报关员行为。

12. 打击走私等违反海关法规的犯罪行为，对其职权范围内的案件提起诉讼。防范毒品、武器、文物、放射性物质、濒危动植物、侵权商品等的非法贸易；协助打击国际恐怖主义，特别注意保障航空安全。

（二）事务职能

根据白俄罗斯海关委员会批准的条例行使职权，白俄罗斯海关事务性职能包括：

1. 组织和协调国家机构和其他组织在执行国家海关政策方面的协作和活动；

2. 在其职权范围内保障白俄罗斯共和国的经济安全，保护经济利益；

3. 办理海关业务，进行海关监管，开展海关化验，创造条件加快货物和物品经欧亚经济联盟关境进出白俄罗斯的流通；

4. 收取海关税费、其他费用，监督这些费用核算的正确性和支付的及时性，并采取措施强制收取；

5. 确保在白俄罗斯境内遵守货物和物品进出欧亚经济联盟关境的程序；

6. 监督欧亚经济联盟成员国国际条约和白俄罗斯法规对进出白俄罗斯的货物和物品规定的禁令和限制的遵守情况；

7. 在其职权范围内保护知识产权；

8. 打击走私和其他属于海关机构管辖范围的犯罪行为，打击行政诉讼属于海关机构管辖范围的行政违法行为，打击跨越欧亚经济联盟关境和白俄罗斯国境的非法贩运麻醉药品、精神状态调节药物、制毒原料和类似物、武器、文化财产、放射性物质、属于白俄罗斯国际条约范围和白俄罗斯红皮书所列种类的动植物及其制品和衍生物，打击非法贩运知识产权项目，并协助打击国际恐怖主义和制止在白俄罗斯机场非法干涉国际民用航空活动的行为；

9. 采取一般和个别措施预防白俄罗斯法规规定的犯罪；

10. 在其职权范围内进行税务、外汇、出口、辐射、汽车、卫生检疫、兽医、植物检疫和其他形式的检查；

11. 对白俄罗斯对外贸易进行海关统计，对白俄罗斯与欧亚经济联盟成员国的相互贸易进行统计，并进行专门的海关统计；

12. 保证履行白俄罗斯在海关事务方面的国际义务，与外国海关机构和其他主管机构及从事海关事务的国际组织开展合作；

13. 就涉及欧亚经济联盟海关法规、白俄罗斯海关管理法规和海关机构职权范围内的其他问题提供信息和咨询意见，并按规定程序向国家机构、其他组织和公民提供关于海关管理问题的信息；

14. 在其职权范围内建立、优化和发展海关基础设施；

15. 在海关机构执行国家人事政策，包括培训、再培训和提高海关机构工作人员的技能，组织思想和教育工作；

16. 开展培训、再培训和提高海关申报专业人员的技能；

17. 进行海关事务领域的科学研究工作；

18. 白俄罗斯总统法令、白俄罗斯法律及白俄罗斯政府决议可赋予海关机构的其他职能。

四、权利与义务

（一）权利

白俄罗斯海关在欧亚经济联盟框架下，对进出白俄罗斯关境的货物和物品，实施处于监管制度下的运输、临时存储、海关申报、依据监管制度放行和使用、海关监管、支付海关税费等的海关行政执法和管理措施，并调节白俄罗斯海关机构与行使上述货物和物品的占有、使用和支配权的人员之间的法律关系。海关机构为履行其职责，享有以下主要权利：

1. 采取欧亚经济联盟海关法规、白俄罗斯海关管理法规及白俄罗斯其他法律文件规定的措施，由海关机构监督其遵守情况，以确保人员遵守这些法律文件。

2. 要求按照欧亚经济联盟海关法规、白俄罗斯海关管理法规及白俄罗斯其他法规提交文件和资料，由海关机构监督其遵守情况。

3. 检查参与海关业务办理的自然人和工作人员的身份证件。

4. 要求自然人和法人证明有权在海关事务领域从事某些行为或活动。

5. 根据白俄罗斯法律开展侦查活动，以预防、发现、制止属于海关机构调查范围的犯罪行为，查明和确定准备实施、正在实施或已实施犯罪的人，并确保自身安全。

6. 按照白俄罗斯刑事诉讼法规规定的程序，在其职权范围内进行调查。

7. 根据白俄罗斯行政违法法规和白俄罗斯行政违法的程序执行立法，对行政违法行为进行行政诉讼，并对行政违法行为追究责任。

8. 出示白俄罗斯法规规定的工作证和其他证件时，不受阻碍地进入法人区域和房间进行海关监管。

9. 在紧急情况下，使用属于各组织的通信设备或运输工具（外交使团、领事馆、外国其他正式代表团及国际组织的通信设备和运输工具除外），以防止发生由海关机构负责调查的罪行，起诉和拘留犯罪或涉嫌犯罪的人员。在这种情况下，通信设备或运输工具的所有者遭受的财产损失，海关机构应按照白俄罗斯法律文件规定的程序，根据通信设备或运输工具所有者的要求予以补偿。

10. 按照白俄罗斯法规规定的程序，拘留属于海关机构管辖范围的涉嫌犯罪、已犯罪或正在实施犯罪或行政违法的人。

11. 对进出白俄罗斯欧亚经济联盟关境和处于监管制度下的货物和物品的运输、储存和办理货运业务等有关的事实和事件进行文件记录、录像、录音、摄影和照相。

12. 按照白俄罗斯法规规定的程序，无偿接受国家机构、社会团体和其他组织、自然人提供的履行海关机构职能所需的信息和材料，并可以访问其信息系统和数据库。

13. 向国家机构和其他组织领导人及自然人发出书面警告，要求消除违反欧亚经济联盟海关法规、白俄罗斯海关管理法规和白俄罗斯其他法规的行为，由国家机构负责监督遵守情况，并监督这些要求的执行情况。

14. 在本法和白俄罗斯其他法律文件规定的其他情况下，向法院提起诉讼和申请，要求强制收取由海关机构收取的海关税费、其他税费、利息和滞纳金。

15. 开展欧亚经济联盟海关法规、白俄罗斯海关法典和其他法律、白俄罗斯总统法令、白俄罗斯政府决议规定的其他行动。

（二）义务

白俄罗斯海关应当履行以下义务：

1. 在其职权范围内保护国家利益；
2. 保护申报人、从事海关事务的法人和自然人的合法权利；
3. 按照白俄罗斯法律规定的期限和方式，审议对海关机构和海关关员的决定、行为或不作为提起的投诉；
4. 加快欧亚经济联盟进出口货物通关速度，促进对外贸易发展；
5. 对进出境货物和运输工具实施海关监管；
6. 在其权限范围内向报关人员、从事海关事务的法人和自然人提供协助，以保障上述人员的权利；
7. 确保全额收取各项税款并及时将海关税费、保障措施关税、反倾销税、反补贴税等税款转入国库预算；
8. 根据规定期限，在职权范围内对报关人和从事海关事务的法人和自然人的经营活动实施监管，监督欧亚经济联盟海关法律和白俄罗斯海关法律及其他法律规定义务的履行情况；

9. 开展白俄罗斯外贸海关统计和专项海关统计；

10. 在职权范围内保护欧亚经济联盟关境，并对海关法律和其他法律的执行情况进行检查；

11. 根据法律规定，采取措施预防海关机构、海关关员及其家庭成员实施违法行为；

12. 在职权范围内开展预防、制止和侦查犯罪行为的工作；

13. 收集和分析海关事务领域违法犯罪行为信息；

14. 与国家安全机构和其他相关国家机构开展合作，共同采取措施保护欧亚经济联盟关境；

15. 对收到的关于海关事务的请求和建议，应当及时、客观和全面地予以研究并给出答复或采取相应行动；

16. 免费提供海关事务信息和咨询服务；

17. 按照规定程序，在协商一致并签订协议的基础上与白俄罗斯相关国家机构开展合作；

18. 与外贸企业、企业联合会、企业家协会及非营利组织开展合作，运用有效的海关管理手段不断完善海关事务；

19. 向环境保护机构提供白俄罗斯进口商信息，包括其法定地址、货物的数量和名称；

20. 对未如期支付的海关税费、税款，以及罚款和利息实施追缴；

21. 按照欧亚经济联盟和白俄罗斯海关法律实施海关管理；

22. 根据法律规定，在将货物交给相关机构之前，保证属于国家所有的商品的完整性；

23. 法律、总统令和政府令规定的其他义务。

五、海关法规体系

白俄罗斯海关管理法规是根据白俄罗斯宪法通过和发布的一套规范性法律文件，其中包括：

1. 白俄罗斯海关法典；
2. 白俄罗斯总统令关于海关管理问题的法令；
3. 白俄罗斯政府作出的关于海关管理问题的决议；
4. 白俄罗斯海关委员会关于海关管理问题的规范性法律文件。

白俄罗斯承认公认的国际法原则具有优先地位，并确保这些原则与白俄罗斯海关管理法规一致。如果白俄罗斯的国际条约规定的规则与白俄罗斯海关法典及其他海关管理法律文件不同,则适用国际条约的规定。

六、历史沿革

最早的白俄罗斯海关的出现可以追溯到 9 世纪末。因需要通过边境,商人就为他们的货物运输支付了费用。

在封建统治时期,统治阶级制定了关税制度。具体有两种类型的关税:在船上征税和在马车上征税。如果有人试图逃税,执法者会对每辆手推车或船只处加倍罚款。当时常见的商品有:蜡、毛皮、啤酒花和羊皮、丝绸、珠宝、灯具,来自斯堪的纳维亚半岛的剑、斧头、青铜、银、铁、钢制品,来自波罗的海沿岸的琥珀,来自德国的葡萄酒、布料、生姜、杏仁、盐。由于贸易关税,到 11 世纪末,波洛茨克成为古代白俄罗斯最大的购物中心和最富有的城市。

从 13 世纪开始,白俄罗斯的贸易开始按照立陶宛大公国的法律进行。

16 世纪,立陶宛大公国已经有 11 个地区。自 1530 年至 1540 年,西吉斯蒙德一世国王的妻子被任命为大公爵海关的负责人,因此,她成为白俄罗斯海关史上的第一位女性负责人。在她领导期间,在边境的税收收入增长了两倍。

此后根据叶卡捷琳娜二世的法令,对波兰—立陶宛联邦进行分割,于 1773 年在俄罗斯帝国附属的白俄罗斯土地上建立了克罗伊茨堡、德鲁伊斯卡亚、贝尔斯卡娅、贝申科维奇斯基、迪纳堡、托洛钦斯基等海关检查站。每个海关都配有 16 人工作。1795 年 10 月,白俄罗斯整个领土都遵照俄罗斯帝国的海关制度。

到 20 世纪初,在白俄罗斯,关税是仅次于酒精贸易收入的第二大收入。第一次世界大战期间,海关遭到严重破坏。白俄罗斯的西部、北部和南部边境地区失去 75% 的关税收入。

十月革命后,白俄罗斯海关部门按照苏联法律继续开展工作。1918 年 5 月 29 日,颁布了《苏维埃关税法令》。

1935—1938 年,制定了相关海关法规,以执行与进出口货物运输有关的监管和检查职能。海关管理系统持续简化。到 20 世纪 30 年代末经过发展并略有变化的海关结构一直持续到 80 年代中期。

1999—2011 年,在白俄罗斯海关的努力下,在与波兰和乌克兰接壤的国家边界建立了 7 个口岸。2012 年,白俄罗斯边境口岸的海关和边境基础设施建设完成。当年 2 月,白俄罗斯第一个固定式集装箱扫描设备在科兹洛维奇口岸投入使用。2012 年,白俄罗斯海关进行重组。此后,该国加入欧亚经济联盟。

七、白俄罗斯海关发展战略

为应对现代化趋势和挑战,逐步完成现代化改造和改善海关服务,被视为确保白俄罗斯国家经济安全和对外经济关系发展的重要因素。

2016年3月28日,白俄罗斯海关委员会发布《白俄罗斯共和国海关发展的主要方向》(2016—2020年)及2025年前的海关发展预测。文件基于当时条件和国际形势,以及白俄罗斯可持续社会经济发展趋势和世界海关组织的理念,对海关发展作出预测。

白俄罗斯海关的战略目标确定为:确保经济安全,及时应对海关领域中出现的风险和挑战,实现国家海关委员会控制的税款收缴的完整,改善海关工作质量和效率,为业务创新创造有利条件,同时优化成本运行。

在欧亚经济联盟的条件下保护白俄罗斯的利益,是白俄罗斯海关优先考虑的方向。到2020年,实现白俄罗斯在世界银行《营商环境报告》国际贸易指标方面保持较高的地位,提升白俄罗斯的投资和过境吸引力。

在数字经济和现代技术迅猛发展的背景下,提升技术现代化水平,降低通关成本。优化货物流动,发展海关物流,减少海关领域的腐败风险。

文件中提出,2020年白俄罗斯海关将实现:

1. 进一步改善电子申报系统和开发自动货物放行系统。电子预申报的份额从30%增加到70%,自动放行从0增加到20%,其中出口自动放行提高到25%,进口自动放行提高到10%。

2. 对申请退还印花税、贸易中多付的海关税款及其他款项时,由纸质材料申请改用电子远程申请。

3. 继续开发付款人个人账户中央数据库,以便实现放行货物之前实时全面关联支付关税的结果。

4. 减少办理海关业务的时间,如对出口商品的放行时间控制在5分钟以内,进口商品放行时间不超过2小时。

5. 增加过境运输吸引力。

6. 基于风险分析系统的使用,在保持商品供应链安全的同时,降低监管操作环节。到2020年运输中货物的80%实现10分钟内放行。

第二节 口岸管理

为做好口岸管理工作,白俄罗斯政府下设国家边界委员会,负责执行国家边界政策，保护边界安全，统筹管理口岸领域事务，协调口岸各机构工作，参与国防任务，对自然人和车辆跨境实施通行管理。

白俄罗斯南部与乌克兰接壤，边境线长1084千米，设有12个客货运输口岸；西部与波兰接壤，边境线长398千米，设有6个客货运输口岸；北部与立陶宛和拉脱维亚接壤，边境线长852千米，设有8个客货运输口岸；东部与俄罗斯接壤，边境线长1283千米。全国总边境线长3617千米，共26个口岸。白俄罗斯的边境口岸设立了满足现代国际化要求及卫生和消防安全标准的基础设施，安装了现代海关监管技术设施。口岸配备局域网、视频监视系统和防盗警报器，以及用于车牌的自动识别和登记系统的检查设备，这些基础设施可确保在过境时花费最少的时间来进行高效的海关监管和其他监管。

一、工作职能

白俄罗斯国家边界委员主要承担以下工作职能：
1. 提出有关国家边界政策和确保边界安全、口岸运行等方面的建议；
2. 管理边境口岸基础设施建设和运营；
3. 在职权范围内协调口岸机关工作；
4. 参加国家长期计划、军备计划的制定和实施，为建立国家国防秩序提出建议；
5. 组织向边境机构提供设备、物质资源和津贴；
6. 根据相关法律对边境机构提供设施和有偿服务；
7. 制定边境机构提供物质和技术支持的程序和规范，并以规定的方式提交白俄罗斯总统审议；
8. 为军事服务和边境机构工作创造安全条件；
9. 根据立法，对军事人员、边防部门文职人员及其家庭成员提供法律和社会保护；
10. 制定和实施预防、治疗和其他措施，旨在保护和加强军事人员、边防部门文职人员的健康，组织国家卫生监督；
11. 履行立法行为规定的其他职能。

二、行政审批

白俄罗斯国家边界委员会可执行的行政审批包括：
1. 为通过公路口岸运入白俄罗斯的非排号车辆签发通行证。此类通行证主要针对：外交人员、医疗救助人员、退伍军人、伤残人士、携带3岁以下儿童或18岁以下残疾儿童旅行的个人、体育代表团；定期载客的客运班车；运输危险、易腐烂货物的货车；人道主义援助的车辆和随行人员等。

2. 为在口岸从事经济活动签发许可证。在口岸从事的经济活动和其他活动必须依据白俄罗斯相关法律法规开展，不损害人民健康，不损害白俄罗斯、邻国、其他国家和国际组织的环境和安全，不对国家机构在白俄罗斯国境执行任务产生干扰。具体包括：以海关代表的身份进行的通关活动、临时存储仓库、免税店、银行、外汇兑换点、保险公司、饭店，以及依法进行的其他活动。该行政许可按规定收取费用。签发和撤回这些许可证的程序由州边境委员会与州海关委员会和交通运输部制定。

三、口岸电子信息系统

白俄罗斯国家边界委员会官方网站设有"口岸电子信息系统"，以便提高车辆和旅客口岸通关效率。

该系统以图表的形式显示口岸车辆排队的信息，包括车辆实际排队情况和每日平均车辆数据、平均每小时离境车辆变化数量等。所提供的信息是对4周时间内车辆数据进行分析的平均结果，并且会根据当前情况自动进行计算和更新。该系统还提供以3～5分钟的更新率在线查看来自口岸视频监控摄像机的记录。利用该系统，承运人和乘坐私人交通工具旅行的公民均可以选择适当的时间前往口岸。

此外，在布雷斯特（与波兰接壤口岸）、科特洛夫卡（与立陶宛接壤口岸）和格里戈罗夫斯克（与拉脱维亚接壤口岸）口岸，设有"电子排队系统"，可以提前90天但不得晚于出发前3小时预订出境时间。

四、发展规划

在《2030年前白俄罗斯社会经济稳定发展国家战略》中，白俄罗斯政府提出了2016—2030年交通运输领域的发展目标，即货物周转量增加到2015年的1.2倍，旅客周转量达到2015年的1.4倍，运输服务出口达到2015年的2.2倍。

为实现上述发展目标，白俄罗斯在口岸建设方面的主要发展方向是：完善交通基础设施，对道路、人工建筑（桥梁、涵洞、隧道等）、集装箱码头及交通工具进行现代化改造等。为此，在下一个5年，白俄罗斯在口岸交通运输领域需要开展的工作包括：加强公路及口岸建设；升级铁路基础设施，提高铁路现代化程度，提高吞吐量；采用旨在提高交通工具运行安全的系统和设备，完善运输操作流程，缩短送货时间和保证货物完好无损；完善交通基础设施的自助检测系统；采用运输过程自动管理系统，提高运输速度和质量；发展物流运输中心，保障对客户提供"门对门"的货物运送服务，与世界物流运输网保持一体化。特别是要创建吸引过境货流的条件，扩大运输范围，在欧亚经济联盟框架内实行协同一致的运输政策，提高运输服务的出口。

第三章 白俄罗斯通关程序

第一节 概 述

白俄罗斯进出口货物通关业务办理程序由欧亚经济联盟海关法、白俄罗斯海关法确定。通关业务办理程序和规则根据进出境货物种类、贸易方式、运输方式、进出口货物收发货人、申报方式及相应的海关监管方式等具体内容确定,主要包括预先信息和运输工具抵达申报、进出口货物海关申报、税费缴纳、海关检查和放行等重点通关程序。办结海关手续的货物视为联盟关境内的货物,海关不再对其进行监管。违反货物进出境有关禁止和限制性规定,以及其他违反海关法及相关法律法规的,海关依照有关法律规定进行处置。

一、预先信息和运输工具抵达申报

(一) 预先信息

为提升通关效率、便于海关评估风险,承运人及其代理人应当在运输工具进境前对运输工具信息和舱单信息进行预先申报。预先信息的内容包括收发货人信息、承运人信息及货物信息等。被海关受理的预先信息,海关信息系统自受理之日起保留 30 个自然日,期满后作废。

(二) 运输工具抵达申报

货物在入境后,承运人及其代理人应当根据不同运输方式,按照时限要求,提交与该运输方式相对应的信息向海关申报。申报内容包括证明遵守禁止和限制规定的信息、运输工具信息及货物信息等。海关根据所申报信息对运输工具进行监管。在海关放行进口货物前,在不缴纳税款的情况下,可以对进口货物进行临时存储,直到按照相应海关监管方式办理海关手续为止。

二、进出口货物海关申报

收发货人及其代理人应当按照规定要求填制申报单证,如实向海关申报进出口货物的信息，申报内容包括：进出口货物收发货人的信息、进出口货物的信息、税费及遵守禁限规定的信息等。进口到联盟关境货物的报关单证应在货物临时储存期限届满前递交，从联盟关境出口货物的报关单证在其离开联盟关境前递交。根据收发货人或其代理人申请，经海关批准，或者根据海关决定，可以对进出口货物报关单进行修改和撤销。

三、税费缴纳

海关根据申报信息和进出口货物实际情况确定商品归类、完税价格和原产地，结合海关监管方式计算或核实进出口货物应当缴纳的税款。

海关税费主要由进出口关税、进口海关代征税（包括增值税、消费税）和海关规费构成，部分商品还包括保障措施关税、反倾销税、反补贴税。在规定期限内没有履行缴纳关税、进口环节税义务时，应缴纳滞纳金。海关完成与货物放行、运输工具海关押运、货物存储有关的作业时，企业需要向海关缴纳的费用称为海关规费。海关规费的缴纳，按照缴纳关税、进口环节税规定的办法办理。

四、海关检查和放行

为履行海关监管职能，确保海关监管对象符合海关法及相关法律法规规定，海关可以对进出境货物、物品、运输工具、单证和进出口企业等开展海关检查。海关检查采取审核单证和信息、海关查看、海关查验、检查场所、海关稽查等方式实施。海关也可以组织鉴定辅助实施监管。

进出口货物办结通关过程中的相关手续后，海关对货物予以放行。海关管理相对人应当按照海关确定的监管方式处置放行货物。海关可以对尚未办结一切海关手续的放行货物实施后续监管。货物放行后 3 年内，海关可以对进出口企业实施稽查。

第二节　通关主体

申报人、承运人、对货物有处置权的法人或自然人及其他相关人员可办理通关业务。

报关代理人可以代表申报人、承运人、对货物有处置权的法人或自然人及其他相关人员办理通关业务。

一、申报人

(一) 申报人的范围

申报人的范围包括：

1. 欧亚经济联盟成员国法人和自然人，订立了对外经贸合同或者以其名义订立了对外经贸合同，或者虽未订立对外经贸合同，但具有货物占有权、使用权、处分权。

2. 欧亚经济联盟成员国以外国家的法人和自然人，包括携运自用物品进出境的自然人、享有海关优惠的自然人，以及按照规定在联盟成员国设立代表机构的组织，该机构可根据自身需要运进并复出或者申报放行供国内消费的物品。

3. 海关转运货物的贸易合同执行人、承运人及联盟成员国的代办人。

(二) 申报人的权利和义务

1. 申报人的权利

在向海关申报货物时，申报人享有下列权利：
（1）查看、测量和对海关监管货物实施货运作业；
（2）对海关监管货物提取试样和样品；
（3）在海关公职人员对货物实施查验或提取试样和样品时在场；
（4）了解海关对所申报货物试样和样品的研究（检验）结果；
（5）提交电子文件形式的单证和信息；
（6）对海关的决定、海关或海关公职人员的行为（不作为）进行申诉；
（7）为核实所申报货物的信息聘请鉴定人；
（8）法律规定的其他权利。

2. 申报人的义务

在向海关申报货物（物品）时，申报人的义务包括：
（1）向海关申报货物；
（2）向海关提交填制报关单证所依据的随附单证；
（3）根据海关要求呈验所申报的货物；
（4）缴纳海关税费或税款担保；
（5）遵守在相应海关监管方式下使用货物的要求和条件。

(三) 申报人的责任

申报人在未履行或不适当履行法定义务，未如实申报报关单信息，向报关代理人提交无效单证，包括伪造或提交明显不实或虚假单证和信息的情况下，应当承担相关法律责任。

二、报关代理人

（一）报关代理人的申请资质

海关负责编制《报关代理人名册》，只有列入该名册的报关代理人才可以开展报关代理业务。报关代理人与申报人或其他相关人的关系以合同为基础。

法人申请报关代理人资质应当符合以下条件：

1. 具有民事责任风险保险合同，负责承担代理人造成的财产损坏责任或代理人违反合同规定造成的责任，保险合同规定的金额即为保险额；

2. 按照欧亚经济委员会规定的数额提供保证金，负责保障海关事务领域相关法人履行法定义务；

3. 在向海关提交申请注册成为报关代理人时，没有未按期履行的海关税费、罚款和利息支付义务。

（二）报关代理人的权利

在办理通关手续时，报关代理人与其被代理人享有同等权利。报关代理人在办理代理报关业务时有权要求被代理人在规定期限内提供办理通关手续所需的文件和信息，其中包括受法律保护的商业机密、银行机密和其他机密信息；可以按照规定程序访问用于处理信息、电子传送数据的海关信息系统和信息资源。

报关代理人有权将其业务范围限制在为某类商品办理通关手续、办理某些通关手续或在特定活动区域内办理通关手续。

（三）报关代理人的义务

1. 报关代理人应当承担的义务，不受与其被代理人签订合同的限制。报关代理人必须履行以下义务：

（1）遵守《报关代理人名册》要求的条件；

（2）按照规定程序向海关提交报告；

（3）不得出于个人目的使用、披露和向他人提供从被代理人处获得的受法律保护的国家机密、商业机密、银行机密和其他保密信息；

（4）在海关规定的期限内，履行支付海关税费的义务；

（5）报关代理人登记信息发生变更的，应当在发生变更后向海关通报相关情况，并提供登记信息变更的确认文件；

（6）遵守白俄罗斯海关法规定的其他义务。

2. 报关代理人以申报人的名义办理通关手续，报关代理人应当与申报人共同承担全额支付海关税费的义务。但以下情形除外：

（1）申报人违反所申报监管方式规定的商品使用条款；

（2）海关税费和进口环节税缴纳期限发生变更；

（3）根据海关税费及进口环节税等税收优惠政策的规定，只能由申报人缴纳的情况；

（4）报关代理人从申报人或相关人员处获得明显不真实信息或伪造文件，并以此为依据向海关提交报关单，并且经法院裁定报关代理人没有过失。

（四）海关暂停和恢复报关代理人执业的情形

海关暂停报关代理人执业的情形包括：

1. 报关代理人提出暂停报关代理人业务的书面申请；
2. 海关发现报关代理人存在违反申请条件的情况；
3. 在海关规定的期限内，未履行或未完全履行缴纳海关税费的义务；
4. 未按照规定程序向海关提交报告；
5. 根据相关规定对报关代理人的法定代表人、总会计师提起刑事诉讼。

报关代理人为了恢复报关业务，应当向海关提出书面申请，并附上文件证实已消除导致暂停执业的违规情形。

（五）取消报关代理人资格的情形

海关取消报关代理人资格的情形如下：

1. 在海关规定的期限内，未履行或未完全履行缴纳海关税费的义务；
2. 报关代理人申请取消其报关代理人资格；
3. 《报关代理人名册》中的法人已经注销；
4. 对《报关代理人名册》中的法人进行重组；
5. 申请暂停执业的报关代理人，未在6个月内重新提交恢复报关业务的书面申请；
6. 在规定期限内，报关代理人未消除导致暂停其执业的违规情形；
7. 报关代理人在一年内被追究行政违法责任两次以上；
8. 法院对报关代理人法定代表人、总会计师的判决书生效。

三、经认证的经营者

（一）概念

"经认证的经营者"理念是世界海关组织在《全球贸易安全与便利标准框架》中提出的，是该标准的基础概念。引入"经认证的经营者"理念的目的是促进建立新型的国家与私人间的伙伴关系，即建立海关和商业的互助关系。与海关建立新型互助关系的基础是实现信息的电子交换。

《全球贸易安全与便利标准框架》要求实现最大限度的商业透明化经营，允许海关可以自由获取商业单证，自由获取经认证的经营者的财务报告。

国家赋予经认证的经营者特殊地位，给予特殊的优惠通关政策：向海关提交的资料数量减少，单证审核和现场查验数量减少，必要时优先开展现场查验，有权要求异地开展现场查验，等等。

白俄罗斯经认证的经营者制度是在《关税同盟海关法典》2010年7月6日生效后才建立起来的（2015年，欧亚经济联盟取代俄白哈关税同盟）。

现行的《欧亚经济联盟海关法典》（2018年1月1日起开始生效）规定，经认证的经营者是按照欧亚经济联盟成员国法律成立的法人组织，并且在履行联盟海关法规定的程序、符合联盟海关法规定的条件的情况下加入"经认证的经营者"名录的法人组织。

随着《欧亚经济联盟海关法典》的实施，经认证的经营者制度的相关规定发生了很大变化，主要体现在以下几个方面：

1. 按《欧亚经济联盟海关法典》的规定，除报关企业外，代理报关企业、运输企业、海关监管仓库经营者和海关临时监管库经营者也可以取得经认证的经营者资质。《关税同盟海关法典》规定，只有报关企业才可以取得经认证的经营者资质。

2. 增加了经认证的经营者的专项便利化措施。

3. 《欧亚经济联盟海关法典》设立了3种类型的经认证的经营者证书，法人可以根据需要提交不同的申请，不同的证书认证条件不同，享受不同的便利化措施；而《关税同盟海关法典》只设立了一种经认证的经营者证书。

例如，第一类经认证的经营者证书所赋予的便利化措施更加适用于国际贸易经营者；第二类经认证的经营者证书更适用于生产型企业。

（二）制度优势

海关借助风险控制系统，选择性地确定查验对象、查验方式和查验措施。

为减少风险,海关会根据风险评估参数选择合适的查验方式和查验措施。为降低风险,海关对进出口企业实行分类管理,将企业划分为3个等级,分别是:低风险企业、中风险企业和高风险企业。

1. 经认证的经营者属低风险进出口企业

作为低风险进出口企业,经认证的经营者有权使用欧亚经济联盟关境内现行的便利化措施。这些便利化措施涉及办理部分货物通关手续、实施海关查验及其他与经认证经营者证书类型相匹配的便利化措施。

2. 第一类证书赋予经认证的经营者的便利化措施

(1) 优先办理货物抵港、货物离港、货物申报和货物放行等通关手续。

(2) 经认证的经营者自理报关办理货物转关运输手续时,免于提交法定应当提交的关税、其他税收、特别关税、反倾销税、反补贴税等税费付款保证金。

(3) 经认证的经营者自理报关办理货物放行手续时,开展海关鉴定时,以及海关单证审核尚未结束时,免于提交法定应当提交的关税、其他税收、特别关税、反倾销税、反补贴税等税费付款保证金。

(4) 经认证的经营者自理报关办理货物放行手续时,如货物是用于国内消费的、关境内加工的、加工后国内消费的、进入自由贸易区的、进入自由贸易库的、临时进口的,可以在不支付关税、其他税费和不受《欧亚经济联盟海关法典》第120条限制的情况下,在未报关的情况下,办理货物放行手续。

(5) 有查验指令时,优先开展海关查验。

(6) 海关承认经认证的经营者施加在运输工具货柜箱上的封志。

(7) 对经认证的经营者承运的货物,海关不指定行车路线。

(8) 优先参与海关组织实施的旨在压缩通关时间、优化通关程序的试点工作方案。

(9) 作为货物承运人的经认证的经营者,可以在不通知管辖海关和未取得管辖海关允许的情况下,对所承运的仍属海关监管货物和出口货物开展卸货、倒装及其他货物操作(但转关运输的货物除外),甚至可以更换同类型的国际运输交通工具,可以拆除海关封志。

3. 第二类证书赋予经认证的经营者的便利化措施

(1) 经认证的经营者可以在本企业所属的建筑、场所甚至是空地内临时存放其他经认证的经营者的货物。

(2) 经欧亚经济联盟成员国本国法律的允许,经认证的经营者可以在本企业所属的建筑、场所甚至是空地内临时存放非经认证的经营者企业的货物。

(3) 货物一旦运入并存储在设立在经认证的经营者所属的建筑、场所甚至是空地内的海关监管区,转关运输货物的海关查验和结关手续都在经认证的经营者的上述场所内进行。

（4）在经认证的经营者所属的建筑、场所和空地上开展海关查验。

（5）如果货物所在地海关与实际办理货物申报和结关手续的海关为欧亚经济联盟同一成员国内的海关机构，经认证的经营者可以选择在非货物所在地海关办理货物申报和结关手续。成员国海关法另有规定的，按照规定执行。

（6）经认证的经营者可以使用海关封志。

（7）经认证的经营者自理报关办理进口关税缴付业务时，超期未缴纳进口关税的可以不必提交保证金。

此外，还可以享受第一类证书的下列便利化措施：

——报关前放行货物。

——经认证的经营者自理报关办理货物放行手续时，开展海关鉴定时，以及海关单证审核尚未结束时，免于提交法定应当提交的关税、其他税收、特别关税、反倾销税、反补贴税等税费付款保证金。

——有查验指令时，优先开展海关查验。

4. 第三类证书赋予经认证的经营者的便利化措施

可以享受上述两类证书能够享受的所有便利化措施。

（三）法人资格

申请加入经认证的经营者名录的企业，必须是依照白俄罗斯相关法律成立的法人组织。

1. 一般要求

（1）递交申请时和资格审核期间，法人组织不得重组、灭失或者破产。

（2）法人未享受税收便利化措施。

（3）法人不得为下列组织：

①国有企业；

②海关所属的组织和企业；

③海关所属的组织和企业直接或者间接参股的组织；

④因违反规定，被经认证的经营者名录除名未满1年的企业。

⑤与因违反规定被经认证的经营者名录除名未满1年的企业有连带关系的企业。

（4）法人代表和法人组织的会计师无未撤销的违反刑法的犯罪前科。

2. 第一类经认证的经营者证书企业申请条件

（1）从事外经贸活动或者与海关业务相关的代理报关企业、海关监管仓库经营者和海关临时监管库经营者等从事相关活动3年以上，或者在海关受理申请时从事海关监管货物运输业务已满2年的企业。

（2）从事外贸活动的企业、运输企业、代理报关企业、海关监管仓库和海关临时监管场所经营者每年报关单数量、进出口货值和存储货物价值必须达到规定额度。

（3）提供规定数额以上的保证金。

（4）截至海关受理申请之日，申请企业在欧亚经济联盟所有成员国无在规定期间内未缴纳的关税、其他税收、保障措施关税、反倾销税、补偿关税、罚金和利息等记录。

（5）截至海关受理申请之日，申请企业在白俄罗斯无未支付法定税费。

（6）海关受理申请之日的前1年内无行政违法记录，无可导致依法不准予加入经认证的经营者名录的行政违法事实。

符合下列条件的，在海关受理申请之日的前1年内有违反海关管辖事项的行政违法记录的，仍然可以允许其加入经认证的经营者名录：

①违反海关管辖事项的行政违法行为的判决，在规定期限内已履行完毕。

②法人接受行政处罚期间，未再受到3次及以上的行政处罚。

③法人接受行政处罚期间，其罚款总额不超过规定标准。

（7）拥有申请加入经认证的经营者名录的企业10%及以上股票的自然人、法人及总会计师，不得在任何一个欧亚经济联盟成员国有海关管辖领域的刑事犯罪。

（8）申请企业应建立货物登记系统，实现以下功能：

一是对欧亚经济联盟成员国货物和联盟外货物进行分类登记；

二是海关关员可以登录企业货物登记系统；

三是对信息保护实施全程监控。

3. 第二类经认证的经营者证书企业申请条件

（1）除每年报关单数量、进出口货值和存储货物价值必须达到规定额度外，其他的与第一类经认证的经营者证书企业申请条件要求相同。

（2）申请企业的财务状况，要符合2017年9月15日欧亚经济委员会通过的第65号决议"关于经认证的经营者申请企业财务状况认定方法及达到财务状况稳定和允许加入经认证的经营者名录最低资金额度标准"的有关要求。

如果申请企业的财务状况无法满足决议中关于加入经认证的经营者名录最低资金额度标准的要求，允许加入经认证的经营者名录的条件是：提供不少于规定金额的保证金，并至少满足下列两个条件中的一条：

一是申请企业为汽车、拖车、半挂车的生产厂家，且每年的生产量不低于规定数量；

二是申请企业开展业务活动的标准和数据，符合白俄罗斯政府的有关规定。

（3）自有、经营、管理或者租赁用于存储商品所需的建筑、场所或露天场地。如果是租赁建筑、场所或者露天场地，那么在递交申请时，租赁合同的租赁期要在一年以上。

（4）要符合欧亚经济委员会2017年10月3日通过的第131号决议"关于明确对开展储存货物、转关货物结关、海关查验等业务的建筑、场所和露天场地的要求，明确对申请企业运输工具和员工的要求"中的相关要求。

4. 第三类经认证的经营者证书企业申请条件

（1）企业获得第一类或者第二类证书至少2年以上，方可向海关递交颁发第三类"经认证的经营者"证书的申请。在至少2年期限中，应将因违反《欧亚经济联盟海关法典》有关规定而暂停证书的时间剔除，特殊情况除外。

（2）其他方面与第一类"经认证的经营者"证书企业申请条件一致。

第三节 预先信息和运输工具抵达申报

一、预先信息申报

（一）概念

预先信息是指进出境运输工具及所载货物、物品、人员的相关信息，即运输工具信息及舱单信息。

（二）分类

按照申报的目的，预先信息分为两类：第一类是海关用于评估风险，并据此确定适用海关监管方式及采取保障措施的预先信息；第二类是为了加快实施海关作业，以提升通关效率的预先信息。

第一类信息是申报人在入境前必须提交的；第二类信息是基于申报人意愿，自愿选择申报的。

（三）申报要求

根据运输方式不同，预先信息在申报时限、申报内容和申报方式等方面适用不同的申报要求。

（四）海关处理

海关受理预先信息后，系统自动生成预先信息申报号。若申报人提交的预先信息不符合申报要求,包括内容、结构、格式、语言等项目,则海关拒绝受理,申报人会收到载有具体不予受理原因的电子回执。

被海关受理的预先信息,海关信息系统自受理之日起保留30个自然日,期满后作废。

二、运输工具申报

货物在入境后,承运人及其代理人根据不同运输方式,按照时限要求,提交与该运输方式相对应的信息,向海关申报。

运输工具入境时,承运人需以电子形式向海关申报,提交的信息包括:一是证明遵守禁止和限制规定的单证和信息;二是如果申报过预先信息,需要提供预先信息申报号;三是需要转运的货物,需要提交转运申报单。

第四节 临时存储

一、概念

货物临时储存,指依照所申报的海关监管方式,在海关放行进口货物前或者在实施欧亚经济联盟海关立法规定的其他行为前,不缴纳关税、进口环节税,在临时储存地点并在海关监管下储存进口货物。

对管道运输和输电线路输送的货物不适用临时储存。

货物所有人或其代理人,在临时储存货物放行前无权使用临时储存货物,包括从临时储存地点区域运出。

二、临时储存地点

临时储存仓库和依照欧亚经济联盟成员国立法规定的其他地点是货物临时储存地点。临时储存地点应符合所在地、建设和装备的规定要求。

临时储存地点是海关监管区。可能对其他货物造成损害的货物,或者要求特别储存条件的货物,应储存在专门适合储存这些货物的临时储存地点。

三、递交和登记单证

为了将货物临时储存,承运人、货物所有人或其代理人应向海关提交运输单据、商业单据，以及载有货物名称、发货人、收货人、货物起运国和目的国信息的海关单证。这些单证可以以电子文件形式向海关提交。

海关在单证递交后 1 小时内登记单证，并出具登记单证的证明。自海关登记之日起，货物视为处于临时储存状态。

四、临时储存期限

货物临时储存期限为 2 个月。根据货物所有人或其代理人的书面申请，海关可延长期限。

货物临时储存的最长期限不得超过 4 个月；对在国际邮政交换机构储存的国际邮件，以及旅客没有收到或者没有领取的通过航空运输运送的行李，为 6 个月。

对一些种类的货物，欧亚经济委员会可以规定短于规定期限的临时储存期限。

货物（物品）临时储存期限自海关登记为将货物临时储存提交单证之日的次日起予以计算。

货物（物品）临时储存期限届满后，对没有向海关申报采取相应监管方式进行监管的货物，由海关依照规定予以扣留。

五、对临时储存货物的作业

货物所有人或其代理人有权对临时储存货物实施为不改变其状态、保障其完好无损所必需的常规作业，包括查看和测量货物，在临时储存区域内搬移货物。经海关许可还可以提取货物的试样和样品，修复破损包装，以及将货物准备随后运输所必需的作业。

如果实施这些作业可能导致货物灭失或者其状态发生改变，则海关拒绝实施作业。

六、税款缴纳

货物在存放在临时储存仓库前灭失的，除不可抗力或者在正常运送和储存条件下自然损耗而损毁外，由货物所有人或承运人在灭失之日缴纳关税。此日不能确定的，则在海关对货物提交的临时储存单证进行登记之日缴纳关税。

货物在存放在临时储存仓库前，如果未经海关许可将临时储存的货物交付给收货人或者其他人,则由货物所有人或承运人在此交付之日缴纳关税。此日不能确定的,则在海关对货物提交的临时储存单证进行登记之日缴纳关税。

货物在存放于不是临时储存仓库的地点前灭失的,除不可抗力或者在正常运送和储存条件下自然损耗而损毁外,由对在不是临时储存仓库的地点实施货物临时储存的人在灭失之日缴纳关税。此日不能确定的,则在海关对货物提交的临时储存单证进行登记之日缴纳关税。

货物在存放于不是临时储存仓库的地点前,如果未经海关许可将临时储存的货物交付给收货人或者其他人,则由对在不是临时储存仓库的地点实施货物临时储存的人在此交付之日缴纳关税。此日不能确定的,则在海关对货物提交的临时储存单证进行登记之日缴纳关税。

存放在临时储存仓库或者不是临时储存仓库地点的货物灭失的,除不可抗力或者在正常运送和储存条件下自然损耗而损毁外,由临时储存仓库占有人或者在不是临时储存仓库的地点实施货物临时储存的人在灭失之日缴纳关税。此日不能确定的,则由其在将货物存放在临时储存仓库或者不是临时储存仓库的地点之日缴纳关税。

如果未经海关许可将存放在临时储存仓库或者不是临时储存仓库地点的货物交付给收货人或者其他人,则由临时储存仓库占有人或者在不是临时储存仓库的地点实施货物临时储存的人在此交付之日缴纳关税。此日不能确定的,则由其在将货物存放在临时储存仓库或者不是临时储存仓库的地点之日缴纳关税。

临时储存货物进口关税、进口环节税,应当参照一般贸易进口货物,采用应当缴纳税款之日实施的进口关税和进口环节税的税率、汇率和结合实物物理特性(包括数量、质量、体积或者其他特性)核定的海关完税价格计算税款。

第五节 申 报

一、概述

在货物(物品)进出境等按照海关规定需要缴纳税费并办理相关海关通关手续时,货物(物品)申报人应当向海关申报。向海关申报的行为由申报人或者其代理人实施,申报人或者其代理人应使用报关单证以书面或电子形式向海关申报。

二、报关单种类

在向海关申报货物（物品）时，根据海关监管对象分别采用下列种类的报关单证：货物报关单、转运报关单、海关旅客申报单、运输工具申报单。

报关单证上各项目填制的信息，用于计算和征收海关税费及进行海关统计等，实际申报中可经海关批准减少部分项目信息的填制。特殊情况下，可以使用运输单证、商业单证等作为报关单证。

申报人递交书面形式的报关单证时，应一并向海关提交报关单证的电子副本，并保证电子副本与报关单证完全一致。

三、货物报关单

在向海关申报货物时（转运货物除外），应向海关提交货物报关单。

（一）货物报关单填制的主要内容

在货物报关单中应填制以下主要内容：

1. 海关监管方式。
2. 申报人、报关代理人的信息，以及发货人和收货人的信息。
3. 运输工具信息。
4. 货物信息，包括：
（1）商品名称；
（2）商品详细情况描述；
（3）商品归类编码；
（4）原产地；
（5）起运国（目的国）名称；
（6）包装种类、数量；
（7）商品数量；
（8）海关价格；
（9）统计价格。
5. 计算海关税费的信息：
（1）关税、进口环节税税率和海关收费费率；
（2）适用缴纳海关税费的优惠措施；
（3）所计算的关税、进口环节税和海关收费数额；

(4) 为计算海关税费适用的汇率；
(5) 对外经济交易合同；
(6) 证明遵守限制性规定的信息；
(7) 货物生产商的信息；
(8) 证明遵守海关监管的信息；
(9) 相关随附单证；
(10) 货物报关单填制人的信息；
(11) 货物报关单填制的时间和地点。

（二）货物报关单的随附单证

在向海关申报递交报关单证的同时，应一并向海关提交填制报关单证所依据的相关随附单证。随附单证包括：

1. 证明报关单证递交人权限的单证；
2. 证明实施对外经济贸易行为的单证；
3. 相关运输单据；
4. 证明遵守禁止和限制规定的单证；
5. 证明遵守反倾销、反补贴、保障措施限制的单证；
6. 证明货物原产地的文件；
7. 证明所申报商品归类编码的单证；
8. 证明缴纳或担保缴纳海关税费的单证；
9. 证明采取优惠税率或减免税费权利的单证；
10. 证明变更关税、进口环节税缴纳期限的单证；
11. 证明货物（物品）海关完税价格或确定货物海关完税价格方法的单证；
12. 证明遵守外汇监管领域要求的单证；
13. 如为公路运输的海关转运货物，则应递交经营国际运输工具的登记证明文件及所属国籍等。

随附单证的信息，应足以满足报关单证填制所需的全部要求。如果申报人在向海关申报时无法提交某些必备的随附单证，可以向白俄罗斯海关提交申请说明理由，经海关批准后，可在货物放行前提交这些单证。特殊情况下可在货物放行后提交这些单证。

在向海关申报时，应提交随附单证的原件或其副本，如提交副本，则应保证与原件完全相符。申报时，可以使用联盟成员国国家语言或其他外语制作的随附单证，对此类单证，申报人应对随附单证中的内容进行翻译。

四、转运报关单

海关转运货物应向起运地海关提交转运报关单。
转运报关单应申报填制下列信息：
1. 根据运输单据规定的发货人、收货人；
2. 货物起运国、指运国；
3. 申报人；
4. 承运人；
5. 用于运送货物的运输工具；
6. 商业单据、运输单据载明货物的名称、数量和价值；
7. 至少前 6 位数的商品编码；
8. 货物的毛重或体积，以及以其他规定计量单位表示的货物数量；
9. 件数；
10. 运输单据规定的货物目的地；
11. 证明货物进出海关边界遵守有关限制规定的单证；
12. 在途中计划对货物进行的换装或者货运作业的信息。

申报人可使用载有转运报关单所应申报信息的运输单据作为转运报关单，此类运输单据包括运输凭证、商业单据和其他单证等。如果作为转运报关单的运输单据不具有全部完整的信息，那么缺少的信息应在转运报关单随附的单证中予以载明。

五、递交报关单证的期限

进口到联盟关境货物的报关单证应在货物临时储存期限届满前递交。联盟关境出口货物的报关单证在其离开联盟关境前递交。

涉嫌走私、违规的货物，对其已作出返还决定且依据规定应向海关申报的，应在下列决定发生法律效力之日起 30 日内递交报关单证：
1. 法院免除刑事、行政责任的决定；
2. 海关作出的免除行政责任的决定；
3. 法院或者海关终止刑事、行政案件诉讼程序的决定；
4. 法院或者海关追究行政或者刑事责任的决定。

如果上述货物未在规定期限内递交报关单证，则将被扣留。

例如，某公司 2020 年 7 月 1 日进口一批货物，因涉嫌走私被移送法院处理。法院经审理认为证据不足，于 8 月 3 日作出免除刑事责任的决定，该批货物返还企业。那么根据规定，该企业应于 9 月 2 日前向海关申报，否则将被扣留。

六、报关单证的递交和登记

报关单证由申报人或者报关代理人向海关递交。报关单证、其电子副本和所必需的随附单证递交的日期和时间由海关记录。海关在递交报关单证之时起，不超过 2 个小时期限内，登记或者拒绝登记报关单证。

出现下列情况时，海关拒绝登记报关单证：报关单证递交给没有权限登记的海关；报关单证不是由被授权人递交的；在报关单证中没有载明规定的信息；报关单证没有签字或者填制不规范。

对于拒绝登记报关单证的，此报关单证视为没有递交，应由海关公职人员制发书面文书并写明拒绝的原因。如果拒绝登记报关单证，则应把报关单证和所提交的随附单证退还给申报人或者报关代理人。

自登记之时起，报关单证成为证明具有法律意义事实的文件。

七、报关单证的修改

根据申报人申请，并经海关同意，可以在货物放行前对报关单证中的信息进行修改或补充。报关单证的修改和补充不得影响货物的放行决定，不得修改影响税费及禁限规定的信息。

申报人在未收到海关作出的查验通知书及关于实施其他方式海关监管的决定之前，可以对报关单证进行修改。

八、报关单证的撤销

根据申报人的书面申请，已登记的货物报关单证，在海关作出货物放行决定前，申报人可以撤销。如果撤销报关单证，新的报关单证应在货物临时存储期限内递交。如果在规定的期限内没有递交报关单证，货物由海关予以扣留。

九、向海关提前申报货物

外国货物在其进口到联盟关境前可以递交报关单证。申报时，应使用运输单据（运输凭证）或者随货同行的商业单据的副本或者这些单证的电子信息。向海关呈验货物后，应将这些单证副本中所载的信息与在单证原件中所载的信息进行比对。

向海关提前申报时，在货物进口到联盟关境之前和在货物向海关呈验之前，对申报人不可能知悉的信息，在报关单证中可以不填。在作出货物放行决定前，这些信息应添加到报关单证中。

如果对货物的价值、数量或者重量进行变更，这些价值、数量或者重量与先前根据运输单据（运输凭证）或者商业单据副本申报的不相同，则必须提交证明价值、数量或者重量变更的单证。

如果货物进口到联盟关境后，申报人发现价值、数量或者重量与先前申报的不相同，申报人有权撤销报关单证。

在报关单证登记之日的次日起30个自然日内，如果货物没有向登记报关单证的海关呈验，或者在此期限内实施了禁止和限制规定，则海关拒绝放行这些货物。

第六节 商品归类、海关估价和原产地认定

一、商品归类

（一）归类依据

《欧亚经济联盟对外经济活动统一商品目录》是关于商品描述和编码的制度，用于对商品进行归类，以适用关税调节措施、出口关税、禁止和限制规定、内部市场保护措施及编制海关统计。

世界海关组织的《商品名称及编码协调制度》和《欧亚经济联盟对外经济活动统一商品目录》是《白俄罗斯对外经济活动商品目录》的国际基础。

（二）归类主体

在向海关申报时，申报人和其他人依照《白俄罗斯对外经济活动商品目录》实施商品归类。

无论是在货物或物品放行前还是放行后，海关发现商品归类不准确时，则作出商品归类决定。

（三）归类决定

为了确保统一适用《白俄罗斯对外经济活动商品目录》，欧亚经济委员会

根据海关提议，对一些种类货物作出归类决定。归类决定以委员会决定形式作出。成员国海关自行作出的归类决定与委员会归类决定不符时，以委员会归类决定为准。

（四）商品归类预先决定

1. 作出商品归类预先决定的申请

海关根据申请人以电子文件或者纸质文件形式递交的申请作为商品归类预先决定的申请。申请应载有完整的商品名称、公司名称（商标）、货物主要的技术和商业特征，以及能准确对商品进行归类的信息。必要时，应提供货物的样品和试样、照片、图片、示意图、产品证书和作出商品归类预先决定所必需的其他文件。

如果申请人提交的信息不足以作出商品归类预先决定，海关在不晚于自海关登记作出商品归类预先决定申请之日起 30 个自然日内向申请人发出需要提交补充信息的要求。

补充信息应在不晚于自海关登记向申请人发出需要提交补充信息要求之日起 60 个自然日内提交。

如果在规定期限内没有提交补充信息，或者所提交的补充信息不具有能作出商品归类预先决定的信息，海关则拒绝作出此商品归类的预先决定，并将此告知申请人，同时指明拒绝原因。

2. 作出商品归类预先决定的期限和有效期

商品归类预先决定不晚于自海关登记作出商品归类预先决定申请之日起 90 个自然日内作出。需要提交补充信息的，申请人提交补充信息的时间予以扣除。

商品归类预先决定自作出之日起 3 年内有效。

3. 商品归类预先决定的变更

海关或申请人发现在作出商品归类预先决定时犯有不影响依照《白俄罗斯对外经济活动商品目录》确定的商品编码信息的错误时，应作出对商品归类预先决定进行变更的决定。对商品作出商品归类预先决定进行变更的决定，自作出此商品归类预先决定之日起生效。

4. 商品归类预先决定的终止

在下列情形下，作出终止商品归类预先决定效力的决定：

（1）海关查明，为了作出此商品归类预先决定，申请人提供了具有不真实或不完整信息的文件、伪造的文件或者不真实和不完整的信息。

（2）海关发现在作出此商品归类预先决定时犯有影响依照《白俄罗斯对外经济活动商品目录》确定的商品编码信息的错误。

在第（1）项规定情况下，终止商品归类预先决定效力的决定自作出此商品归类预先决定之日起生效。

在第（2）项规定情况下，终止商品归类预先决定效力的决定自作出终止此商品归类预先决定效力决定之日起生效。

在第（2）项规定情况下，海关应在自作出终止商品归类预先决定效力之日起不晚于10个工作日内，根据申请人在递交作出商品归类预先决定申请时提交的信息作出新的商品归类预先决定，并自其作出之日起生效。

5. 商品归类预先决定的撤销

在下列情形下，作出撤销商品归类预先决定的决定：

（1）对《白俄罗斯对外经济活动商品目录》进行变更，且这些变更对已作出此商品归类预先决定的商品归类有影响；

（2）委员会对一些种类货物（物品）作出归类决定，导致对在此商品归类预先决定中载明的商品归类变更；

（3）海关依照《欧亚经济联盟海关法典》对一些种类货物（物品）作出归类决定或者归类解释，导致对在此商品归类预先决定中载明的商品归类变更；

（4）世界海关组织作出的其成员采用的商品归类决定。

在第（1）、（2）、（3）项规定情况下，海关不晚于委员会相应决定或相应归类决定及归类解释正式公布之日起30个自然日内作出撤销商品归类预先决定的决定，且自委员会和相应归类决定及归类解释决定生效之日生效。

6. 相关要求

对商品归类预先决定进行变更的决定、终止商品归类预先决定效力的决定和撤销商品归类预先决定的决定，不晚于作出这些决定之日的次日起发送给申请人，并指明作出这些决定的原因。

商品归类预先决定中的信息应在联盟官方网站上刊载，但国家秘密、商业秘密、银行秘密及其他受法律保护的秘密的信息，或者其他涉及利害关系人的机密信息除外。

二、海关估价

（一）进口货物海关完税价格的调整

海关机构对作出货物海关完税价格判定的货物放行后，在海关监管中发现货物海关完税价格的信息不准确时，包括货物海关完税价格的确定方法不正确或者货物海关完税价格计算不当，海关机构应决定调整货物的海关完税价格。

该决定可以是关于海关检查报告决定或者关于收取海关税费、利息、滞纳金的决定的组成部分,并应包括下列信息:

1. 决定调整货物海关完税价格的海关机构名称;

2. 申报人及其报关代理人的姓名、父称;

3. 货物报关单编号,根据货物报关单作出货物海关完税价格调整决定的货物序列号;

4. 作出决定的理由;

5. 符合进出欧亚经济联盟关境的货物海关完税价格和确定方法,以及海关机构据此确定货物海关完税价格的信息来源;

6. 申报人及其报关代理人调整货物海关完税价格、根据调整后的海关完税价格支付关税和进口环节税的期限。

(二)出口货物海关完税价格的确定

1. 从白俄罗斯共和国境内出口时,进出欧亚经济联盟关境的货物的海关完税价格,根据货物的交易价格确定,即实际支付或应支付的出口货物的价格。

2. 出口货物的海关完税价格包括买方发生的,但不包括在交易价格中的费用,其中包括:

(1)代理佣金和经纪人佣金;

(2)外包装费用,如果与出口货物作为一个整体审查的话;

(3)内包装费用,包括包装材料和包装工作的费用;

(4)买方无偿或降价直接或间接向卖方提供的下列货物和服务价值的相应部分,用于进行出口货物的生产和销售:作为出口货物组成部分的原材料、零件、半成品和其他配件;出口货物生产时使用的工具、模件、模具和其他类似物品;出口货物生产所用的辅助材料;工程设计、试验设计工作、设计、艺术设计、草图和图纸;

(5)买方必须直接或间接支付的知识产权项目的许可费和其他使用费,以此作为购买出口货物的条件;

(6)从白俄罗斯共和国境内出口货物后,买方直接或间接向卖方进行货物转售、转让或使用所得的部分收入;

(7)根据白俄罗斯税收法规或白俄罗斯的国际条约,在白俄罗斯境内征收的进口环节税、规费(海关税费除外),在从白俄罗斯境内出口货物时不予补偿卖方。

3. 如果无法根据实际成交价格确定货物的海关完税价格,则出口货物的海关完税价格应根据申报人提供的反映出口货物生产和销售成本的卖方会计核算数据,以及卖方从白俄罗斯境内出口上述货物时获得的利润数额来确定,或者根据接收出口货物进行会计核算和注销的会计核算数据来确定。

4. 如果无法根据第3项确定出口货物的海关完税价格，则出口货物的海关完税价格应根据相同或类似货物的价格信息确定，或者根据相同或类似出口货物的价值核算，同时考虑第2项所列的费用。

5. 对于未规定从价税率或综合出口税率的货物，在办理出口监管制度、暂时出境监管制度时，不确定或不申报这些货物的海关完税价格。

6. 出口货物海关完税价格确定系统的使用程序、海关完税价格的申报程序和条件由白俄罗斯政府决定。

（三）由海关机构确定货物的海关完税价格

货物的海关完税价格由海关机构根据欧亚经济联盟海关法规确定。

海关机构在确定货物的海关完税价格时，既可以利用申报人提供的价格信息，也可以利用海关机构掌握的价格信息，包括之前放行的货物的信息。

1. 海关确定完税价格的规定

为确定海关完税价格，海关机构掌握的关于之前放行的货物的价格信息按以下程序使用：

首先选择相同的货物，然后是同类货物。如果没有同类货物，则选择同等级或同形式生产的同类或同系列货物、在市场上声誉大致相同的货物。为确定海关完税价格而选择的货物必须以与所评估货物相当的数量进口。在这种情况下，可以使用以更大数量进口的货物的价格信息来确定少量进口货物的海关完税价格。

确定货物的海关完税价格时，使用与所选货物平均价格水平相符的价格作为基数。在确定货物的海关完税价格时，应根据货物交付条件，并考虑到进出欧亚经济联盟关境的货物海关完税价格的要求，对这一数值进行调整。

平均价值是指海关机构为确定货物的海关完税价格而选择的大多数货物的海关完税价格。

如果海关机构掌握的关于之前放行的货物的价格信息不符合上述规定的标准，则不能用这些信息来确定货物的海关完税价格。

2. 海关完税价格确定时限

如果没有申报货物的海关完税价格，包括货物非法通过欧亚经济联盟关境时，则货物的海关完税价格应由海关机构在关税、进口环节税支付义务产生之日确定。

（四）检查货物海关完税价格时办理的海关业务

在检查货物的海关完税价格时，海关机构工作人员根据风险管理系统的使用结果选择应办理的海关业务。在海关申报时货物海关完税价格的检查通过在货物海关完税价格检查时办理的主要和附加海关业务来实现。

1. 主要海关业务

货物海关完税价格检查时办理的主要海关业务有：

（1）检查申报人是否正确选择和使用了进口货物海关完税价格的确定方法。

（2）检查出口货物海关完税价格确定方法的正确性。

（3）检查申报人是否正确确定了货物海关完税价格的结构。

（4）检查货物海关完税价格的文件证明。同时，申报人应对申报的货物海关完税价格证明文件中所列信息的可靠性负责。

2. 附加海关业务

货物海关完税价格检查时，办理的附加海关业务包括：

（1）检查申报人是否正确地确定了货物的海关完税价格；

（2）对申报人申报的货物海关完税价格与海关机构掌握的价格信息进行比较。

3. 检查程序和要求

在海关申报时通过办理主要和附加海关业务实现货物海关完税价格检查的货物的类别，是通过风险管理系统确定的。对于其他类别的货物，在海关申报时，通过办理主要的海关业务来检查货物的海关完税价格。这些货物在海关放行后，海关按照《欧亚经济联盟海关法典》的规定，根据目标明确原则、部分业务和检查对象可选择性原则，对其海关完税价格进行检查。

根据《欧亚经济联盟海关法典》进行附加检查时，申报人未能提交所要求的与评估货物批次没有直接关系的文件，或者由于客观原因无法提交这些文件，而且提交的文件中缺少某些信息，如果白俄罗斯或签发文件的国家的法规没有规定这些文件的填写程序，则不能作为拒绝申报人申报的货物海关完税价格的理由。

申报人未能提供所要求的文件的客观理由，指的是提供文件，证明所要求的文件不适用于交易双方的商业惯例或者不存在。

如果因预计违反了欧亚经济联盟海关法规及白俄罗斯海关管理法规，海关机构对申报人提供的关于货物发出国、原产国、过境国文件和资料的真实性和可靠性有疑问，可以向有关国家的海关机构或其他主管当局询问。

（五）申报人在海关机构进行货物海关完税价格检查时的权利和义务

1. 申报人的权利

（1）在海关机构怀疑货物海关完税价格的可靠性时，证明其所提供的文件和资料的真实性；

（2）在附加检查时，对货物办理申报的监管制度，但须提供关税和进口环节税支付担保；

（3）对海关机构关于确定货物海关完税价格的决定提出上诉。

2. 申报人的义务

（1）根据可靠、有文件证明的信息，申报货物的海关完税价格，并提供与货物海关完税价格确定有关的信息；

（2）根据海关机构的要求，向海关机构提交必要的文件和资料，以证明申报的货物的海关完税价格；

（3）支付因向海关机构提交必要文件和资料所产生的一切费用。

三、原产地认定

（一）定义

货物原产地，是指按照欧亚经济联盟海关立法规定的标准，货物完全在其生产或者在其充分加工的国家。如果为了确定货物原产地的目的需要对其进行区分，那么货物原产地可以是指多国集团，或者国家间的关税联盟，或者一个国家的某一地区或某一部分。

对进口到白俄罗斯的货物确定原产地，是为了采取关税调节和非关税调节措施。

从白俄罗斯境内出口的货物，如果货物进口国的国家条例规定了其他确定货物原产地的条件，则可以根据货物进口国的国家条例确定原产国。

（二）白俄罗斯原产货物的规定

如果货物完全在白俄罗斯境内加工和制造，或者符合《欧亚经济联盟海关法典》规定的充分加工或再加工标准，则白俄罗斯被视为货物的原产地。

1. 完全获得

下列货物视为在白俄罗斯共和国完全获得：

（1）从白俄罗斯矿藏、其境内或水体（包括其底部）或从白俄罗斯境内的大气中开采的自然资源（矿产和矿产品、水、土地、大气资源）；

（2）在白俄罗斯种植或收获的植物产品；

（3）在白俄罗斯出生和生长的动物；

（4）从白俄罗斯出生和生长的动物中获得的产品；

（5）从在白俄罗斯狩猎和捕鱼中获得的产品；

（6）白俄罗斯船只或白俄罗斯个人租赁（包租）的船只获得的海洋捕捞

产品和其他海洋产品;

（7）在白俄罗斯加工船或白俄罗斯个人租赁（包租）船舷端获得的产品;

（8）如果白俄罗斯或白俄罗斯个人拥有开采该海底或这些海洋矿藏的专属权，则从海底或海洋矿藏获得的产品;

（9）白俄罗斯生产作业或其他加工作业产生的废物和废料（二次原料），以及在白俄罗斯收集的只能加工成原料的旧产品;

（10）如果白俄罗斯是有关航天器的登记国，则在外层空间物体上获得的高科技产品;

（11）在白俄罗斯生产的货物，包括由完全获得的物品制成的货物。

2. 充分加工和再加工

除完全获得货物外，符合以下标准的货物，可视为在白俄罗斯充分加工或再加工:

（1）通过加工或再加工，所得货物按《白俄罗斯对外经济活动商品目录》的编码与制造该货物时所使用的外来材料编码不同。

（2）满足某些生产或工艺操作的必要条件，足以使货物被视为来自白俄罗斯。

（3）货物价值发生变化，如果使用的外国材料价值的百分比不超过最终产品价格的50%，或者附加值的百分比超过最终产品价格的50%。

为适用充分加工或再加工标准，采用下列术语和定义:

外国材料，指非白俄罗斯原产材料或未确定原产地的材料;

附加值，指货物价值的百分比，由最终产品价值与生产所用外国材料价值之间的差额决定;

外国材料的价值，指进入欧亚经济联盟关境时，进口材料的海关完税价格;

最终产品价格，指向货物生产商支付的价格，减去出口时可以退税或补偿的所有国内税。

下列作业视为不符合货物充分加工或再加工标准:

（1）在储存或运输过程中保证货物完好性的作业;

（2）货物出售和运输准备工作（批次划分、发货整理、分拣、重新包装）、拆包装和装配作业;

（3）洗涤、清洗、除尘，用氧化膜、油或其他物质敷层;

（4）熨平或压制纺织品（各种纤维和纱线、各种纤维和纱线的纺织材料及其制品）;

（5）油漆或抛光作业;

（6）谷物和稻米的去壳、部分或全部漂白、磨光和抛光;

（7）糖上色或制成糖块作业;

（8）去果皮，取出种子，切开水果、蔬菜和坚果;

（9）不会造成所得到部件与原始货物有重大差异的磨刃、修磨或切割；

（10）过筛或筛分、分选、分类、选择、挑选（包括产品组合）；

（11）倒出和装入罐子、瓶子、袋子、箱子等简单的包装作业；

（12）简单的货物各部分装配或拆卸作业；

（13）将产品分为多个部件，且不会导致所得的部件与原产品有重大差异；

（14）将产品（部件）混合在一起，不会使所得产品与原始组件有重大差异；

（15）宰牲畜，分割（分选）肉类；

（16）上述两种或两种以上作业的组合。

（三）货物原产地的证明

为了证明货物原产地，海关有权要求提供证明货物原产地的文件。货物原产地申报单或者货物原产地证书是证明货物原产地的文件。

货物原产地申报单是指制造商、销售商或发货人因出口货物制作的载有能确定货物原产地信息的货物原产地的声明。

如果在货物原产地申报单上货物原产地信息基于的标准与调整货物原产地确定规则的欧亚经济联盟成员国国际条约规定的标准不同，则货物原产地按照这些国际条约规定的标准予以确定。

货物原产地证书是指由货物原产地或者出口国的被授权机构或组织签发的明确证明货物原产国的文件。

从白俄罗斯境内出口到欧亚经济联盟关境外的货物的原产国，通过白俄罗斯工商会签发的货物原产地证明书来确认。白俄罗斯工商会自货物原产地证书签发之日起至少保存原产地证书副本和其他证明货物原产地所依据的文件3年。

如果在货物原产地证书中货物原产地信息基于的标准与调整货物原产地确定规则的欧亚经济联盟成员国国际条约规定采用的标准不同，则货物原产地按照这些国际条约规定的标准予以确定。

如果货物原产地证书的制作违反欧亚经济联盟海关立法对其制作和填写规定的要求，则海关独立作出拒绝作为给予税率特惠根据的决定。

在实施海关监管时，海关有权要求签发货物原产地证书的一国被授权机构或组织提供补充文件或者更为确切的信息。

（四）货物原产地证明文件的提交

在货物进口到欧亚经济联盟关境时，如果对进口货物给予关税优惠，则必须提交货物原产地的证明。证明货物原产地的文件应在提交报关单证的同时一并向海关提交。同时，给予税率特惠可能要求必须提供按照欧亚经济联盟成员国立法和欧亚经济联盟成员国国际条约规定格式的货物原产地证书。如果原产地证书遗失，则可接受其官方核证的副本。

如果发现影响关税、进口环节税税率和非关税调节措施适用的所申报的货物原产地信息存在不真实的迹象，则海关有权要求提供证明货物原产地的文件。

下列情形不需要提供证明货物原产地的文件：

1. 如果进口到欧亚经济联盟关境的货物申报为海关转运或者完全免缴关税、进口环节税的暂时进口海关制度，但海关发现根据欧亚经济联盟海关立法或者欧亚经济联盟成员国立法规定，货物原产地为其货物禁止进口到欧亚经济联盟关境或者禁止通过欧亚经济联盟领土过境的国家迹象的情形除外；

2. 自然人携运物品进出海关边界；

3. 如果同一发货人在同一时间以同一方式发运给某一收货人的进出海关边界货物的海关总价格不超过欧亚经济联盟委员会规定的免税金额。

（五）缺失原产地证明文件的货物的税款缴纳规定

缺失证明原产地的文件的货物，按照最惠国税率缴纳关税。

如果海关发现缺失证明原产地文件的货物，其原产地可能是与其相互不给予最惠国待遇条约义务的国家，则对该货物按照普通税率缴纳关税，或者缴纳关税的担保。

如果海关发现缺失证明原产地文件的货物的原产地可能是来自有限制规定的国家，则申报人提供证明遵守所规定限制的文件，或者提供缴纳保障措施关税、反倾销税或反补贴税担保。

海关发现缺失证明原产地文件的货物原产地可能是禁止将货物进口到欧亚经济联盟关境的国家，则禁止进境。

如果自海关登记报关单证之日起 1 年内证明了这些货物原产地，则适用给予税率特惠待遇或者最惠国待遇。已缴纳的进口关税税额应予以退还，已缴纳的保证金予以核销。

（六）原产地的海关检查

白俄罗斯工商会签发的原产地证明和货物原产地申报单的后续检查，由白俄罗斯海关委员会根据进口国授权机构的请求进行。

海关机构在货物放行前或放行后对货物原产地确定的正确性进行海关检查，以确保货物原产地真实，遵守海关关税和非关税调控措施。海关机构在对货物原产地确定的正确性进行海关检查时，使用风险管理系统。

在对货物原产地确定的正确性进行海关检查时，海关机构通过将货物原产地信息、货物的内包装和外包装、标牌、标签、唛头，以及技术合格证及其他文件、货物原产地申报单或原产地证明中的信息进行比较，以核实货物原产地信息的可靠性。

如果提交的文件中关于货物原产地的信息相互矛盾，或者这些信息与货物的原产地不一致，则认为货物原产地不明。

（七）初步判定

海关机构根据有权作为货物申报人的个人提交的书面申请，对货物原产地作出初步判定。

申请人向白俄罗斯海关委员会指定的海关申请作出货物原产地初步判定。申请书应包括货物的完整商业名称、商标名称、主要技术和商业特性，包括用途、等级、品牌、型号、货号、货物制造材料、功能、单独包装和运输包装说明等。

申请书附有试验记录、货物生产国工商会或其他鉴定组织的鉴定报告、载有货物研究结果的鉴定组织的专家结论、对外经济交易证明文件、所生产货物的价值核算、货物制造工艺过程的详细说明、货物原产地证明及证明该货物在原产地已完全获得或已经充分加工或再加工的其他文件。申请书可附上货物试样和样品。

如果申请人提供的资料不足以对货物原产地作出初步判定，海关机构应在自作出货物原产地初步判定申请登记之日起30个自然日内书面通知申请人提供补充资料。补充资料应在海关机构登记申请人书面通知之日起60个自然日内提交。如果没有在规定期限内提供资料，海关机构将拒绝审查作出货物原产地初步判定。

货物原产地的初步判定，应在海关机构登记申请之日起90个自然日内作出。货物原产地初步判定自作出之日起3年内有效，除非撤销或效力终止。货物原产地的初步判定对海关机构具有约束力。

海关机构可决定终止、修改或撤销其货物原产地的初步判定。

如果海关机构发现申请人提供了伪造的文件或申报不实信息，则终止货物原产地的初步判定的效力。货物原产地的初步判定的效力终止决定自作出之日起生效。

如果海关机构或申请人在初步判定时发现错误，则应修改货物原产地的初步判定。货物原产地的初步判定的修改决定，应在该修改决定中指出的期限内生效。

如果白俄罗斯的国际条约或白俄罗斯法规规定了其他确定货物原产地的条件，则撤销货物原产地的初步判定。货物原产地初步判定的撤销决定应在白俄罗斯的国际条约或白俄罗斯法律文件正式公布之日起 30 个自然日内由海关机构作出，并与这些文件同时生效。

终止、修改或撤销货物原产地初步判定的决定，应在终止、修改或撤销货物原产地初步判定的决定作出之日后一个工作日内送交申请人。

第七节 进出口税费

一、税费构成

白俄罗斯海关税费主要由进出口关税、增值税、消费税和海关规费构成，还包括保障措施关税、反倾销税、反补贴税。

二、税款计算

一般情况下，由纳税义务人自报自缴，特殊情况下由海关计核税款，涉及货物包括涉案货物、灭失货物、未按期申报货物等。

（一）关税

白俄罗斯海关以从价或从量的方式计征进出口货物的关税。

从价计征关税的计算公式为：应纳税额＝完税价格×关税税率。

从量计征关税的计算公式为：应纳税额＝货物数量×单位关税税额。

（二）增值税

白俄罗斯对不同海关监管方式的商品实行不同的增值税管理。

1. 进口方面

对一般贸易货物，需全额缴纳增值税；对复进口货物，需缴纳这些货物出口时免缴或向其返还的那些增值税金额；对海关仓库、复出口、免税贸易、销毁、放弃收归国有货物，不缴纳增值税；对关境内加工货物，产品定期从关境运出的，不缴纳增值税；对关境外加工货物，产品运入关境的，全额或部分免缴增值税；对暂时进境货物，全额或部分免缴增值税。

2. 出口方面

对出口货物，不缴纳增值税；对海关仓库货物，加工后成品按照出口货物运出的，不缴纳增值税；对复出口货物，向纳税人返还商品运入时缴纳的增值税金额。

3. 计算公式

不征消费税进口货物的增值税=(货物完税价格+进口关税税额)×增值税税率。

应征消费税进口货物的增值税=(货物完税价格+进口关税税额+应缴消费税税额)×增值税税率。

(三) 消费税

1. 分类

进口商品的消费税分为从价、从量、从价和从量复合三种计征方式。

2. 计算公式

从价消费税=(商品完税价格+进口关税额)×消费税率/(1−消费税率);

从量消费税=商品数量×单个计量单位的商品消费税额;

从价和从量复合消费税=从价消费税+从量消费税。

三、税款缴纳期限

按照白俄罗斯海关法规定,货物应当在放行前缴纳税费。依据不同监管方式,纳税义务人缴税义务的产生、终止的缴纳期限不同。规定期限内没有履行缴纳关税、进口环节税义务时,应缴纳滞纳金。

四、税款退还

(一) 可退还情形

对于多缴纳或者多征收的关税、进口环节税,应当退还。具体情形包括:

1. 关税、进口环节税依照规定应当退还(冲销)的情形

(1) 依法确定为多缴纳或者多征收的关税、进口环节税;

(2) 缴入成员国立法规定账户的进口关税没有确定为具体货物的进口关税税额;

(3) 缴入成员国立法规定账户的出口关税、进口环节税没有确定为具体货物的出口关税、进口环节税税额;

(4) 货物依法被没收或者转变为国有财产(收入),如果对这些货物先前已履行缴纳关税、进口环节税义务;

(5) 海关放行货物时,申报人将其变更为不需要缴纳关税、进口环节税的海关监管方式，则应退还已缴纳的关税、进口环节税；

（6）经申请，申报人撤销海关申报单，则应退还已缴纳的关税、进口环节税；

（7）复出口货物已缴纳的进口税款。

2. 特殊情况

经申报人申请，海关同意修改报关单中的涉税信息，多缴纳或多征收的关税、进口环节税应予退还。

（二）退还条件及期限

1. 退还条件

海关根据规定，已接受退还关税、进口环节税情况发生的证明，并且认定税款缴纳人遵守退还关税、进口环节税规定的其他条件，已征的关税、进口环节税应予退还。

2. 退还期限

退还多缴或多征的关税、进口环节税和其他由海关负责征收的税费应到指定海关办理，自确认多缴或多征税款的次日起3个工作日内退还。

对于多征的关税、进口环节税和其他由海关负责征收的税费，应当对多征的税费金额偿付利息。利息计算时间自征收税费之日起至实际退还之日止，比率为白俄罗斯央行基准利率的三百六十分之一。

五、税款追征

（一）追征范围

在海关规定期限内，申报人如果没有履行或者没有适当履行纳税义务，海关将采取追征措施。

追征关税、进口环节税的措施包括：以缴纳人的资金、其他财产、预付款、应退税款和税款担保等缴纳税款。

（二）不采取追征措施的情形

1. 未缴纳的关税、进口环节税追征期限已过。

2. 已缴纳了关税、进口环节税，或者因其他情况，缴纳关税、进口环节税义务终止。

3. 根据法律规定无法征收的关税、进口环节税，经海关确认为不可追征。

4. 对于涉案货物，经过核查对其作出退还决定后，依照规定应当向海关申报的，自退还决定生效之日起至将货物进行临时储存或者按照一种海关监管方式进行海关监管期间，在作出退还货物决定前已产生的缴纳关税、进口环节税义务，不采取追征关税、进口环节税措施。

（三）追征关税、进口环节税的海关

实施货物放行的海关为追征关税、进口环节税的海关，特殊情况下由应当征收税款的海关负责追征，例如置于转运监管制度下的进口货物。

对非法通过联盟海关边界的货物，关税、进口环节税由在其境内发现货物非法通过联盟海关边界事实的海关追征。

在按照海关转运方式运输货物时，如果提供了缴纳关税、进口环节税义务的担保，在需要缴纳关税、进口环节税时，由收取税款担保的海关追征。

在按照海关转运方式运输货物时，如果经认证的经营者或者海关承运人是货物的申报人，在需要缴纳关税、进口环节税时，由将申报人列入经认证的经营者名录或者海关承运人名录的海关追征。

六、税款担保

（一）需担保的情形

以下情形需要向海关提供税款担保：延期或分期缴纳税款、申报前放行货物、单证审核完成前放行货物、未获得鉴定结果前放行货物、转运监管货物、关境外加工货物、货物通过非联盟成员国境内由一关境运输至另一关境。

（二）担保方式

担保方式包括：现金、银行保函、保证、财产抵押。经批准，担保人可以用另一种担保方式替换原担保方式。

（三）总担保

如果同一人在一定期间内实施数个海关作业，为了担保履行在实施所有海关作业时产生的缴纳关税、进口环节税义务，可以提供税款总担保。

在下列情形下，适用缴纳关税、进口环节税总担保：一是所有海关作业在向其海关提供总担保的成员国境内实施；二是在依照海关转运海关制度运输货物时，在数个成员国境内实施海关作业。

在总担保范围内，发生应缴而未缴关税、进口环节税情形的，由接受总担保的任一海关进行追征。

(四) 担保额度

1. 一般贸易税款担保额度。按照一般贸易监管方式应缴纳的税额予以确定，且不适用特惠关税税率和关税、进口环节税优惠政策。

2. 税款缴纳环节的担保。如果缴纳关税、进口环节税时，因品名、数量、原产地和完税价格等影响纳税金额的要素不能确定，无法确定应当缴纳的关税、进口环节税税率，则按照已有信息确定的关税、进口环节税最高税率计算关税、进口环节税额度予以确定，即从量、从价就高。

3. 完成单证审核前放行的担保额度。在计算担保额度时可以使用相同或类似货物的完税价格额度予以确定。

4. 申报前放行担保额度。按照海关同意申报前放行货物之日实施的关税、进口环节税税率计算担保额度。如果为了确定关税、进口环节税税额需要将外币折算为本国货币，按照登记递交申请之日的汇率进行计算。

七、预缴款制度

(一) 概念

预付款是为将要缴纳的关税、进口环节税、保障措施关税、反倾销税、反补贴税、海关规费、保证金、对自用商品征收的关税和进口环节税，以及缴纳其他由海关机构负责征收的税费，且缴纳人对具体货物没有确定缴纳关税、进口环节税、保障措施关税、反倾销税、反补贴税、海关规费、保证金、对自用商品征收的关税和进口环节税，以及缴纳其他由海关机构负责征收的税费具体种类和数额而提供的资金。

(二) 预付款的缴纳

预付款人将资金存入银行的白俄罗斯国库预付款专用账户，银行将到账信息上传到国家预算收入管理机构，在收到确认信息后，到账信息将体现在支付人的海关备案银行账户上。

(三) 预付款的处置和使用

在下列情形下，视为预付款人对预付款进行了处置和使用：

1. 预付款缴纳人向海关提交了报关单；
2. 暂时出境的运输工具复运进境时，产生需缴纳税款情形并向海关申报的；
3. 预付款缴纳人递交了预缴款返还申请或以预付款转作保证金申请的；

4. 预付款缴纳人收到税款催款通知，递交使用预付款申请的；

5. 预付款缴纳人递交了使用预付款缴纳管道运输货物的海关税费、利息及滞纳金申请的。

（四）预付款资金使用情况

1. 预付款人可以向海关提交申请书查询预付款资金使用情况。海关应在收到申请书次日起 20 个自然日内，向预付款缴纳人提供前 3 年预付款缴纳资金的消耗情况。

2. 预付款缴纳资金使用情况报表应包括：

（1）预付款到账金额；

（2）缴纳税费、利息、滞纳金和支付保证金等实际支出的金额及相关证明；

（3）预付款返还的金额及相关证明；

（4）预缴款剩余金额。

3. 共同对账。预缴款缴纳人对资金消耗情况报表有异议的，应与海关对资金使用情况实施共同对账，进一步确定资金消耗情况。

（五）预付款的返还

1. 申请返还期限

预付款申请人应在最后一次处置预付款次日起 3 年内提交返还申请。如果预付款未被使用过，自最后一笔预付款转入法人银行账户之日起 3 年内提交返还申请。如果该预付款由其他款项转入，自款项转入法人银行账户之日起 3 年内提交返还申请。

2. 返还申请书填报信息

返还申请书应填报以下信息：

（1）纳税人统一编码、法人名称和地址；

（2）权利继承证明文件信息；

（3）纳税人信息；

（4）申请人开户银行账户信息；

（5）申请返还资金金额。

3. 返还申请书证明文件

返还申请书证明文件包括：

（1）非白俄罗斯法人需要递交注册国法人登记证明，并翻译成俄文予以公证；

（2）注册为个体经营者的自然人，在提交预付款退还申请书时，应提交经公证的白俄罗斯公民护照复印件；

（3）自然人在提交书面预付款退还申请书时应提交支付（结算）单证复

印件、经公证的白俄罗斯公民护照复印件。在预付款退还申请书是被预付款主体继承人提交的情形下，应提交经公证的、对预付款金额拥有权利证件的复印件。

4. 预付款返还

海关收到预付款退还申请后10个工作日内决定是否返还。预付款返还时，以白俄罗斯货币形式返还。预付款在银行存储期间不计算利息。海关超过作出决定期限仍未作出返还决定的，按照白俄罗斯中央银行基准利率的三百六十分之一计算利息。

5. 不予返还情形

下列情形下，预付款不予返还：

（1）申请主体不符合要求；

（2）申请书信息内容填写不准确；

（3）申请退还金额超出剩余金额；

（4）提交的随附单证不全；

（5）申请书上提供的银行账号为非白俄罗斯货币账户；

（6）国库认为存款账户所在银行信息不实；

（7）银行认为退款收款人信息不实；

（8）预付款缴纳人存在未履行缴税义务的情形；

（9）超过预付款退还期限的；

（10）预付款申请书填写不规范。

6. 特殊情况处理

（1）当退款申请人申请退还的金额超过账户剩余金额时，海关在作出拒绝退款决定的同时，应当一并提供此前6个月的资金使用情况报告。如果退还申请人对此报告有疑义，可以申请共同对账。

（2）超过规定退还期限后未退还的预付款将被划归国库。

八、海关规费

（一）一般规定

1. 概念

海关完成与货物放行、运输工具海关押运、货物存储有关的作业，企业需要向海关缴纳的费用称为海关规费。

2. 分类

海关规费分为3种类型。一是业务类海关规费，是指因完成与货物放行有关的海关作业而收取规费;二是押运类海关规费,是指因海关押运而收取的海关规费;三是存储类海关规费,是指因存储而收取的规费。

(二) 规费计算

1. 计费办法

业务类海关规费由此类规费支付人员计算,押运类海关规费、存储类海关规费由海关计算。

海关规费按白俄罗斯卢布(以下简称"卢布")计算。如果为计算海关规费金额要求进行外汇折算,除有专门规定以外,应使用白俄罗斯中央银行公布的官方汇率。

2. 费率适用

业务类海关规费金额,按照报关单被海关登记之日执行的费率计算。

押运类海关规费金额,按照海关做出押运决定日的费率计算。转运货物按照海关受理转运申报单之日的费率计算。

存储类海关规费金额,按照商品在海关临时存储仓库存储期间的费率计算。

(三) 规费缴纳

1. 缴纳办法

海关规费的缴纳按照缴纳关税、进口环节税规定的办法办理。

2. 缴纳期限

不同类别的海关规费,缴纳期限不同。业务类海关规费应于商品放行前缴纳,申请申报前放行的,规费需要在缴纳关税、进口环节税规定的期限内缴纳。押运类海关规费应在海关押运实施前缴纳。存储类海关规费应在商品从海关仓库实际出库前缴纳。

(四) 海关规费的追缴和退还

1. 海关规费的追缴和退还,按照追征和退还关税、进口环节税规定的情形和办法办理。

2. 如果商品放行后,发现海关业务类规费计算有误,不再重新计算,不予补缴和退还。

3. 海关对所申报货物做出拒绝放行决定时,已收取的海关业务类规费不予退还,但海关拒绝放行决定被认定为非法的情形除外。

(五) 规费的免除

1. 下列商品不予征收业务类海关规费:

（1）运入白俄罗斯或从白俄罗斯运出的商品，根据白俄罗斯法律属于无偿援助（支持）的；

（2）外交代表处、领事机构、外国其他官方代表处、国际组织及这些代表处、机构和组织的人员运入白俄罗斯和从白俄罗斯运出的自用物品；

（3）根据白俄罗斯缔结的国际条约，享有优先权、特惠权和豁免权人员的个人自用物品；

（4）供展览而暂时进出境的文物或一般贸易的文物；

（5）非法运入白俄罗斯或从白俄罗斯非法运出情形下被退回的文物；

（6）货币及有价证券；

（7）海关转运货物；

（8）在白俄罗斯国际汽车承运人协会和国际汽运交通联盟间调运的国际公路运输手册，ATA单证册；

（9）运入白俄罗斯、从白俄罗斯运出的消费税标识；

（10）自然人携带的无须缴纳或免于缴纳关税和进口环节税的自用商品；

（11）使用国际邮件寄递的商品，但所指商品的申报以提交单独报关单方式实施的除外；

（12）作为备用品运入白俄罗斯或从白俄罗斯运出的商品；

（13）从一种监管方式转换为另一种监管方式的货物；

（14）根据海关销毁制度，销毁后的废料（残渣）；

（15）因不可抗力、自然灭失造成损失的货物；

（16）抵达白俄罗斯境内，处于抵达地或位于抵达地附近的其他海关监管区且未采取海关监管方式监管的货物；

（17）复出口并从白俄罗斯境内离开的货物；

（18）使用ATA单证册的暂时进出境货物；

（19）国际运输交通工具，包括根据暂时运入（准入）海关制度或自由海关区海关制度被放行到白俄罗斯境内后作为国际运输交通工具使用的；

（20）暂时进出口的用于大众传媒生产和出版业务的专业设备；

（21）用于进行电影拍摄、演出、戏剧和类似活动的（剧用服饰、马戏服装、电影服装、舞台设备、总乐谱、乐器和其他剧用道具、马戏道具、电影道具）的暂时进出境货物；

（22）用于体育比赛、示范性体育活动或训练的暂时进出境货物；

（23）用于参加白俄罗斯政府决定举行的会展活动、航空航天展会和其他类似活动的展览品；

（24）与国际运输工具一同进出境的备用件和设备；

（25）用于开展试验、检验、实验、特性展示的暂时进出境货物；

（26）出口货物，除被征收出口关税的货物；

（27）白俄罗斯政府规定情形下的其他商品。

2. 因存储而收取的海关规费在下列情形下不予征收：

（1）海关决定将货物存入海关临时存储仓库的；

（2）在白俄罗斯政府规定的其他情形下。

3. 白俄罗斯政府有权规定免于缴纳因海关押运而收取的海关规费的情形。

4. 根据货物价值计算的海关规费未达到起征点的；免于征收。

第八节　缴税期限变更

一、概念

根据白俄罗斯海关法的规定，一般贸易纳税义务人可以在提交税款担保的前提下，申请对部分或全部进口关税和进口环节税缴税期限进行变更。

缴款期限的变更分为延期和分期两种方式。延期缴纳税款是指经海关批准，允许申报人或其代理人延长税款缴纳时间。分期缴纳税款指经海关批准，允许申报人或其代理人按照分期缴款计划分阶段缴纳税款。

二、适用条件

（一）进口关税可以变更缴纳期限的情形

一般情况下，纳税义务人可以在货物放行次日起1个月内缴纳进口关税。下列情形，可以在货物放行次日起6个月内延期或分期缴纳进口关税：

1. 因自然灾害等不可抗力原因给进口关税缴纳人造成财产损失的。

2. 白俄罗斯预算向纳税义务人的拨款延迟，或者由纳税义务人完成国家采购后国家延迟支付。

3. 根据国家签订的国际条约，向纳税义务人实施的供货。

4. 从事农业生产的单位进出口的种植材料、播种材料、植物保护制剂、农机、畜牧业育种（农用种畜、种禽、种鱼和其他的畜牧业育种）、种畜产品（材料）、养殖动物产品。

5. 进口用于工业生产并实质性加工的原材料、机械设备及其零配件。

6. 欧亚经济委员会确定的其他情况。

（二）进口环节税可以变更缴纳期限的情形

在下列情形下，纳税义务人可以申请自一般贸易货物放行次日起 1~6 个月内延期或分期缴纳进口环节税：

1. 因自然灾害等不可抗力原因给进口关税缴纳人造成财产损失的；
2. 政府预算向纳税义务人的拨款延迟，或者由纳税义务人完成国家采购后国家延迟支付；
3. 根据国家签订的国际条约，向纳税义务人实施的供货。

三、不予变更缴纳期限的适用条件

进口关税和进口环节税在下列情形下不予批准变更缴款期限：

1. 不符合进口关税、进口环节税延期缴纳条件的；
2. 递交申请时，未提交白俄罗斯政府有权机构出具的相关证明；
3. 递交申请时，纳税义务人有超期未缴纳关税、进口环节税、保障措施特别关税、反倾销税、反补贴税、利息和滞纳金情形的；
4. 纳税义务人在提交进口关税、进口环节税缴纳延期申请前 1 年内，因违反海关管理规定，海关给予两次及以上行政处罚的；
5. 纳税义务人未按要求提交履行缴纳进口关税、进口环节税义务担保（额度不少于对其要求延期缴纳进口关税、进口环节税的金额）的（第二类或第三类证明书的经认证的经营者除外）；
6. 纳税义务人单位法人正处于刑事诉讼中，且该案件依据白俄罗斯刑事诉讼法为涉及进出口贸易的案件；
7. 纳税义务人正处于破产程序中；
8. 已申请申报前放行的货物。

四、实施期限和要求

申请人在递交分期缴款申请时，应当随附分期缴款计划，海关在 10 个作业日内作出决定，明确分期支付期限、数额及还款计划。申请人应当严格按照海关批准的延期或分期缴纳税款决定缴纳税款。

五、利息

对于变更缴款期限的货物，申报人应当按日缴纳利息，计算利息的期限自货物放行之日起至缴纳税款之日止。利息需按照海关决定按照一般贸易监管方式进行监管时的基准利率的三百六十分之一予以计算和缴纳。

下列情形下，可以免于缴纳利息：

1. 因自然灾害等不可抗力原因给进口关税缴纳人造成财产损失的。

2. 白俄罗斯预算向纳税义务人的拨款延迟，或者由纳税义务人完成国家采购后国家延迟支付。

3. 根据国家签订的国际条约，向纳税义务人实施的供货。

4. 从事农业生产的单位进出口的种植材料、播种材料、植物保护制剂、农机、畜牧业育种（农用种畜、种禽、种鱼和其他的畜牧业育种）、种畜产品（材料）、养殖动物产品。

5. 欧亚经济委员会确定的其他情况。

第九节　监管方式

海关根据进出口货物贸易实际，采取相应的监管方式，根据不同的监管方式决定是否缴纳税费及相关禁止和限制规定。进出口货物所有人及其代理人有权根据贸易实际变更海关监管方式。

一、一般贸易

（一）一般贸易进口

1. 概念

一般贸易进口指外国货物进口到联盟关境内并视为联盟关境内的货物，对其使用和处分没有限制。

2. 缴税规定

一般贸易进口货物，需要缴纳进口关税、进口环节税（享受税收优惠的除外），需要遵守禁止和限制规定，需要遵守保障措施、反倾销和反补贴措施。

一般贸易进口货物，申报人自海关登记报关单证之时起产生缴纳进口关税、进口环节税的义务。

对一般贸易进口货物，在货物放行前缴纳进口关税、进口环节税。如发生违反规定行为，则缴纳进口关税、进口环节税的日期为违反规定行为发生之日，此时间不能确定的，则为在海关登记的递交报关单证之日。

（二）一般贸易出口

1. 概念

一般贸易出口指联盟货物运到联盟关境外且永久位于联盟关境外，视为联盟关境外货物。

2. 缴税规定

一般贸易出口货物需要缴纳出口关税（享受税收优惠的除外）；需要遵守禁止和限制规定；拟出口国家有规定的，需要提交原产地证书。

一般贸易出口货物，申报人自海关登记报关单证之时起产生缴纳出口关税的义务，出口关税应当在货物放行前缴纳。

二、海关转运监管方式

（一）概念

海关转运指货物在海关监管下在联盟关境内（其中包括通过不是联盟成员国家境内），从起运地海关运送至指运地海关，不缴纳关税、进口环节税，但适用禁止和限制规定（非关税调节和技术调节措施除外）。

（二）适用条件

在下列情形下运送货物时，适用海关转运监管方式：

1. 将外国货物从抵达地海关运送到出境地海关；
2. 将外国货物从抵达地海关运送到内陆海关；
3. 将外国货物及联盟货物从内陆海关运送到出境地海关；
4. 将外国货物从一个内陆海关运送到另一个内陆海关；
5. 将联盟货物通过不是联盟成员的国家境内，从出境地海关运送到抵达地海关。

对利用航空运输、国际邮件寄递、管道运输和输电线路输送、铁路运输和海洋运输的货物，适用海关转运。

海关转运货物需要符合不被禁止进口到联盟关境或者从此关境出口的规定；需要提交转运报关单，采取保障遵守海关转运的措施和保障对货物进行识别的措施，并证明遵守与将货物进出海关边界有关限制的文件。

（三）具体要求

保障遵守海关转运的措施，包括对外国货物提供缴纳关税、进口环节税的担保，海关押运及规定货物运送路线。

对海关转运货物，海关不要求提供担保的，需要具备以下条件：
1. 海关承运人或者经授权的经营者作为申报人；
2. 货物通过铁路运输、管道运输或者输电线路输送；
3. 国际条约对此有规定；
4. 货物在海关押运下运送。

海关转运货物的运送路线由起运地海关根据运输单据（运输凭证）上指明的信息予以规定。经起运地海关或者其运输途中任何一个海关书面许可，允许变更路线。

为保证遵守海关转运制度，海关公职人员或者其他组织依照规定对海关转运货物实施押运。海关根据风险情况、进口关税和进口环节税担保情况及承运人资信情况决定是否采取押运措施。海关作出押运决定后，在24小时内组织押运。

（四）期限及路线要求

海关转运的最长期限不得超过按照1个月2000公里确定的期限。从起运地海关到指运地海关的海关转运期限，由起运地海关根据运输方式、运输工具性能、所规定的路线、其他运送条件和申报人或者承运人的申请，确定货物运送的一般期限，但不得超过海关转运的最长期限。根据申报人或承运人申请，海关规定的海关转运期限可以在最长期限内予以延长。

海关转运货物的送达地由起运地海关根据在运输单据（运输凭证）上规定的目的地信息予以确定。位于指运地海关的海关监管区是货物送达地。从货物抵达地运送的货物应送达海关所在地，通过铁路运输运送货物的送达地是位于到站（专用线）的海关监管区。

承运人有权向其行进途中的任何一个海关提交变更目的地的申请，海关应在收到申请的次日内，作出是否同意变更货物送达地的决定。

（五）运输工具及封志

经营国际运输的运输工具，在符合规定要求的情况下，在施加海关封志和加盖海关印章后，可取得运送货物的证明书。该证明书可以个别颁发，也可以按照运输工具结构类型颁发。海关不迟于自收到该证明书申请之日起3个工作日内颁发证明书。在经营国际运输的运输工具结构改变之前该证明书一直有效，但不得超过2年。该证明书在运输工具占有权转让给他人时仍然有效。

在不损坏施加的海关封志和加盖的海关印章的前提下，经海关许可，允许对海关转运货物实施卸载、转装（分运）和其他货运作业，以及更换运送这些货物的运输工具。

如果对货物实施的货运作业，可能导致货物灭失或者改变其属性，或者在货物运输单据（运输凭证）、证明遵守限制规定的单证或国家监管机关颁发的其他单证上载有实施这些作业的禁止性说明，海关可以拒绝颁发对货物实施货运作业的许可。

海关转运货物承运人应当将货物和单证在起运地海关规定期限内，按照指定的路线（如果规定了路线）运送到货物送达地，且必须保证货物、海关封志和印章或者其他识别标记完好无损。未经海关许可，不得对货物实施卸载、转装（分运）及其他货运作业，不得更换运送这些货物的运输工具。

（六）转运货物申报和应急处置

将货物运送到起运地海关规定的送达地后，海关转运结束。结束海关转运前，货物应存放在货物送达地海关监管区。

对使用公路运输的货物，承运人在货物到达送达地之时起，1小时内向指运地海关提交转运报关单。如果货物在海关规定工作时间以外到达，则为在此海关开始工作的时间起2小时内。

对使用水运船舶、航空器和铁路运输运送的货物，承运人在港口、机场或者铁路车站开展国际运送时的工作流程规定的时间内，向指运地海关提交转运报关单。

指运地海关在收到单证1小时内予以登记，在不迟于单证登记后2小时内结束海关转运方式。

如遇到事故、不可抗力或者其他妨碍转运货物的情况下，承运人应当采取为保证货物和运输工具完好无损的一切措施，并立即将这些情况向货物所在地最近的海关报告，将货物运送到最近的海关或者海关指定的其他地点。收到报告的海关应及时将有关情况通知起运地和指运地海关。承运人为此承担的费用海关不予补偿。

三、海关仓库监管方式

（一）概念

海关仓库监管方式指进口货物在规定期限内不缴纳关税、进口环节税，且不适用非关税调节措施，在海关监管下在海关仓库储存。

（二）适用条件

使用期或销售期少于180个自然日的欧亚经济委员会规定清单内的货物，

可以采用海关仓库监管方式。

先前采取其他监管方式的货物可以采用海关仓库监管方式。

暂时进口及关境内加工的外国货物可以采用海关仓库监管方式。

因自身尺寸大不能存放在海关仓库的货物，如果具有海关书面许可，可采用海关仓库监管方式而不实际存放在海关仓库，并提供缴纳关税、进口环节税的担保。

（三）存储期限

在海关仓库储存的货物的期限自货物允许采用海关仓库监管方式之日起不能超过3年。具有限定的使用期和销售期的货物应不迟于在此期限届满前180个自然日转为其他海关监管方式。在海关仓库储存期限届满的货物由海关予以扣留。

（四）简单作业

对货物具有权限的人或他们的代理人有权对海关仓库监管货物实施为保障货物完好无损的常规作业，包括查看和测量货物、在海关仓库范围内搬移货物，这些作业不能改变货物状态，不破坏其包装和识别标记。

经海关许可，对海关仓库货物可以实施简单装配作业，包括选取试样和样品的作业，以及对货物作销售和运输准备实施的作业，包括分批、分类、包装、再包装、作标志和改进货物形式的作业。对海关仓库监管货物实施的所有作业，不得改变这些货物的性质。

（五）海关仓库要求

海关仓库是专门确定和建设的供采取海关仓库监管方式储存货物的建筑物、房舍或露天场地。海关仓库可以是开放型的或封闭型的。如果对使用人和存储货物不做限制，则是开放型仓库；如果仅用来储存海关仓库占有人的货物，则是封闭型仓库。

可能对其他货物造成损害或者要求特殊储存条件的货物，应存放在依照储存这些货物条件建设的海关仓库。允许出口的联盟货物在海关仓库可以储存6个月。如果海关仓库终止营运，则自作出终止此仓库营运决定之日的次日起60个自然日内，海关仓库货物应搬移至其他海关仓库或者采取其他海关监管方式。如果在60个自然日内没有采取相应措施，货物由海关予以扣留。

（六）特殊要求

在海关仓库储存期间，因为不可抗力作用变质、损坏或损毁的货物应当采取其他海关监管方式，视同这些货物以变质、损坏或毁损的状态进口。

在海关仓库储存的部分或全部货物期限届满前采取其他海关监管方式的，海关仓库监管方式结束。

对货物采取其他海关监管方式后，这些货物应在次日起3个工作日内从海关仓库运出。

存放在海关仓库的货物发生灭失的，除不可抗力和正常储存条件下自然损耗而损毁的外，由申报人或海关仓库占有人在灭失之日缴纳进口关税、进口环节税。如果此日不能确定，则在海关登记海关仓库货物递交报关单证之日缴纳进口关税、进口环节税。

货物储存在海关仓库后转为一般贸易货物的，视同一般贸易货物进口。进口关税、进口环节税按照一般贸易进口提交报关单证之日计算进口关税、进口环节税税额。

四、关境内加工

（一）概念

关境内加工指为了在规定期限内有条件完全免缴进口关税、进口环节税且不适用非关税调节措施，在联盟关境使用外国货物实施加工作业，随后将加工产品出口到联盟关境外。

关境内加工的货物保持外国货物地位，对货物实施加工作业而获得的货物取得外国货物地位。在对外国货物实施加工作业时，允许使用联盟货物。

关境内加工的货物必须提交联盟成员国被授权机关签发的关于在关境内加工货物条件的文件，并且海关能在外国货物加工产品中识别外国货物，并遵守联盟委员会关于禁止关境内加工货物清单的规定。

（二）关境内加工作业

1. 关境内加工作业包括：
（1）加工或处理货物，使外国货物失去个体特征；
（2）制造货物，包括安装、组装、拆卸和装配；
（3）修理货物，包括恢复、替换组成部分；
2. 关境内加工作业不包括：
（1）在为了对货物作销售和运输准备时保障货物完好无损的作业；
（2）获得仔畜，饲养和喂养动物、禽、鱼，以及饲养甲壳动物和软体动物；
（3）种植树和植物；

（4）将信息、音频和视频记录复制和扩展到任何形式的信息载体中；

（5）在工艺流程中将外国货物作为辅助工具（设备、机床、装置及其他）使用。

3. 为了在外国货物的加工产品中识别外国货物，可以使用下列方式：

（1）申报人、实施加工的人或者海关公职人员在初始的外国货物上加盖印章、印戳，粘贴数字标志或者其他标志；

（2）对外国货物进行详细描述、拍照和绘制比例图；

（3）对事先选取的外国货物的试样、样品与其加工产品进行比对；

（4）使用货物具有的标志，其中包括序列号形式。

（三）期限

关境内加工货物的期限不得超过 3 年。货物加工期限自采取关境内加工海关监管方式起开始计算，如果货物分成数批向海关申报，则自第一批货物采取关境内加工海关监管方式之日起开始计算。对一些种类的货物，根据联盟委员会决定可以规定更长的关境内加工货物期限。

关境内加工货物的期限包括加工货物生产过程持续时间和将加工产品实际出口及实施与处分外国货物的废碎料、剩余料件有关的海关作业所必需的时间。关境内加工货物的期限可以适当延长。

（四）证明文件

联盟成员国被授权机关颁发关于在关境内加工货物（物品）条件的文件，联盟成员国的任何人都可以获取。

关于在关境内加工货物条件的文件应载有下列信息：

1. 文件所给予的人；
2. 直接实施加工作业的人；
3. 外国货物名称、归类，其数量和价值；
4. 证明实施对外经济交易的单证；
5. 加工产品产出率；
6. 货物加工作业的实施方式；
7. 货物识别方式；
8. 剩余料件和废碎料名称、归类，其数量和价值；
9. 关境内加工货物的期限；
10. 对废碎料的处置。

（五）产出率

加工产品的产出率是指对一定数量的外国货物加工产生产品的数量或者百分比。

如果在关境内的加工作业是对特征稳定的货物且一般是根据明确规定的技术要求实施，并获得质量不变的加工产品，则联盟成员国主管机关可以规定加工产品的标准产出率。

（六）废碎料

在关境内对外国货物加工产生的废碎料应视为以此状态进口到联盟关境的货物，应当采取其他适当的海关监管方式，但这些废料加工成不适合于进一步商业利用状态的情形除外。

（七）剩余料件

按照产出率实施加工作业产生的货物剩余料件应采取相应的海关监管方式。

（八）外国货物征税

如果未经海关许可，将外国货物交付给不是直接实施加工作业的人，则应当在交付货物之日，缴纳进口关税和进口环节税；此日不能确定的，则应采用海关登记关境内加工报关单证之日的税率和汇率，征收进口关税和进口环节税。

除不可抗力或在正常运送（运输）和储存条件下自然损耗而损毁外，货物在加工期限届满前灭失的，则应当在灭失之日缴纳进口关税和进口环节税；此日不能确定的，则应采用海关登记关境内加工报关单证之日的税率和汇率征收进口关税和进口环节税。

如果在规定加工期限届满前关境内加工货物没有结束，则应当在货物加工期限届满之日缴纳进口关税和进口环节税。

关境内加工货物缴纳进口关税、进口环节税的税额与采用一般贸易的计算方法相同，并缴纳利息。利息计算时间为从海关登记为关境内加工而递交报关单证之日起开始计算截至海关登记为将货物按一般贸易征税而递交报关单证之日。

（九）加工货物按一般贸易申报进口

加工货物按一般贸易申报进口，应根据产出率计算外国货物的进口关税、进口环节税税额。

将加工产品和没有实施加工作业的外国货物（物品）按一般贸易申报进口时，进口关税、进口环节税税率和汇率按照海关登记关境内加工递交的报关单证之日予以确定，同时缴纳从海关登记为关境内加工递交报关单证之日至海关登记为将货物按一般贸易征税递交报关单证之日计算的利息。

五、关境外加工

（一）概念

关境外加工指联盟货物从联盟关境出口，在规定期限内有条件完全免缴出口关税且对其不适用非关税调节措施，在联盟关境外实施加工作业，并最终将加工产品进口到联盟关境。

关境外加工需要提交联盟成员国被授权机关颁发的关于在关境外加工货物条件的文件，并保证海关能在联盟货物加工产品中识别联盟货物。

联盟委员会规定禁止关境外加工货物清单。

（二）关境外加工作业

在关境外加工海关制度下，货物加工作业包括：
1. 在加工或处理货物下货物失去其个体特征；
2. 制造货物，包括安装、组装、拆卸和装配；
3. 修理货物，包括恢复、替换组成部分。

（三）在加工产品中的识别

为在加工产品中识别联盟货物，可以使用下列方式：
1. 在初始的联盟货物上加盖印章、印戳，粘贴数字标志或者其他标志；
2. 对联盟货物进行详细描述、拍照和绘制比例图；
3. 对事先选取的联盟货物的试样、样品与其加工产品进行比对；
4. 使用包括序列号形式的货物具有的标志。

（四）期限

关境外加工货物的期限不得超过 2 年，自采取关境外加工之日起开始计算。而如果货物分成数批向海关申报，则自第一批进境之日起开始计算。

关境外加工货物期限包括加工货物生产过程持续时间，以及将加工产品实际进口和复进口所必需的时间。在关境外加工货物的期限可以延长。

(五) 加工条件的文件

联盟成员国被授权机关颁发的关于在关境外加工货物（物品）条件的文件，在其境内颁发此文件的联盟成员国的任何人可以获取。

在关境外加工货物条件的文件应载有下列信息：
1. 文件所给予的人；
2. 将直接实施加工作业的人；
3. 货物名称、归类，其数量和价值；
4. 加工产品的产出率；
5. 货物加工作业的实施方式；
6. 货物识别方式；
7. 关境外加工货物的期限。

(六) 产出率

加工产品的产出率是指对一定数量的联盟货物加工产生的加工产品的数量或者百分含量。如果在关境外的加工作业是对特征适当稳定的货物且一般根据明确规定的技术要求实施，并获得质量不变的加工产品，联盟成员国主管机关可以规定加工产品的标准产出率。

(七) 关境外加工效力结束

按照《白俄罗斯海关法》规定的程序和条件，将加工产品的一批或数批复进口或者按一般贸易海关进口，则在货物加工期限届满前关境外加工监管方式的效力结束。

(八) 关境外加工货物转为一般贸易出口的征税

如果未经海关许可，将关境外加工货物交付给不是直接实施加工作业的人，则应当在交付货物之日缴纳出口关税；此日不能确定的，则应在海关发现交付之日征收出口关税。

除不可抗力或在正常运送（运输）和储存条件下自然损耗而损毁外，货物在加工期限届满前灭失的，则应当在灭失之日缴纳出口关税；此日不能确定的，则应在海关发现交付之日征收出口关税。关境外加工货物缴纳出口关税的税额与采用一般贸易的计算方法相同，并缴纳利息，视同税额自海关登记为将货物置于关境外加工下递交的报关单证之日给予延期缴纳一样。

（九）加工货物按一般贸易进口的征税

在将加工产品按一般贸易申报进口时，应当缴纳的进口关税税额根据货物加工作业价格予以确定。如果加工作业价格无法查明，应采用加工产品的海关价格与关境外加工货物的出口海关价格的差额计算征收。

如果对加工产品适用从量税率，应当缴纳的进口关税税额确定为对加工产品按照从量税率计算的进口关税税额乘以加工作业价格占加工产品价格的比率。

应当缴纳的增值税税额根据货物加工作业价格予以确定，如果没有证明这些作业价格的单证，应采用加工产品的海关价格与关境外加工货物的出口海关价格的差额计算并征收。

加工产品的消费税税额应当全额缴纳。

六、加工供境内使用

（一）概念

加工供境内使用指根据规定清单允许实施加工供境内使用的外国货物，在规定期限内不缴纳进口关税，但适用禁止和限制规定，以及反倾销、反补贴和保障措施限制，并在联盟关境内用于实施加工作业，最终将加工产品按一般贸易进行监管和征税。

加工供境内使用必须提交联盟成员国被授权机关颁发的关于加工货物供境内使用条件的单证，并且保证海关能在加工产品中识别外国货物，加工产品不能以可行方式恢复到初始状态。

对加工产品应当缴纳的进口关税税额应少于按一般贸易征税的外国货物的进口关税税额。

（二）加工供境内使用的作业

1. 加工供境内使用货物加工作业包括：
（1）在加工或处理下外国货物失去其个体特征；
（2）制造货物，包括安装、组装、拆卸和装配。
2. 货物加工作业不包括：
（1）对货物作销售和运输准备时保障货物完好无损的作业；
（2）获得的仔畜，饲养和喂养的动物；
（3）种植树和植物；

（4）将信息、音频和视频记录复制和扩展到任何形式的信息载体中。

（三）外国货物在加工产品中的识别

为了在外国货物的加工产品中识别外国货物，可以使用下列方式：

1. 申报人、实施加工的人或者海关公职人员在初始的外国货物上加盖印章、印戳，粘贴数字标志或者其他标志；

2. 对外国货物进行详细描述、拍照和绘制比例图；

3. 将事先选取的外国货物的试样、样品与其加工产品进行比对；

4. 使用货物具有的标志，其中包括序列号形式；

5. 根据货物的性质和对货物实施的加工作业可能采取的其他方式，其中包括通过研究所提交的在实施货物加工作业工艺流程中使用外国货物的详细信息，以及加工产品生产工艺的信息，或者通过在开展货物加工作业时实施海关监管。

（四）货物加工供境内使用的期限

货物加工供境内使用的期限不得超过1年。货物加工期限自采用加工供境内使用之日起开始计算，如果货物分成数批向海关申报，则自第一批货物采用加工供境内使用之日起开始计算。加工期限可以根据实际情况规定更长的期限。

货物加工供境内使用的期限包括加工货物生产过程持续的时间，以及将加工产品按一般贸易办理海关手续所必需的时间。

（五）加工货物供境内使用条件的文件

联盟成员国被授权机关颁发关于加工货物供境内使用条件的文件，在颁发此文件的联盟成员国境内的任何人可以获取，其中包括没有直接实施货物加工作业的人。

加工货物供境内使用条件的文件应载有下列信息：

1. 文件所给予的人；
2. 直接实施加工作业的人；
3. 外国货物的名称、归类及其数量和价值；
4. 加工产品的产出率；
5. 货物加工作业实施方式；
6. 货物识别方式；
7. 剩余料件和废碎料名称、归类及其数量和价值；
8. 加工供境内使用期限；

9. 对废碎料进一步商业利用的可能性。

(六) 产出率

加工产品的产出率是指对一定数量的外国货物加工产生的加工产品的数量或者百分含量。如果供境内使用加工作业是针对特征适当稳定的货物，且一般是根据明确规定的技术要求实施并获得质量不变的加工产品，联盟成员国主管机关可以规定加工产品的标准产出率。

(七) 废碎料和生产损耗

供境内使用加工外国货物产生的废碎料在加工期限届满前应当采取其他相应监管方式，但这些废碎料加工成不适合于进一步商业利用状态的情形除外。这些废碎料视为以此状态进口到联盟关境的货物。

(八) 剩余料件

按照产出率因实施供境内使用加工作业产生的货物（物品）剩余料件，在加工期限届满前应当采取其他相应监管方式。

(九) 监管效力结束

将加工产品按一般贸易监管征税后，加工供境内监管效力结束。对加工产品不适用非关税调节措施。

(十) 进口关税、进口环节税

加工供境内使用的外国货物放行前，应当缴纳进口环节税。

如果未经海关许可将外国货物（物品）交付给不是有关在关境内加工条件的文件被给予的人或直接实施加工作业的人，应当在货物交付之日缴纳进口关税。如果此日不能确定，则应在采用加工供境内使用海关监管方式递交报关单证之日缴纳进口关税。

如果在货物加工期限届满前外国货物灭失，除因事故或不可抗力作用或者在正常运送（运输）和储存条件下自然损耗而损毁外，应当在货物灭失之日缴纳进口关税。如果此日不能确定，则应在采用加工供境内使用海关监管方式递交报关单证之日缴纳进口关税。

如果在货物加工期限届满前未完成加工供境内使用作业，则应当在货物（物品）加工期限届满之日缴纳进口关税。

进口关税税额与对外国货物按照一般贸易监管方式计算的进口关税税额相符。

(十一) 加工及未实施加工产品内销

加工产品内销适用根据原进口外国货物的原产国确定的进口关税税率。如果在加工过程中使用原产于不同国家的外国货物，则采用海关价格最高的外国货物的原产国适用的关税税率。如果加工导致归类编码前 4 位数任一数字发生改变，则对加工产品适用最惠国税率待遇。

未实施加工的外国货物内销征税，采用将外国货物按加工供境内使用海关监管方式时递交报关单证之日适用的税率和汇率确定税款，同时缴纳外国货物自进境之日起至内销之日止的缓税利息。

七、暂时进口货物

(一) 概念

暂时进口，指外国货物在规定期限内有条件完全或部分免缴进口关税、进口环节税且不适用非关税调节措施在联盟关境使用，并最终复出口的海关监管方式。暂时进口货物在申报出口时必须保证能被海关识别。

下列货物不被允许按暂时进口方式监管：

1. 食品、饮料（包括含酒精的饮料）、烟草和烟草制品、原料和半成品、耗材和样品，但进口一件（份）这些货物供广告和/或展示目的或者用做展品或工业样品的情形除外；

2. 废碎料，其中包括工业废碎料；

3. 禁止进口到（运入）联盟关境的货物。

先前采用其他监管方式的外国货物，可以在符合相关规定前提下采取暂时进口的监管方式。

(二) 使用和处分限制

暂时进口货物应保持状态不变，但因在正常运送（运输）、储存和使用条件下自然磨损或者自然损耗而改变的除外。

允许对暂时进口货物实施为保障其完好无损所必需的作业，包括修理作业（但大修和升级改造除外）、技术保养和保持货物处于正常状态所必需的其他作业，但必须保障海关能在其复出口时识别货物。

允许对暂时进口货物开展试验、研究（检验）、测试、检查、进行实验，或者在试验、研究（检验）、测试、检查、进行实验过程中使用暂时进口货物。

申报人应实际占有和使用暂时进口货物。

为对暂时进口货物进行技术保养、修理（但大修和升级改造除外）、储存、运输，允许申报人将暂时进口货物移交其他人占有和使用。

为了获得海关将暂时进口货物移交他人占有和使用的许可，这些货物的申报人应向海关递交书面申请，并在申请中指明将暂时进口货物移交给他人的原因和关于此人的信息。

将暂时进口货物移交他人占有和使用，不免除暂时进口海关制度的申报人遵守规定要求，以及不中止和不延长暂时进口期限的义务。

（三）暂时进口期限

货物暂时进口期限由海关根据进口的目的和情况予以规定，但自暂时进口之日起不得超过2年。特殊情况下，海关可以延长货物暂时进口期限，包括不止一次按暂时进口监管的货物。

（四）暂时进口效力的中止和结束

将暂时进口货物复出口，暂时进口的效力在暂时进口期限届满前结束。

在暂时进口期限届满前，如果将暂时进口货物转为采取其他监管方式，则暂时进口效力中止或结束。

暂时进口的货物可以一批或分成数批复出口或者采取其他监管方式。

（五）关税、进口环节税有条件减免

有条件免缴关税、进口环节税的暂时进口货物清单和免缴的条件，包括最长期限，由联盟成员国国际条约和欧亚经济委员会决定予以规定。免缴关税、进口环节税的暂时进口货物在主管海关所在联盟成员国境内使用。

有条件减征进口关税、进口环节税的暂时进口货物，每月缴纳按一般贸易应征进口关税、进口环节税税额3%的税款。申报人可以商海关同意确定选择定期缴纳进口关税、进口环节税的时间，但不少于每3个月1次。进口关税、进口环节税税款总额不超过按一般贸易应征进口关税、进口环节税税额。

有条件减征进口关税、进口环节税的暂时进口货物复出口的，缴纳的进口关税、进口环节税税额不退还。

（六）缴税期限

有条件减征进口关税、进口环节税的暂时进口货物，应当在放行前缴纳首批款项，并在选择的定期缴税日期缴税。

有条件免征进口关税、进口环节税的暂时进口货物违反相关条件时，应当在海关登记暂时进口货物报关单证之日缴纳进口关税、进口环节税。

未经海关许可将有条件减免进口关税、进口环节税的暂时进口货物交付给他人，则应在交付之日缴纳进口关税、进口环节税。此日不能确定的，在海关登记暂时进口货物递交报关单证之日缴纳进口关税、进口环节税。

在海关规定的货物暂时进口期限内有条件减免进口关税、进口环节税的暂时进口货物灭失，但因为事故或者不可抗力作用或者在正常运送（运输）和储存条件下自然损耗而损毁（造成无法挽回的损失）的除外，应在货物灭失之日缴纳进口关税、进口环节税。此日不能确定的，在海关登记暂时进口货物递交报关单证之日缴纳进口关税、进口环节税。

进口关税、进口环节税税额与对外国货物按照一般贸易监管方式计算的进口关税税额相符，但扣除在部分免缴关税、进口环节税时已缴纳的关税、进口环节税税额。

（七）暂时进口货物内销

在将暂时进口货物按一般贸易监管转内销时，按照暂时进口货物递交报关单证之日的税率和汇率计算进口关税和进口环节税，同时缴纳在境内滞留期间的缓税利息。

有条件减征进口关税、进口环节税的暂时进口货物内销时，按照在一般贸易监管方式下计算的应当缴纳的关税、进口环节税税额与依照暂时进口监管方式已缴纳的关税、进口环节税的差额缴纳进口关税和进口环节税。

八、暂时出口货物

（一）概念

暂时出口，指联盟货物完全免缴出口关税且不适用非关税调节措施出口，并在规定期限内在联盟关境外使用，最终复进口，并保证海关能够识别原出口货物的海关监管方式。

下列货物不允许按照暂时出口方式监管：

1. 食品、饮料（包括含酒精的饮料）、烟草和烟草制品、原料和半成品、耗材和样品，但出口一件（份）这些货物供广告和/或展示目的或者用做展品或工业样品的情形除外；

2. 废碎料，其中包括工业废碎料；

3. 禁止出口到联盟关境外的货物。

(二) 使用和处分限制

暂时出口货物应保持状态不变,但因在正常运送(运输)、储存和使用(操作)条件下自然磨损或者自然损耗而改变的除外。

允许实施为保障其完好无损所必需的作业,包括修理作业(但大修和升级改造除外)、技术保养和使货物保持在正常状态所必需的其他作业,但必须保证在货物复进口时海关能对其进行识别。

(三) 暂时出口期限

货物暂时出口期限由海关依照申报人申请,根据出口的目的和情况予以规定,海关可以根据实际情况适当延长货物暂时出口期限。对一些种类的货物,联盟成员国立法可以规定暂时出口的最长期限。

如果暂时出口货物的所有权移交给外国人,这些货物的暂时出口期限不应延长,并按照一般贸易出口方式进行监管。

(四) 暂时出口效力的结束

在暂时出口期限届满前,将暂时出口货物复进口的,暂时出口效力结束。

将暂时出口货物按照一般贸易出口、关境外加工等方式进行监管的,暂时出口效力在暂时出口期限届满前结束。

暂时出口货物可以一批或者分成数批按照复进口或者其他方式进行监管。

(五) 缴税期限

在暂时出口期限届满前暂时出口效力未结束,但因为事故或者不可抗力作用或者在正常运送(运输)、储存、使用(操作)条件下自然损耗而损毁(造成无法挽回的损失)的除外,缴纳出口关税的期限为海关规定的暂时出口期限届满之日。

出口关税应当按照将货物按一般贸易监管方式征收的出口关税税额予以缴纳。

(六) 按一般贸易出口

在将暂时出口货物按一般贸易出口时,按照暂时出口货物递交报关单证之日的税率和汇率计算出口关税,同时缴纳在境外滞留期间的缓税利息。

九、复进口货物

(一) 概念

复进口,指先前从联盟关境出口的货物,在规定期限内不缴纳进口关税、进口环节税且不适用非关税调节措施复运入联盟关境。

(二) 监管条件

先前出口的下列货物可以按复进口方式进行监管:

1. 一般贸易出口的货物及关境内加工复出口的货物。这些货物应当自出口之日的次日起 3 年内(特殊情况下可以延长)复进口,并保持货物状态不改变(正常运送、储存和使用条件下自然磨损或者自然损耗改变的除外),依照规定向海关提交单证。

2. 暂时出口货物复进口,且处于相同状态。但在正常运送、储存和使用条件下因自然磨损或者自然损耗改变,以及依照暂时出口规定在对其使用时对这些货物允许改变的除外。

3. 关境外加工货物复进口,且处于相同状态。但在正常运送、储存和使用条件下因自然磨损或者自然损耗改变的除外。

4. 关境外加工的无偿修理加工产品复进口。

(三) 税款和利息

如果原出口时国内环节税已予以退还的,复进口时应补偿相应环节税。

(四) 单证和信息

为将货物复进口,申报人应当向海关提交货物从联盟关境出口情况的信息,以及在货物出口时受理的报关单证和在货物出口时证明其通过海关边界日期的单证。如果在联盟关境外对货物实施了修理作业,还应当提交货物修理作业的信息。

(五) 出口关税税额的退还

如果出口货物自出口之日起 6 个月内复进口,则应退还已缴纳的出口关税税额。

十、复出口货物

（一）概念

复出口，指先前进口到联盟关境的货物（物品），或者关境内加工货物的加工产品，不缴纳和退还已缴纳的进口关税、进口环节税税额且不适用非关税调节措施从此关境出口。

（二）监管条件

下列货物可以按复出口方式监管：

1. 进口的外国货物，包括不遵守非关税调节措施进口的外国货物和关境内加工货物的加工产品。
2. 自进境之日的次日起 1 年内复出口的，因没有履行对外经济合同条款（其中包括数量、质量、描述或包装的条款）被退回的一般贸易方式进口的且海关可以识别的货物，并且在联盟关境内没有使用和没有修理。

（三）单证和信息

为将先前按一般贸易进口的货物复出口，申报人向海关提交载有下列信息的单证：

1. 货物进口到联盟关境的情况（进口情况来自证明实施对外经济交易的单证）；
2. 没有履行对外经济合同的条款；
3. 按一般贸易进口时的报关单证和信息；
4. 按一般贸易进口放行后货物的使用情况。

（四）税款缴纳期限

如果复出口的外国货物没有实际从联盟关境出口，除因为事故或者不可抗力作用或者在正常运送（运输）和储存条件下自然损耗而损毁（造成无法挽回的损失）的情形外，进口关税、进口环节税的缴纳期限为海关登记为复出口时递交报关单证之日。进口关税、进口环节税以按一般贸易进口时计算的税额缴纳。

对关境内加工货物的加工产品，进口关税、进口环节税应当以与按照产出率计算制造加工产品使用的外国货物应当缴纳的进口关税、进口环节税税额相符的数额予以缴纳。

货物复出口时，不缴纳出口关税和进口环节税，已缴纳或已追缴的进口关税和进口环节税应当予以退还。

（五）进口关税、进口环节税税额的退还

自进境之日的次日起 1 年内复出口的，因没有履行对外经济合同条款（其中包括数量、质量、描述或包装的条款）被退回的一般贸易方式进口的货物，原进境时已缴纳的进口关税、进口环节税税额予以退还。

十一、免税贸易货物

（一）概念

免税贸易，指货物不缴纳关税、进口环节税且不适用非关税调节措施，在免税贸易商店零售给离开联盟关境的自然人或者外国外交代表机关、国际组织代表机构、使领馆，以及外交代表、领事官员及与他们共同生活的家庭成员。

（二）监管条件

任何货物都可以按照免税贸易货物进行监管，但禁止进口到联盟关境、禁止出口到联盟关境外的货物，以及禁止在联盟成员国境内流通的货物除外。

不允许按照免税贸易监管的货物清单由联盟委员会规定。

免税贸易货物的申报人仅能是在免税贸易商店销售这些货物的免税贸易商店占有人。用于保障免税贸易商店运行的货物不得按免税贸易监管。

按免税贸易监管的货物需要向海关申报递交报关单证。

（三）免税贸易商店

免税贸易商店必须按照规定运行，免税贸易商店所在地、建设和装备，以及在这些商店销售货物、货物的登记和报告等，都必须符合规定要求。

（四）免税贸易效力结束

免税贸易货物在免税贸易商店零售或者按照其他方式进行监管时，免税贸易效力结束。

如果终止免税贸易商店活动，免税贸易货物应当在此商店活动终止之日的次日起 1 个月内按照其他方式进行监管，否则，货物由海关予以扣留。

（五）缴税期限

违反免税贸易要求和条件使用和处分外国货物的，应在实施违反规定要

求和条件的行为之日缴纳进口关税和进口环节税。此日不能确定的，则在海关登记为免税贸易递交报关单证之日缴纳进口关税和进口环节税。

外国货物灭失的，除事故或者不可抗力作用或者在正常运送（运输）和储存条件下自然损耗而损毁（造成无法挽回的损失）外，在货物灭失之日缴纳进口关税和进口环节税。此日不能确定的，则在海关登记为免税贸易递交报关单证之日缴纳进口关税和进口环节税。

进口关税、进口环节税应当按照以一般贸易进口时计算的进口关税、进口环节税税额予以缴纳。

十二、销毁货物

（一）概念

销毁，指外国货物在海关监管下销毁，不缴纳进口关税、进口环节税且不适用非关税调节措施。

销毁货物是指无害化处理、完全销毁或者其他使货物处于部分或全部失去其消费属性和其他性质的状态，且通过经济可行的方法不能恢复到初始状态的行为。

对因为事故或者不可抗力作用损毁或灭失的货物，也可以适用销毁海关制度。

（二）监管条件和要求

根据相应的被授权国家机关出具的可以销毁的鉴定结论，且指明销毁的方式和地点允许将货物销毁的，可以按照销毁货物进行监管。

因为事故或者不可抗力作用货物灭失的，不需要鉴定结论。为了将这些货物按销毁方式监管，应提交证明因为事故或者不可抗力作用货物灭失事实的单证。

下列种类的货物不能按销毁方式处理：

1. 具有文化价值、考古价值和历史价值的货物；
2. 属于保护种类的动物和植物，它们的部分和衍生物，但为了制止动物流行病和传染病、检疫对象的传播需要销毁的情形除外；
3. 在抵押关系终止前，海关接受作为抵押标的的货物；
4. 被收缴的货物或者对其实施扣押的货物（其中包括作为物证的）；
5. 规定清单内的其他货物。

可能给周围环境造成伤害或者可能给人的生命和健康带来危险的货物、通过使用货物可以实现销毁的货物，以及可能使联盟成员国国家机关产生费用的货物，不允许销毁。

销毁货物由海关根据实际销毁这些货物所必需的时间、销毁的方式和地点在规定期限内进行，费用由申报人负担。

（三）废碎料的处置

销毁货物产生的废碎料，能进一步利用的，在征收进口关税和进口环节税后，视为以此状态进口到（运入）联盟关境的外国货物。对不适于进一步商业利用的状态，且不能通过经济可行的方式恢复到初始状态的，视为联盟货物。

十三、放弃并归国有货物

（一）概念

放弃并归国有货物，指外国货物不缴纳海关税费且不适用非关税调节措施，无偿移交成为联盟成员国的财产。

放弃并归国有的货物，取得联盟货物地位。

（二）监管条件和要求

外国货物可以放弃并归国有，但禁止进口到联盟关境的货物及禁止在联盟成员国境内流通的货物除外。

不允许放弃并归国有的货物清单由联盟委员会规定。

第十节　海关检查

一、概述

（一）海关检查的对象

海关检查的对象包括：
1. 进出境货物、物品、运输工具；
2. 依照法律法规规定需提交的报关单证、货物信息；
3. 进出口企业、收发货人、报关企业、报关人员；
4. 运输工具司乘人员、进出境旅客。

（二）货币监管

海关对个人携带通过白俄罗斯边境的货币实施检查，在实施货币检查时，海关的职能和权力由白俄罗斯中央银行确定。

(三) 风险管理

海关在实施检查时,运用风险管理系统提高海关监管的有效性,海关在实施监管时采取随机原则。风险评估标准和方法由白俄罗斯政府授权机构制定,海关组织开展风险评估,判定风险级别。

(四) 海关监管区域

在边界口岸及海关所在地设立海关监管区。海关监管区可以是永久海关监管区,也可以是临时海关监管区。在海关监管区内,从事任何商业活动,包括其他国家机构官员在其权限范围内进行的活动(包括进出境),除法律规定的情况外,必须在海关的许可和检查下进行。

(五) 海关监管期限

从货物进口到白俄罗斯境内到其办理其他海关程序为止,都应接受海关监管。在结束监管期限3年内,海关仍可进行后续管理。

(六) 海关监管货物和运输工具管理

未经海关许可,不得部分或全部转移、转让或销毁处于海关监管下的货物及运输工具,不得对货物进行装卸、超载、损坏包装、打开包装、重新包装或更改贴在货物或其包装上的海关标识。

二、实施海关检查的方式和程序

(一) 海关检查方式概述

海关在实施监管时采用的检查方式包括:审核单证和信息、口头询问、问询、海关监视、海关查看、海关查验、人身检查、检查识别标记、检查场所、清点海关监管货物、商品清点和报告系统核查、海关稽查。

(二) 海关检查的方式和程序

1. 审核单证和信息

(1) 海关审核申报人提交的单证和信息,以查明信息的真实性、单证是否为原件,以及填写是否规范、正确。

(2) 海关通过与其他渠道获取的信息进行比对、分析,审核申报人提交信息的真实性。

（3）在实施海关检查时，为了审核海关单证中所载的信息，海关以书面形式要求提供补充单证和补充信息。

2. 口头询问

在实施海关作业时，对收发货人或其代理人进行口头询问，该询问不制作相关书面文件。

3. 问询

海关可以从承运人、申报人及其他人员获取对海关检查需要的信息。海关问询时应制作书面通知，并交给被问询人。

4. 海关监视

海关工作人员可以通过目视或使用技术设备观察海关监管货物。

5. 海关查看

海关查看即外形查验。海关工作人员不打开运输工具、不开拆货物包装、不拆卸，仅通过外在目视检查货物、行李、货舱（厢）、海关封志、印章及其他识别标记。海关工作人员在海关监管区内查看货物时，收发货人或其代理人未明确表示需要到场时，海关工作人员可实施检查。根据海关查看结果，海关依照规定的格式制作记录。该记录一式两份，一份海关留存，一份交给收发货人。

6. 海关查验

（1）概念。海关工作人员实施的开拆货物包装、打开运输工具货舱（厢）核对信息的行为。海关查验时，申报人、收发货人或其代理人应当在场，并向海关查验人员提供必要协助。

（2）径行查验。在下列情形下，海关可以径行实施查验：

①申报人、收发货人或其代理人未到场或者上述人员联系不到；

②发现威胁国家安全，危害人、动物生命健康，动物流行病疫情，对国家文物保护存在威胁及其他紧急情况；

③利用国际邮件寄递货物（物品）的；

④违反有关规定的。

在以上情形下进行海关查验，应在有2名见证人在场的情况下实施。

（3）查验记录。根据海关查验结果，制作查验记录。查验记录一式两份，一份海关留存，一份交给收发货人或其代理人。查验记录应包含以下信息：

①实施海关查验的海关人员及在实施查验时在场人的信息；

②申报人、收发货人或其代理人不在场的原因；

③海关查验结果；

④记录单中所列的其他信息。

7. **人身检查**

海关工作人员在有充分理由认为进出境的自然人身上藏匿有违反法律规定的物品且不主动交出时，根据海关负责人的书面决定实施人身检查。

8. **检查识别标记**

在联盟及其成员国海关法律法规规定的情况下，海关可以检查货物及其包装上是否具有专用标签、识别标志或其他形式的标记，以此来确认货物进入联盟关境的合法性。

9. **检查场所**

为了确认海关监管场所是否符合有关条件和场所内存储货物的情况，海关可以到监管场所进行实地查看。

10. **清点海关监管货物**

海关作业当中的货物清点，可以通过信息系统和信息技术进行。

11. **商品清点和报告系统核查**

商品清点和报告系统核查是海关对享受通关便利措施的收发货人所使用的商品清点和报告系统实施的检查。

12. **海关稽查**

海关为了核查进出口收发货人是否遵守联盟法律法规和联盟成员国有关规定的要求，可以开展海关稽查。

三、海关鉴定

海关为了更客观、有效地实施检查，依照法定程序，组织海关工作人员和业务专家使用专业知识和科学知识，选取货物样品，通过研究、比照、检验、化验等方式，实施识别鉴定、商品价格鉴定、材料鉴定、工艺鉴定、刑事侦查鉴定及其他鉴定，以辅助海关实施监管。

（一）海关监管过程中的鉴定及专家的参与

1. **业务专家参与鉴定**

为实施海关监管，海关有权依法吸纳国家机关的业务专家参与到其工作中，取得相应的鉴定结果。

2. **鉴定期限**

自鉴定人接收鉴定材料之日起不超过 20 个工作日得出鉴定结论。海关鉴定期限符合以下条件可以暂停，但不超过 10 个工作日：

（1）海关鉴定决定书中所列清单与提交鉴定的货物不符的；

（2）海关专家为进行鉴定需要获取其他材料或样本的；

(3) 如果鉴定可能损坏或销毁货物，经上级海关批准的。

3. 一般鉴定期限延长

经申请，一般鉴定期限在管辖区的海关关长、副关长或临时代理人书面同意后，可以延长。但对于需要依据鉴定结果方可放行的情况，鉴定应在放行期限内完成。

4. 特殊鉴定期限延长

如果需对两个或两个以上的对象（地点、客体等），通过使用比较（对照）方法和科学技术手段来获得鉴定结果，经上级海关关长同意，则可以根据需要延长鉴定时间，直到获得结果为止。

5. 海关拒绝鉴定

如出现海关鉴定依据不充分、海关鉴定决定不正确、实施鉴定时的采样或货样与鉴定决定不符，或者进行鉴定的海关或其他机构不具备鉴定所需的资质等情况，海关可以拒绝进行鉴定。

（二）委托鉴定

在海关专家不能进行鉴定的情况下，可以委托其他授权机构的专家进行鉴定。其他授权机构的专家应按规定参与到以合约为基础的海关鉴定过程中。如果海关委托另一经授权组织的专家进行海关鉴定，则该专家需向海关提交必要的专业技能证明。

（三）鉴定结论

海关鉴定时，对货物进行抽样，抽样数量应为满足鉴定的最小数量，同时制作两份记录，一份交给申报人，一份海关留存。经海关鉴定后应出具鉴定结论，鉴定结论的所有页都需要专家签字，并由实施海关鉴定的机构盖章。

按照法律规定，在鉴定过程中，聘请专家的服务费用由国家支付。

第十一节　货物放行

进出境货物办结通关手续后，海关对其予以放行。如果同一份报关单中有多项商品，海关可以仅放行依据本国法律和欧亚经济联盟规定可以放行的部分商品。

一、货物放行期限

（一）预申报货物放行期限起算日期

办理货物预申报手续时，货物放行期限自下列情况之一发生起计算：

1. 对报关单申报信息进行变更（补充）。前提是海关已经收到关于货物停放在预申报报关单中申报的海关监管区的通知，或者海关签发准许船舶运输货物在预申报报关单中申报的运抵地点卸货的许可。

2. 海关已经收到关于货物停放在预申报报关单中申报的海关监管区的通知，或者海关签发准许船舶运输货物在预申报报关单中申报的运抵地点卸货的许可。前提是申报人通知海关不需要对申报信息进行变更（补充），或者在海关收到关于货物停放在预申报报关单中申报的海关监管区的通知之前及海关签发准许船舶运输货物在预申报报关单中申报的运抵地点卸货的许可之前，已对申报信息进行变更（补充）。

（二）货物放行的期限

除特殊情况除外，海关应在报关单接受登记之时起 4 小时内完成货物的放行。如果报关单在海关工作时间结束前不到 4 小时登记，则应在海关重新开始工作之时起 4 小时内完成。

如果发生下列情况之一，应在报关单登记之日起一个工作日内或者办理货物预申报手续时货物放行期限起算之日起一个工作日内完成货物放行：

1. 海关要求提供申报信息证明文件、决定实施查验或化验，以及采取海关监管保障措施；

2. 申报人向海关提出申请变更（补充）申报信息；

3. 申报人未根据海关要求对申报信息进行变更（补充）。

（三）货物放行期限延期

经海关负责人同意，有以下情况的，货物的放行期限自登记报关单之日的次日起最多延长 10 个工作日：

1. 申报人提供支付关税和进口环节税的担保；

2. 申报人在法律规定的情况下，提交许可证、证书、许可或其他单据；

3. 确定海关商品归类；

4. 海关在放行前对货物（物品）价格进行审查时，发现价格存在问题，要求申报人提供补充材料的；

5. 在海关检查中,发现可能单货不符有违规嫌疑,需要申报人补充提供单证和信息的;

6. 根据海关决定需要补征税款的情况下,申报人提出书面申请。

二、有条件放行的货物

所谓有条件放行,指海关监管货物的放行,即已办理了放行手续,但货物仍处于海关监管之下,需纳入海关后续管理。主要包括如下 3 种一般贸易监管货物类型:

1. 特定减免税货物。其适用了缴纳进口关税、进口环节税优惠,这些优惠具有使用或处分这些货物的限制。

解除监管的情形主要包括限制期限届满、补缴税款、销毁、放弃、灭失、罚没、复出口等。

2. 未取得许可证件的货物。货物放行时不能提供许可证件,经海关批准并承诺在 45 个自然日内提交相关许可证件的,可以放行,海关有权要求封存货物,禁止出售、转让。

规定期限内提交相关许可证件后即解除监管。

3. 适用低税率的货物。依照联盟框架下条约,适用了比《欧亚经济联盟统一关税税则》规定更低的进口关税税率。此类货物仅限于在白俄罗斯境内使用。

解除监管的情形包括补缴税款、特定商品限制期限届满、销毁、放弃、灭失、罚没、复出口等。

三、拒绝放行货物

在不遵守货物放行条件和要求的情况下,海关拒绝放行货物,并书面通知申报人拒绝的理由。查验中发现违法行为,拒绝放行,但违法情节轻微或违法行为已消除的可以放行。拒绝放行货物可按白俄罗斯法律法规规定的方式提出上诉。

第十二节 海关稽查

一、海关稽查概述

(一)概念

海关稽查是在货物放行后 3 年内,海关为了核查申报人是否遵守国际条约和法律规定而采取的检查。海关稽查主要通过将海关申报单和向海关提交的随附单证中的信息及海关获取的其他信息与企业会计账簿和会计凭证、银行账户等信息进行比对的方式进行。

（二）海关稽查分类

海关稽查可分为海关单证稽查和海关现场稽查。

1. 海关单证稽查

单证稽查是海关工作人员在工作所在地，通过研究和分析被稽查人在实施海关作业时提交的报关单、商业单据、运输单据（运输凭证）及海关获得的其他信息，同时要求企业提供会计数据及相关报表，来核查企业申报情况的稽查行为。

2. 海关现场稽查

海关前往被稽查人所在地或实际开展业务的地点实施的检查。

（三）被稽查人

被稽查人包括：申报人，报关代理人，承运人，收货人或代理人，货物临时存储人，免税商店、海关仓库经营人，经授权的经营者，进出口贸易相关参与人，占有和使用海关监管货物信息的人。

二、海关稽查人员实施稽查时的权利和义务

（一）在开展海关稽查时，海关稽查人员具有的权利

1. 要求被稽查人提供并从其获取商业单据、运输单据、会计核算文件和报告，以及与被稽查货物有关的其他信息；

2. 要求被稽查人呈验对其开展外出稽查的货物；

3. 要求被稽查人提交与货物处置（处理）相关情况的报告；

4. 要求银行及其他金融机构提供被稽查人与稽查事项相关账户资金流动情况，其中包括具有银行秘密的信息和文件；

5. 要求税务机关和国家其他机关提供所必需的信息和文件，其中包括构成商业秘密、银行秘密、税收秘密及受立法保护的其他秘密信息和文件；

6. 在开展外出海关稽查时按照规定，对货物进行盘点；

7. 因稽查业务需要，发出国际请求；

8. 进入被稽查人处所时，出示开展海关稽查的决定和工作证；

9. 在开展外出海关稽查时，选取货物试样和样品，并且制作记录；

10. 在开展外出海关稽查时，从被稽查人处收缴单证或单证副本，制作收缴文书；

11. 为了制止旨在转让或者以其他方式处分被稽查货物的行为，按照规定在开展海关稽查期限内，对货物进行扣押或者收缴；

12. 查封存储货物的场所；

13. 实施法律法规规定的其他行为。

（二）在开展海关稽查时，海关稽查人员具有的义务

1. 维护被稽查人的权利和合法利益，不允许非法的决定和行为给被稽查人造成损害；

2. 在开展外出海关稽查期间，不得违反被稽查人的工作制度；

3. 在开展海关稽查时，获取的任何信息仅用于海关稽查；

4. 不得泄露在开展海关稽查时知悉的机密信息，以及知悉的构成税收秘密、银行秘密和受法律保护的其他秘密信息；

5. 根据被稽查人要求，提供所必需的涉及开展外出海关稽查程序规定的信息；

6. 确保在开展海关稽查时获取和制作的单证完整无缺，未经被稽查人同意不得泄露其内容，法律另有规定的除外；

7. 在货物放行后，提取货物试样和样品时，告知被稽查人的权利和义务；

8. 履行其他法律法规规定的义务。

三、被稽查人员在海关实施稽查时的权利和义务

（一）在海关稽查时，被稽查人具有的权利

1. 向海关了解稽查程序；
2. 提供货物放行手续及遵守法律的所有文件和信息；
3. 对海关做出决定不服并提出申诉；
4. 法律规定的其他权利。

（二）在海关稽查时，被稽查人具有的义务

1. 配合海关检查货物；

2. 根据海关要求，在规定期限内提交有关材料，如材料是电子文本或者扫描文件，需同时提供纸质文件；

3. 不得阻挠海关公职人员进入其办公处所，同时需向海关工作人员提供

工作地点；

4. 签收海关稽查决定；

5. 按照本国语言翻译海关所需文件的译文；

6. 最晚2个工作日内向海关提交其所需要的文件；

7. 履行其他法律规定的义务。

四、不配合现场稽查的处置

海关稽查人员在实施稽查时，应出示稽查决定和工作证件，稽查决定中应列明稽查人员，否则被稽查人有权拒绝对其货物进行稽查。如果被稽查人不允许对其货物进行稽查，海关稽查人员应按照上级海关规定的形式做好记录，记录应由进行现场稽查的海关稽查人员与被稽查人或其代理人签字，并将记录复印件交被稽查人员或其代理人。

如果被稽查人或其代理人拒绝在记录上签字，海关稽查人员应在记录中注明。被稽查人有权就拒绝签署记录作出书面解释。

五、扣留、没收被稽查人账簿、单证或进出口货物

（一）扣留

1. 海关对被稽查货物的扣留是指禁止被稽查人员对其进行处置和使用。扣留的货物转移至海关指定场所或在所有权人场所封存。

2. 稽查实施扣留的情况。

稽查时遇到以下情况，需实施扣留：

（1）流通的货物不具有法律规定的商标、识别标志及商品标识，或者伪造商标和识别标志的；

（2）被稽查人员的商业文件中缺少法律规定的关于申报或放行手续，以及提供虚假信息或未提供法律规定的商业文件的；

（3）查明货物在有条件的放行后，改变其原有使用目的，与其适用的通关方式不符；

（4）采用伪报瞒报手段，骗取适用关税、进口环节税优惠政策的；

（5）经查明有违反海关监管条件和要求使用货物的。

3. 扣留货物的管理。海关稽查人员对被扣留的货物应做好记录，详细登记其名称、数量和特征。该记录应由稽查人员、被稽查人及证人签字。记录的副本应交给被稽查人或其授权的人员。

4. 扣留货物费用的承担。扣留货物的储存费用一般由货物所有权人承担。如果稽查结束发现不存在违反海关法律的行为，则扣留货物的存储费用由国家承担。

（二）没收

经海关稽查，认定被稽查人有违反海关监管规定行为的，可以依据相关法律规定，没收货物或单证。

1. 一般规定

（1）海关在实施没收时，应通知货物所有人及在不少于两名证人在场的情况下进行。

（2）海关在实施没收行为时，为了确保货物完整性，所有被没收的货物、单证，可以进行包装或施封。被没收的文件必须由其所有人或其授权人编号、盖章或签字。如果被稽查人或其授权人拒绝在没收文件上盖章或签名，海关应在没收文件的记录上加注。

2. 没收禁止进境货物

如果查明货物属于禁止进境的货物，或者采取扣留措施会对货物造成损失或破损，则可以没收货物。

3. 没收原始单据

海关稽查时发现被稽查人员不能按照要求提供所需的原始单据的全部复印件，或者有理由相信原始单据可能被破坏、隐藏、更改或替换，则海关稽查人员有权没收原始单据。没收原始单据时，应制作没收清单，一式两份。应将决定书的一份副本连同没收的文件副本一起交给被稽查人。文件副本上需显示没收决定书编号、日期及进行没收的海关公职人员的签字。

（三）返还没收货物及解除扣留货物

1. 经海关稽查，未发现有违法行为，应于稽查结束前返还没收的货物和文件、解除扣押货物。返还没收货物和文件、解除扣押货物决定，应由海关稽查人员根据现场稽查情况做出。返还没收货物和文件、解除扣押货物，应按照海关稽查人员及被稽查人共同签署的协议书完成。该协议书一式两份，一份交于被稽查人，一份由海关留存。

2. 从现场海关稽查结束之日起 2 个月内未申请返还的没收货物，根据法院判决，交由白俄罗斯所有。

在没收货物或需要储存的理由不存在后，这些货物应在 1 个工作日内退还给所有权人。

（四）中止现场稽查

海关稽查人员在稽查过程中，遇有特殊情况，经上级海关批准，可以中止现场稽查。海关现场稽查的中止和恢复，应由上级海关负责人根据进行检查的海关关员的书面说明决定。海关在此决定做出后，1个工作日内需将决定书面通知被检查者。在中止理由取消前，现场稽查应予以暂停，但其期限不得超过90个工作日。如联盟成员国或其他签订国际条约的国家提出申请，则期限截止到收到回复之日。

（五）稽查结论

1. 稽查期限

制成稽查单的日期视为完成稽查的日期。海关稽查单由实施稽查的海关关长（副关长）签批。稽查单和处理决定在完成稽查后5个工作日内，交给被稽查人或者海关税费或其他费用的缴纳义务人，接收人应签字，写清楚姓名和接收日期。

2. 海关稽查结果分类

海关进行的稽查结果包括以下两种：

（1）进行海关单证稽查时的稽查单；

（2）进行海关现场稽查时的稽查单。

海关稽查单应一式两份，由进行稽查的海关公职人员签字。

3. 海关稽查单的内容

海关稽查单应该包括以下内容：

（1）被稽查人信息；

（2）实施稽查的海关稽查人员信息（职位、姓名）；

（3）违法事实或不违法的事实；

（4）关于消除已发现的违法行为或对其结果进行清算的结论，有关向海关支付的海关税费和其他付款金额，以及根据白俄罗斯法律收取的附加和额外的罚款。

第三篇　哈萨克斯坦

第一章 哈萨克斯坦国家概况

一、国家概述

哈萨克斯坦共和国（The Republic of Kazakhstan，Қазақстан Респу бликасы）简称哈萨克斯坦（Kazakhstan，Қазақстан），地处欧亚大陆中间地带，是一个位于中亚的内陆国家。其国土面积272.49万平方千米，是世界上最大的内陆国家，首都努尔苏丹（1991年至1997年哈萨克斯坦首都为阿拉木图，1997年阿斯塔纳取代阿拉木图成为新首都，2019年3月阿斯塔纳更名为努尔苏丹），人口数量1869.02万（截至2020年4月1日）。哈萨克斯坦是连接欧洲和亚洲经济贸易往来的重要纽带，是中国向西开放的桥梁和枢纽。哈萨克斯坦设14个州、3个直辖市（首都努尔苏丹、原首都阿拉木图、奇姆肯特），全国分成8个经济区。

二、经济概述

哈萨克斯坦是中亚五国中经济发展最快、经济实力最强的国家，是中亚地区目前最大的经济体。哈萨克斯坦经济沿袭苏联传统模式，以石油、天然气、采矿、煤炭和农牧业为主，加工业和轻工业相对落后。哈萨克斯坦丰富的石油能源和矿产资源是外商投资的主要领域，其得天独厚的自然条件为哈萨克斯坦国民经济的发展提供了充足的物资保障，带动国内经济迅速发展。2019年，哈萨克斯坦国内生产总值为1801.62亿，同比增长4.5%，人均国内生产总值9683美元。

三、对外贸易概述

哈萨克斯坦自独立以来，奉行"全方位务实平衡"的对外贸易政策，注重与大国和周边国家的经贸往来，不断调整对外贸易体制与政策，力争尽快融入世界市场体系，在世界经济中谋求自己应有的地位。长期以来，哈萨克斯坦对外贸易商品结构单一，以低附加值的初级产品为主。近年来，哈萨克斯坦贸易政策具有出口多元化导向，鼓励出口市场多元化和出口商品多元化，促进了哈萨克斯坦对外贸易市场的多元化发展。2020年上半年，哈萨克斯坦对外贸易额为425亿美元，同比下降7.9%。其中，出口260亿美元，同比下降9.2%；进口165亿美元，同比下降5.8%。对外贸易实现贸易顺差95亿美元。其主要出口目的国为中国（占其出口总额的18.6%）、意大利（占比为15.3%）、俄罗斯（占比为8.1%）；主要进口来源国为俄罗斯（占其进口总额的36.1%）、中国（占比为15.2%）、韩国（占比为11.8%）。

俄罗斯是哈萨克斯坦第一大贸易国，在哈萨克斯坦外贸总额中占比达20.5%。2019年，哈萨克斯坦和俄罗斯双边贸易额为196亿美元，较2018年增长6%。其中，哈对俄出口56亿美元，同比增长6.1%；哈自俄进口140亿美元，同比增长6.3%。几乎所有种类的商品贸易额均实现增长，其中高附加值制成品占比较大，原材料性商品贸易额占比下降。

2019年，哈萨克斯坦与欧亚经济联盟其他成员国贸易额为212.96亿美元，同比增长5.7%。其中，哈对联盟其他成员国出口63.17亿美元，同比增长4.5%；自联盟其他成员国进口149.79亿美元，同比增长6.3%。

从国别构成来看，俄罗斯在哈萨克斯坦与联盟成员国贸易总额中的占比约为92.4%，吉尔吉斯斯坦占比约为4%，白俄罗斯占比约为3.6%，亚美尼亚占比约为0.1%。从商品结构来看，哈萨克斯坦对联盟其他成员国主要出口商品包括矿产品（占比39.4%）、金属及其制品（占比26%），化工品（占比14.4%）、动植物源性商品及食品（占比10%），机械设备、运输工具及仪器仪表（占比7.8%）等；主要进口商品包括机械设备及运输工具（占比27.5%）、金属及其制品（占比15.7%）、化工品（占比14.7%）、动植物源性产品及食品（占比14.1%）、能矿产品（占比12.6%）等。

四、中国与哈萨克斯坦的经贸关系

2013年9月，习近平主席在哈萨克斯坦纳扎尔巴耶夫大学发表演讲时提出了建设"丝绸之路经济带"倡议。2014年11月，哈萨克斯坦首任总统纳扎尔巴耶夫提出"光明之路"新经济政策，并将其与中国的"一带一路"倡议对接。2016年9月，中哈正式签署了《关于"丝绸之路经济带"建设与"光明之路"新经济政策对接合作规划》，确定两国合作愿景是提高两国基础设施互联互通水平，推动投资贸易发展，加强交通运输、工业农业、能源、新兴产业、金融、知识产权等领域的深度合作，充分发挥双方优势和潜力，不断拓展互利共赢的发展空间，促进共同繁荣，提升在国际市场上的联合竞争力。两国经济存在很强的互补性，通过互通有无、互利合作，可以取得互利共赢、共同发展的结果。当前,中哈在各领域积极开展务实合作,成为"一带一路"框架下互利共赢的合作典范。

中哈两国有 1700 多千米的边境线。截至 2020 年 12 月,中哈开放的口岸有:阿拉山口—多斯特克、霍尔果斯—阿腾科里 2 个铁路口岸,阿拉山口—多斯特克、霍尔果斯—努尔饶尔、都拉塔—科里扎特、巴克图—巴克特、吉木乃—迈哈布奇盖 5 个公路口岸。

中哈霍尔果斯国际边境合作中心是两国在霍尔果斯口岸建立的跨境经济贸易区和区域合作项目,是中国与其他国家建立的首个国际边境合作中心,也是上海合作组织框架下的区域合作示范区。合作中心总面积 5.6 平方公里,其中中国区域 3.43 平方公里,哈萨克斯坦区域 2.17 平方公里,于 2006 年开工建设,2012 年 4 月正式封关运营。合作中心的主要功能包括贸易洽谈、商品展示和销售、仓储运输、餐饮服务、商业服务、金融服务、教育培训、医疗卫生等。合作中心是世界上首个跨境自由贸易区。中哈两国公民和第三国公民,无须签证即可凭护照或出入境通行证等有效证件出入,实现面对面进行商贸洽谈和商品交易。合作中心享受的主要特殊政策有:一是从中方入区的建设物资和自用设备实行退税,从哈方入区的建设物资和自用设备实行免税;二是从中方入区游客每人每天可购买 8000 元人民币的免税商品,从哈方入区的游客每人每天可以购买 1500 欧元的商品;三是凡是入区的经营者或游客可以在区内一次合法停留 30 天,30 天内出区查验后再次进入,即一年出入 12 次,可实现合作中心内长年居住。

中国是哈萨克斯坦仅次于俄罗斯的第二大贸易伙伴国。2020 年上半年,哈萨克斯坦与中国的双边贸易额为 93.5 亿美元,同比下降 1.7%。其中,哈萨克斯坦自中国进口 40.7 亿美元,同比下降 19.4%;对中国出口 52.8 亿美元,同比增长 18.5%。双边贸易逆差为 12.1 亿美元,同比下降 303.7%。

中国是哈萨克斯坦第一大出口目的国和第二大进口来源地。在哈萨克斯坦主要进口的机电产品、金属及其制品、纺织品三大类产品中,中国的占比分别为 42.5%、1.4%、8.1%。在哈萨克斯坦主要出口的矿产品、金属及其制品、化工产品三大类产品中,中国的占比分别为 64.9%、19%、12.2%。哈萨克斯坦与中国贸易合作的结构性整合提升了两国在国际市场的地位,实现了两国经济的双赢。

第二章 哈萨克斯坦海关管理

第一节 哈萨克斯坦海关概况

一、机构沿革

1991年12月12日,哈萨克斯坦共和国海关委员会正式设立,由总统直接管辖。1992年11月12日,改组为哈萨克斯坦共和国财政部海关总局,并隶属于财政部管辖。1995年4月1日,改组为哈萨克斯坦共和国部长会议海关委员会。1995年10月11日,变更为哈萨克斯坦共和国海关委员会。1997年1月14日,更名为哈萨克斯坦共和国国家海关委员会。1998年10月12日,改组为哈萨克斯坦共和国国家税收部海关委员会。2002年8月28日,改为哈萨克斯坦共和国海关监管总局,重新划归总统管辖。2004年12月31日,组建哈萨克斯坦共和国财政部海关监管委员会,隶属于国家财政部。2014年8月15日,哈萨克斯坦共和国财政部海关监管委员会和税务委员会合并成立哈萨克斯坦财政部国家收入委员会。委员会主席的行政级别为副部级,由财政部长任免。目前,委员会设有1位主席、3位副主席,其中1位副主席分管海关工作。

二、机构体系

哈萨克斯坦共和国财政部国家收入委员会在职权范围内负责管理海关事务,并履行哈萨克斯坦共和国海关法律规定的其他职能。哈萨克斯坦共和国海关机构按照层级划分,具体包括:

1. 海关事务领域国家中央机关;
2. 各州、直辖市及首都的地区海关机构;
3. 海关;
4. 海关站;
5. 在欧亚经济联盟关境设立的检查放行站和办理通关业务的其他地点;
6. 专门机构和组织。

根据哈萨克斯坦政府的决定,海关在全国设立信息计算中心、实验室及训犬、教学、研究等专门机构,设立高等教育和继续教育机构,组建国有企业,协助海关履行职责。

三、机构设置

哈萨克斯坦共和国财政部国家收入委员会中央机关共设有 10 个司、48 个局,人员编制共 694 人。主要包括:国家机密保护局,法规局,国际合作局,信息安全局,人力资源和内部管理司(内设人力资源局、组织局、财务保障局、主席秘书局、技术基础设施局),统计分析和风险管理司(内设风险管理局、分析统计局、业务流程自动化局、战略发展局),公共服务司(内设公共申报局、国家服务局、联络中心局、个人账户管理和支付管理局、消费税管理局),信息技术司(内设信息系统维护局、信息系统开发局、数字化协调局),非生产支付、个人和特殊税制管理司(内设非生产支付管理局、特殊税收制度和个人创业管理局、非贸易营业额管理局、个人资产和债务管理局、个人所得税管理局),综合业务司(内设法人税收局、个人税收局、海关税收局、归类和原产地局、海关业务局、预检查审议局),行政管理司(内设增值税管理局、远程监控局、端口监控局),审计司(内设海关稽查局、税务稽查部、出口管制局),监管司(内设转运监管局、监管通关局、关税调控和海关价格管理局),税收管理司(内设大型纳税人管理局、非居民税务局、税收水平监控局、能源资源管理局),专业化管理局,情报中心局(监控指挥中心),债务和资不抵债债务人管理局。

哈萨克斯坦共和国财政部国家收入委员会在努尔苏丹、阿拉木图和奇姆肯特市及阿特劳州、卡拉干达州、东哈州、西哈州、阿拉木图州、江布尔州、北哈州、巴甫洛达尔州、科斯塔奈州、阿克莫拉州、图尔克斯坦州、曼格斯套州、克孜勒奥尔达州、阿克纠宾州 14 个地方州共设有 17 个分支机构。此外,委员会还下设方法研究中心和中央海关实验室。

四、发展战略

2019 年 2 月 19 日,哈萨克斯坦财政部国家收入委员会主席签署第 80 号令正式通过《哈萨克斯坦国家收入委员会 2019—2021 年发展战略》,旨在为本国企业和人民创造更好的生产和生活条件,建立有利的经济发展环境,确保透明的税收和海关管理体系,保护国家利益并为国家提供稳定的财政收入。

该发展战略规划的主要措施包括:开发电子信息系统,推动税收管理逐步实现远程自动化；深化与工商界的伙伴关系，发展与企业之间的对话机制；引入国家商品标签和可追溯性系统；整合税收和海关信息系统，引入海关业务"单一窗口"，提高税收和海关管理的透明度，减少对外贸易的行政壁垒和办理进出口业务的时间；改进风险管理系统，高度关注高风险经济行为；扩大自愿履行税收义务的原则，刺激非现金支付。

第二节 海关法律体系

哈萨克斯坦共和国在欧亚经济联盟框架内实施海关管理的法律依据包括：欧亚经济联盟内部调整海关法律关系的国际协议（包括《欧亚经济联盟海关法典协议》）、欧亚经济联盟与第三方签订的国际协议和构成欧亚经济联盟法律的法律文件（以下简称欧亚经济联盟海关法律），以及2014年5月29日签订的《欧亚经济联盟协议》（以下简称"联盟协议"）。欧亚经济联盟海关法律未予规定的海关法律关系，由哈萨克斯坦海关法律负责调整。

哈萨克斯坦海关法律以哈萨克斯坦宪法为基础，包括《哈萨克斯坦共和国海关法典》（以下简称《哈萨克斯坦海关法典》）及根据该法典制定的规范性法律文件。如果哈萨克斯坦批准的国际条约对《哈萨克斯坦海关法典》中未包含的条款作出明确规定，则适用国际条约的规定。如果《哈萨克斯坦海关法典》与哈萨克斯坦其他涉及海关管理的法律文件相抵触，则应适用《哈萨克斯坦海关法典》的规定。

根据《哈萨克斯坦共和国刑事诉讼法》的规定，海关对涉及海关事务的刑事犯罪进行预审调查。根据《哈萨克斯坦共和国行政处罚法》的规定，海关对行政违法行为提起诉讼并追究相关人员的行政责任。根据欧亚经济联盟成员国国际条约和哈萨克斯坦国际条约的规定，海关在办理刑事案件和行政违法案件过程中与国外海关开展法律援助和互助合作。

第三节 海关职责

哈萨克斯坦海关负责在哈萨克斯坦拥有专属管辖权的部分欧亚经济联盟关境内（即哈萨克斯坦国境），对进出口贸易各方关系的协调和管理，其中包括：制定商品进出欧亚经济联盟关境及其在欧亚经济联盟关境内或关境外存放、使用的程序及要求，制定商品抵离欧亚经济联盟关境、临时存储、申报、放行及其他通关业务的办理程序，制定缴纳海关税费、保障措施关税、反倾销税、反补贴税及实施海关监管等通关业务的程序，制定海关机构与欧亚经济联盟关境内或关境外货物所有权、使用权和处置权行使人之间权利关系的管理规定。

一、海关政策领域职责

根据欧亚经济联盟海关法律和哈萨克斯坦法律的规定，海关政策领域国家机构的职权范围为：

1. 拟订哈萨克斯坦海关政策提案；
2. 在职权范围内制定和批准《哈萨克斯坦海关法典》规定的规范性法律文件；
3. 履行《哈萨克斯坦海关法典》、哈萨克斯坦其他法律、哈萨克斯坦总统和政府法令授权的其他职能。

二、海关事务领域职责

根据欧亚经济联盟海关法律和哈萨克斯坦法律，海关事务领域国家机构的职权范围为：

1. 在职权范围内制定并批准《哈萨克斯坦海关法典》规定的规范性法律文件；
2. 对哈萨克斯坦的海关机构实施管理；
3. 确定其组成部门的职权范围；
4. 在欧亚经济联盟海关法律未作出明确规定的情况下，制定并批准关于本国设立海关、海关站和检查放行站及其分类、分级规则，以及其附属设施和科技装备的配备标准和规范性要求；
5. 建立信息系统、通信系统、数据传输系统、海关监管技术设备系统，配备信息保密设备；
6. 负责《海关事务从业者名录》和《经认证经营者（AEO）名录》登记注册工作；
7. 实施海关行政管理；
8. 对欧亚经济联盟进出境货物和运输工具实施海关监管；
9. 确保定期、及时向外贸企业和海关事务领域活动参与者提供信息，其中包括欧亚经济联盟海关法律和哈萨克斯坦海关法律的修订信息；
10. 开展海关统计；
11. 制定和批准通关业务的操作规程；

12. 制定和批准海关检查和海关监管保障措施的实施细则；

13. 参与制定出口监管领域的法律文件；

14. 在直属海关机构设立机动督察工作组；

15. 履行《哈萨克斯坦海关法典》、哈萨克斯坦其他法律、哈萨克斯坦总统和政府法令授权的其他职能。

第四节　海关的任务和职能

一、哈萨克斯坦共和国海关的任务

1. 保护哈萨克斯坦国家安全、人民健康安全、动植物生命健康及自然环境；

2. 确保在职权范围内保护哈萨克斯坦的主权和经济安全；

3. 为欧亚经济联盟进出境货物创造便利快捷的通关条件；

4. 保障哈萨克斯坦海关法及其他由海关负责监督实施的法律（以下简称"哈萨克斯坦海关法律"）、欧亚经济联盟海关法律的实施；

5. 执行《哈萨克斯坦海关法典》规定的其他任务。

二、哈萨克斯坦共和国海关的职能

1. 办理通关手续，实施海关监管；

2. 征收海关税费及特别关税、反倾销税和反补贴税，核查税款计征的准确性和缴纳的及时性，实施税款抵扣（退回），采取强制征缴措施；

3. 保障欧亚经济联盟进出境货物遵守关税调控措施、禁限措施及国内市场保护措施；

4. 保障法人或自然人在欧亚经济联盟进出口货物时的合法权益，为加快进出境货物通关创造条件；

5. 根据欧亚经济联盟成员国之间签署的国际条约，对进出欧亚经济联盟关境的成员国货币、证券或有价证券、旅行支票进行监管，采取措施打击犯罪活动收益合法化（洗钱）和资助恐怖主义的行为；

6. 根据哈萨克斯坦法律侦查、预防和制止刑事犯罪和行政违法活动；

7. 实施知识产权保护；

8. 开展海关统计；

9. 参与哈萨克斯坦海关管理制度的完善和实施；

10. 促进欧亚经济联盟共同贸易政策的实施；

11. 优化海关申报和海关监管业务办理流程，简化欧亚经济联盟进出境货物和运输工具通关手续；

12. 对放行后的货物实施海关稽查，对未按期缴纳的海关税费、保障措施关税、反倾销税、反补贴税、罚款和利息采取强制征缴措施；

13. 保障哈萨克斯坦履行国际义务，并参与制定哈萨克斯坦海关事务领域的国际条约；

14. 参与海关基础设施和信息技术的建设和发展；

15. 在口岸和货物进出境地实施辐射监测；

16. 在欧亚经济联盟关境的公路口岸实施卫生检疫；

17. 在欧亚经济联盟关境的公路口岸、海运口岸和货物进出境地对国际运输工具进行检查；

18. 根据哈萨克斯坦国际条约与国外海关及相关机构、国际组织开展合作；

19. 根据哈萨克斯坦法律实施出口管制；

20. 组织和开展海关工作人员培训、在职培训和技能培训；

21. 哈萨克斯坦法律规定的其他职能。

第五节　海关的权利和义务

一、海关依法享有的权利

1. 要求哈萨克斯坦国家机关、外国机构、报关人、海关事务领域从业者和被检查的法人或自然人向海关提交相关信息，以及涉及海关事务的单证和信息；

2. 聘请相关领域的专家参与海关检查；

3. 拦截未经海关许可擅自离开欧亚经济联盟关境的车辆，并强制船舶和飞机返航；

4. 依法向法院提起诉讼；

5. 依法拘留并移交违反海关法律的人员至海关或其他机构；

6. 依法拍摄视频和相片或文字记录取证；

7. 根据哈萨克斯坦国际条约向外国派遣海关代表；

8. 开发、创建、获取和运行信息、通信、数据传输、海关监管技术设备等系统，配备信息保密设备；

9. 采购履行海关职能所需的特种设备等相关物资；

10. 依法使用武力和特种设备；

11. 编写笔录并审理行政违法案件，实施行政拘留，并采取哈萨克斯坦行政法法典规定的其他措施；

12. 根据哈萨克斯坦法律规定的程序开展科研、教育和出版活动；

13. 在收到执法机构或其他国家机构提供的涉嫌犯罪活动收益合法化和资助恐怖主义行为的信息后，依法扣押（暂扣）通过欧亚经济联盟关境转移的现金或货币；

14. 行使《哈萨克斯坦海关法典》、哈萨克斯坦其他法律、哈萨克斯坦总统法令和哈萨克斯坦政府法令规定的其他权利。

二、海关应当履行的义务

1. 在职权范围内保护国家利益；
2. 保护申报人、从事海关事务的法人和自然人的合法权利；
3. 按照哈萨克斯坦法律规定的期限和方式，审议对海关机构或海关关员的决定、行为（不作为）提起的投诉；
4. 加快欧亚经济联盟进出口货物通关速度，促进对外贸易发展；
5. 对进出境货物和运输工具实施海关监管；
6. 在权限范围内向报关人员、从事海关事务的法人和自然人提供协助，以保障上述人员的权利；
7. 确保全额收取各项税款并及时将海关税费、保障措施关税、反倾销税、反补贴税等税款转入国库预算；
8. 根据《哈萨克斯坦海关法典》规定的期限，在职权范围内对报关人、从事海关事务的法人和自然人的经营活动实施监管，监督欧亚经济联盟海关法律和/或哈萨克斯坦海关法律及其他法律规定义务的履行情况；
9. 开展外贸海关统计和专项海关统计；
10. 在职权范围内保护欧亚经济联盟关境，并对哈萨克斯坦海关法律和其他法律的执行情况进行检查；
11. 根据哈萨克斯坦法律规定，采取措施预防海关机构、海关关员及其家庭成员实施违法行为；
12. 在职权范围内开展预防、制止和侦查犯罪行为的工作；
13. 收集和分析海关事务领域违法犯罪行为的信息；

14. 与哈萨克斯坦国家安全机构和其他相关国家机构开展合作,共同采取措施保护欧亚经济联盟关境;

15. 对收到的关于海关事务的请求和建议,应当及时、客观和全面地予以研究并给出答复或采取相应行动;

16. 免费提供海关事务信息和咨询服务;

17. 按照哈萨克斯坦法律规定的程序,在协商一致并签订协议的基础上与哈萨克斯坦相关国家机构开展合作;

18. 与外贸企业、企业联合会(联盟)、哈萨克斯坦企业家协会及非营利组织开展合作,运用有效的海关管理手段不断完善海关事务;

19. 向环境保护机构提供哈萨克斯坦进口商信息,包括其法定地址、商品(货物)的数量和名称;

20. 对未如期支付的海关税费、税款及罚款和利息实施追缴;

21. 按照欧亚经济联盟和哈萨克斯坦海关法律实施海关管理;

22. 根据哈萨克斯坦共和国法律,在将货物交给相关机构之前,保证属于国家所有的商品的完整性;

23. 《哈萨克斯坦海关法典》、哈萨克斯坦其他法律、哈萨克斯坦总统令和哈萨克斯坦政府令规定的其他义务。

根据哈萨克斯坦法律规定,如海关发现属于哈萨克斯坦其他国家机构权限范围的刑事犯罪或行政违法行为,应当按照法定的程序和期限向相关国家机构转交相关材料。

根据哈萨克斯坦法律规定,海关应对其作出的非法决定、行为(不作为)造成的损害承担法律责任。海关机构或其工作人员作出的非法决定、行为(不作为)造成法人和自然人损失的,海关机构或其工作人员应当根据哈萨克斯坦法律的规定予以赔偿。海关机构工作人员应对做出的非法决定和行为(不作为)负责。

海关机构工作人员的合法决定和行为对法人和自然人造成的损失,不予赔偿。

第六节　口岸管理

一、管理体制

哈萨克斯坦没有设立专门的口岸管理机构,哈萨克斯坦政府、国家安全委员会、财政部、外交部、内务部、交通和通信部等机构在各自职权范围内履行口岸管理相关职能,哈萨克斯坦政府统一负责口岸监管部门之间的协调和配合。

二、口岸管理部门职责

(一)哈萨克斯坦政府

1. 负责制定和颁布口岸管理规范性法律文件;
2. 确定国家边界基础设施建设和设立的程序;
3. 划定口岸区域、检疫区域的边界;
4. 在部分边境实行临时禁止或限制进出境措施;
5. 确定口岸建设、开放(关闭)、运行(运营)、分类和分级规则,以及口岸技术设备、升级改造、配套基础设施建设的要求;
6. 批准口岸开放。

(二)哈萨克斯坦国家安全委员会边防局

1. 负责在其权限范围内对口岸区域的国家边界实施保护,保护进出境人员、组织和国家的利益;
2. 批准保护口岸区域的规定;
3. 与财政部国家收入委员会、交通和通信部共同研究制定人员、运输工具、商品经哈萨克斯坦口岸进出境的规范性流程。

(三)哈萨克斯坦财政部国家收入委员会

1. 采取措施保护进出境人员、组织和国家的经济利益和其他利益;
2. 负责在其权限范围内实施海关监管和其他类型的监管,办理运输工具、货物和物品进出境许可证件;
3. 协助哈萨克斯坦国家安全委员会边防局保护国家边境;
4. 维护口岸工程技术设施、通信设施、防护设施,并保障口岸技术设备的运行和安全。

(四)哈萨克斯坦外交部

1. 参与涉及口岸管理的国际条约谈判;
2. 实施外交政策、国际法律支持以保护国境。

(五)哈萨克斯坦内务部

1. 在哈萨克斯坦法律规定的情况下参与国家边界保护工作;

2. 根据哈萨克斯坦国家安全委员会边防局的建议，临时限制或禁止哈萨克斯坦公民、外国人和无国籍人进入边界区域及相关场所。

（六）哈萨克斯坦交通和通信部

1. 依职权在航空、铁路、海运（河运）和公路口岸设立相关基础设施；
2. 在边界区域的入口处安装道路（信息）标志。

三、口岸管理改革情况

2020年3月，哈萨克斯坦政府通报将研究成立负责边境口岸建设发展的专门机构。目前，哈萨克斯坦与中国、乌兹别克斯坦和土库曼斯坦的边境口岸由财政部国家收入委员会负责管理，而在欧亚经济联盟框架下，哈萨克斯坦与吉尔吉斯斯坦、俄罗斯的边境口岸事务则由国家安全委员会边防局管理。

为系统改善口岸基础设施，2019年10月25日，哈萨克斯坦政府召开国家边防委员会会议，决定将国家安全委员会边防局管理的边境口岸交由工业和基础设施发展部实施改造。改造完成后，相关口岸管理权再交还边防局。为统一制定实施水、陆、空边境口岸国家政策，哈政府正研究成立隶属工业和基础设施发展部的专门机构，负责边境口岸基础设施的建设、发展和管理。

四、中哈边境口岸概况

中国与哈萨克斯坦间的陆路开放口岸均为常年开放口岸，具体见表3–1。

表3–1 中国与哈萨克斯坦口岸开放情况表（截至2020年12日）

序号	中方口岸名称	中方口岸位置	哈方口岸名称	哈方口岸位置	口岸种类	开放时间
铁路口岸						
1	阿拉山口	新疆维吾尔自治区博尔塔拉蒙古自治州博乐市	多斯特克	阿拉木图州阿拉科里区	多边（国际）客货运输口岸	昼夜
2	霍尔果斯	新疆维吾尔自治区伊犁哈萨克自治州霍城县	阿腾科里	阿拉木图州潘菲洛夫区	多边（国际）客货运输口岸	昼夜

表3-1 续1

序号	中方口岸名称	中方口岸位置	哈方口岸名称	哈方口岸位置	口岸种类	开放时间
公路口岸						
1	霍尔果斯	新疆维吾尔自治区伊犁哈萨克自治州霍城县	努尔饶尔	阿拉木图州潘菲洛夫区	多边（国际）客货运输口岸	白天
2	都拉塔	新疆维吾尔自治区伊犁哈萨克自治州察布查尔县	科里扎特	阿拉木图州维吾尔区	双边客货运输口岸	白天
3	阿拉山口	新疆维吾尔自治区博尔塔拉蒙古自治州博乐市	多斯特克	阿拉木图州阿拉科里区	多边（国际）客货运输口岸	白天
4	巴克图	新疆维吾尔自治区塔城地区塔城市	巴克特	东哈萨克斯坦州乌尔加尔区	多边（国际）客货运输口岸	白天
5	吉木乃	新疆维吾尔自治区阿勒泰地区吉木乃县	迈哈布奇盖	东哈萨克斯坦州斋桑区	多边（国际）客货运输口岸	白天

第三章　哈萨克斯坦通关程序

第一节　概　述

哈萨克斯坦进出口货物通关业务办理程序由欧亚经济联盟海关法、哈萨克斯坦海关法确定。通关业务办理程序和规则根据进出境商品种类、运输方式、进出口货物收发货人、监管方式及申报方式的具体内容确定。

一、办理通关业务的地点和时间

海关机构在其办公地点和工作时间受理通关业务。在哈萨克斯坦海关法规定的情况下，根据相关人员提出的合理请求，海关机构可以在非办公地点和/或工作时间以外受理部分通关业务。

二、办理通关业务所需的单证和信息

哈萨克斯坦海关法规定的相关法人和自然人有权向海关提供办理通关业务所需的单证和信息。海关有权要求上述法人和自然人提供哈萨克斯坦海关法和其他法律及欧亚经济联盟海关法规定提交的办理通关业务所必需的单证和信息。

如果海关可以从海关信息系统或欧亚经济联盟成员国国家机关（组织）信息系统中获取办理通关业务所必需的单证和信息，则相关法人和自然人在办理通关业务时可以不向海关提供上述信息。在这种情况下，相关法人和自然人应当在报关单上对上述信息予以标注。

海关可以从海关信息系统和欧亚经济联盟成员国国家机关（组织）信息系统获取的办理通关业务所需的单证和信息目录，应当在海关官网或通过其他方式对社会予以公告。

办理通关业务所需的单证可以以电子文件或纸质文件的形式提交。如果联盟条约、欧亚经济联盟海关法和哈萨克斯坦国际条约未规定必须提交上述单证的原件，则允许提交这些单证的副本（包括电子文件的纸印本）。

办理通关业务时，可以向海关提交哈萨克语、俄语或其他外语的单证。海关有权要求对用哈萨克语或俄语以外的语言填报的通关业务单证进行翻译。

根据哈萨克斯坦国际条约和海关法的规定，在非欧亚经济联盟成员国填制和使用的通关单证可用于办理通关业务。

三、通关程序概述

（一）预先信息申报

根据欧亚经济委员会的规定，所有进境商品在进境之前，必须提前向海关提交货物、物品及其运输工具的相关信息。预先信息分为两类：第一类是用于开展评估风险、确定查验对象的预先信息，必须在货物入境前提交；第二类是用于加快海关作业、提升通关效率的预先信息，可以自愿选择申报。根据进口货物运输方式、申报监管方式的类型，承运人及其代理人负责向海关提交相应的电子信息和随附单证。

（二）货物运抵、运离欧亚经济联盟关境的通关手续

货物进境后，应当存放在海关监管区内，承运人负责在规定期限内向海关提交货物运抵通知。在提交运抵通知后的 3 小时内，申报人应当办理货物进口申报或其他相关手续。在海关作出撤销报关单、延长或暂停放行期限、不予放行等决定的情况下，应当办理进口货物临时存储或出境手续。

货物出境时，承运人和申报人应当向海关提交出口货物申报单证和信息。经海关批准后，出口货物方可离开欧亚经济联盟关境。

（三）进出境运输工具的申报

在国际运输工具进出境之前或在实际进出境时，承运人及其代理人应当向海关提交电子或纸质形式的运输工具申报单，办理申报和放行手续。暂时进境运输工具在联盟关境内停留或使用时，无须缴纳进口关税，在关境内停留的期限由海关根据承运人的申请确定。除国际列车等特殊情况外，暂时进境的运输工具不得在联盟关境内经营境内运输。海关对暂时出境的运输工具在联盟关境外的停留期限不作限定。

（四）进出口货物的申报

申报人或报关代理人应当根据货物报关单、转运货物申报单的填制规范，向海关申报进出口货物相关信息并提交随附单证。除特殊情况外，进口货物

报关单证应在货物临时储存期限届满前递交，出口货物报关单证应在其离开联盟关境前递交。根据进出口货物的用途及申报的监管方式，申报人可以选择特殊方式进行申报，包括提前申报、不完整申报和定期申报、临时申报、成套未组装件和拆散件申报等。

（五）税费缴纳

哈萨克斯坦海关征收的税费主要包括进出口关税、增值税、消费税、保障措施关税、反倾销税、反补贴税，还包括报关费、海关押运费、海关预决定费等海关规费。海关根据申报信息和进出口货物实际情况确定商品归类、完税价格和原产地，结合海关监管方式计算或核实进出口货物应当缴纳的税款。

申报人在缴纳海关税费、滞纳金、利息时，可以适用预缴款制度，具体是指申报人在货物实际进出境前将资金存入指定账户，海关在货物正式申报后从预付款中自动扣除相应的税费款项。

（六）查验

为核实报关单申报信息，检查海关监管对象是否符合海关法及相关法律法规规定，海关在对进出境人员、货物、物品、运输工具和监管场所实施海关监管时，可以采用的检查形式包括问询、核查报关单证和信息、外形查验、开箱查验、人身检查、检查场所等措施。在实施查验后，海关应当按照规定程序和格式编制查验报告或结论。

（七）货物放行

除特殊情况除外，海关应在报关单接单登记之时起 4 小时内完成货物的放行。海关利用信息系统放行货物并形成电子单证，也可以通过在纸质报关单或者"报关单提交前放行货物申请单"上加盖印章放行货物。如果同一票货物报关单中申报的商品项超过两个及以上，海关可以对符合放行条件的部分商品予以放行。在符合海关规定条件的情况下，申报人可以在递交报关单前、办结单证和信息核查手续前、海关化验结果出具前等特定条件下办理货物放行手续。不符合放行条件的货物海关将不予放行。

（八）海关稽查

在进出口货物放行后 5 年内，海关可以对放行后的货物实施稽查。海关对被稽查人的会计账簿、会计凭证、发票等其他单证和信息进行检查，核查相关报关单及其随附单证信息的真实性。

海关稽查分为单证稽查和现场稽查。单证稽查是指海关在海关机构所在地对被稽查人在办理通关手续时提交的申报单、商业单证、运输单据和其他文件中的信息,以及海关掌握的相关单证和信息进行研究、分析和比对。现场稽查是指海关前往法人所在地、个体经营者活动场所和/或上述人员实际开展业务的地点实施的检查。稽查人员开展现场稽查时,可以对储存货物和单证的场所、场地实施查封。根据稽查结果,海关稽查人员应当编制《稽查报告》、"稽查决定书"和"稽查结果通知书"。

四、禁止和限制规定

(一)海关对禁止和限制进出境商品的规定

除哈萨克斯坦国际条约、欧亚经济联盟海关法和哈萨克斯坦海关法另有规定外,禁止和限制进境的商品运抵欧亚经济联盟关境后,不得从国际运输工具上卸下(为退运而转载到其他国际运输工具的情况除外),应立即从欧亚经济联盟关境运出。除哈萨克斯坦国际条约和该国法律另有规定外,承运人或对上述进境商品拥有所有权、使用权和处置权的人员负责采取措施,将禁止和限制进境的商品从欧亚经济联盟关境退运出境。

除哈萨克斯坦国际条约另有规定外,禁止和限制出境的商品不得从欧亚经济联盟关境实际出境。

(二)海关对禁止和限制进出境商品的处置

如果发现商品到达欧亚经济联盟关境或离开欧亚经济联盟关境时未遵守禁止和限制规定,海关将作出禁止上述商品进入联盟关境或从联盟关境出境的决定,并在作出上述决定后的3小时内通知承运人。在无承运人的情况下,海关应当通知商品进境至联盟关境或从联盟关境出境时对其拥有所有权、使用权和处置权的人员,并在运输单证上作出禁止货物进出境的标注,或者在海关信息系统与承运人信息系统相互连接的情况下发送禁止进出境的电子通知。

(三)海关对禁止和限制进出境商品的扣留

在收到海关禁止商品进入欧亚经济联盟关境的决定后,如果无法立即将商品退运出境,上述商品将被海关予以扣留。在收到海关禁止商品从欧亚经济联盟关境出境的决定后,如果未在收到上述决定后1个工作日内将商品从出境地运回至欧亚经济联盟关境内,上述商品将被海关予以扣留。通过水路、航空或铁路运输的商品被禁止出境时,如果未在国际运输港口、机场或火车站作业流程规定的期限内将商品从出境地运回欧亚经济联盟关境内,上述商品将被海关予以扣留。

第二节　预先信息申报

一、预先信息的用途

在商品运抵欧亚经济联盟关境前,海关提前获取进境商品信息,用以开展风险评估,并预先选择海关查验对象和查验方式及海关监管保障措施。海关还可以利用预先信息加快通关作业,提高海关监管效率。

二、预先信息的分类

进境商品抵达欧亚经济联盟关境之前,必须提前向拟入境地海关提交进境货物和运输工具的相关信息。预先信息根据其用途可以分为两类:

1. 必须提交的预先信息:海关用来评估风险、提前确定查验对象和查验方式及海关监管保障措施的信息。

2. 自愿提交的预先信息:海关为了加快通关作业和提高监管效率所使用的信息。

三、预先信息的提交期限

在货物运抵欧亚经济联盟关境之前 2 小时内,承运人、收发货人、报关代理人或其他相关人员应当提前向货物入境地海关提供进境运输工具和货物的信息。

四、预先信息的内容

根据进境货物的运输方式及海关使用预先信息的用途,欧亚经济委员会确定预先信息的内容、结构、格式及其提交的程序和期限。预先信息应当以电子文件的形式提交。

下面以公路运输方式为例,详细介绍进境运输工具及其载运的货物必须提交的预先信息和自愿提交的预先信息。

（一）必须提交的预先信息

1. 预先信息提交人的信息：法人或非法人组织的全称或缩写、自然人的姓名、地址；
2. 《报关代理人名册》编号（在报关代理人提交预先信息的情况下）；
3. 承运人信息：法人或非法人组织的全称或缩写、自然人的姓名、地址；
4. 牵引车号码、注册国籍、品牌、识别号（VIN）或车身和底盘（车架）的编号；
5. 挂车或半挂车号码、注册国籍、识别号（VIN）或车身和底盘（车架）的编号；
6. 货物的起运国和目的国；
7. 收发货人信息：运输单证中标注的名称和地址；
8. 行驶路线（暂时进境的国际运输车辆需要申报）；
9. 国际运输交通工具进境目的（暂时进境的国际运输车辆需要申报）；
10. 用于修理和维护国际运输工具的零件或设备的名称（暂时进境的国际运输车辆需要申报）；
11. 国际货物运单编号及其填制地点和日期；
12. 货物件数；
13. 货物唛头和包装类型；
14. 运输单证中标注的货物名称；
15. 货物毛重（千克）或体积（立方米）；
16. 货物运抵联盟关境的地点（边境口岸代码）；
17. 集装箱号码；
18. 货物卖方信息：承运人持有的商业单据中标注的货物卖方的名称和地址（如果卖方不是发货人）；
19. 货物买方信息：承运人持有的商业单据中标注的货物买方的名称和地址（如果买方不是收货人）；
20. 《欧亚经济联盟对外经济活动统一商品目录》6位以上商品编码；
21. 遵守禁限规定的相关信息：入境许可、动植物检疫证书、商品国家注册证书、原产地证书、品质证书等许可证件信息。

（二）自愿提交的预先信息

1. 办理运输工具监管手续时提交的预先信息

（1）必须提交的预先信息；

（2）国际运输车辆及货物的总重量；

（3）装货地点（国家、城市）和日期；

（4）卸货地点（国家、城市）；

（5）驾驶员的姓名；

（6）许可证类型、编号、签发日期和有效期（根据法律规定需要提供道路运输许可证时）。

2. 办理过境运输和转运通关手续时提交的预先信息

（1）运输单证中的发货人和收货人、申报人、承运人；

（2）货物起运国和指运国；

（3）承运货物的运输工具；

（4）商业和运输单证中的货物名称、数量和货值；

（5）《欧亚经济联盟对外经济活动统一商品目录》6位以上商品编码；

（6）毛重、体积及补充计量单位数量；

（7）货物件数；

（8）运输单证中的货物目的地；

（9）禁止和限制规定的遵守情况；

（10）运输途中拟开展的转运或装卸作业。

3. 办理货物临时存储手续时提交的预先信息

（1）预先信息提交人的信息：法人或非法人组织的全称或缩写、自然人的姓名、地址；

（2）货物临时存储场地（临时存储仓库名称及其《临时存储仓库名册》编号和签发日期，或者在其他地点临时存储货物的许可证）；

（3）货物计划存储的时间；

（4）运输工具登记号码；

（5）收发货人信息：法人或非法人组织的全称或缩写、自然人的姓名、地址；

（6）运输和商业单证编号及填制（制发）日期；

（7）货物件数；

（8）运输单证中标注的货物名称；

（9）货物毛重（千克）或体积（立方米）；

（10）第二计量单位货物数量；

（11）集装箱号码；

（12）《欧亚经济联盟对外经济活动统一商品目录》6位以上商品编码；

（13）运输和商业单证中标注的货物价格；

（14）临时存储货物的特殊条件。

4. 办理动物检疫通关手续时提交的预先信息

（1）预先信息提交人的信息：法人或非法人组织的全称或缩写、自然人的姓名、地址；

（2）货物运抵联盟关境的地点（边境口岸代码）；

（3）运输工具登记号码；

（4）运输单证号码及填制日期；

（5）《欧亚经济联盟对外经济活动统一商品目录》6位以上商品编码；

（6）"进境或过境动物检疫许可证"编号及其签发机构和日期；

（7）"动物检疫证书"编号及签发日期、出口国签发证书的检验检疫机构名称；

（8）商品唛头信息；

（9）经营法定检疫商品流通业务的企业名称及编码；

（10）进口兽用药品注册信息（商品名称、注册证书编号及有效期、国家注册日期、制造商的名称和地址）；

（11）进口动物饲料添加剂、转基因生物饲料国家注册信息（名称，注册序列、号码、日期，证书有效期，制造商的名称和地址）；

（12）集装箱识别号（如果有）。

5. 办理植物检疫通关手续时提交的预先信息

（1）预先信息提交人的信息：法人或非法人组织的全称或缩写、自然人的姓名、地址；

（2）运输单证中的发货人和收货人；

（3）运输单证号码及填制日期；

（4）货物运抵联盟关境的地点（边境口岸代码）；

（5）运输工具号码；

（6）在进口高风险法定检疫植物及其产品时：出口国（复出口国）植物检疫机构签发的出口（复出口）植物检疫证书的编号、日期和国家；

（7）为了开展检疫科研活动进口的植物及其产品：进口许可证编号和签发日期，以及签发许可证的检疫机构名称；

（8）商品名称；

（9）《欧亚经济联盟对外经济活动统一商品目录》6位以上商品编码；

（10）货物的净重、毛重（千克）；

（11）商品原产地和地点；

（12）货物装运地点和日期；

（13）商品唛头信息；

（14）目的地海关机构代码；

（15）商品消毒信息；

（16）集装箱号码。

6. 办理卫生和流行病学检疫通关手续时提交的预先信息

（1）预先信息提交人的信息：法人或非法人组织的全称或缩写、自然人的姓名、地址；

（2）运输单证中的发货人和收货人；

（3）运输单证号码及填制日期；

（4）货物运抵联盟关境的地点（边境口岸代码）；

（5）运输工具号码；

（6）货物原产国、起运国和目的国信息；

（7）《欧亚经济联盟对外经济活动统一商品目录》6位以上商品编码；

（8）产品国家注册证书编号、签发日期和印刷编号；

（9）货物原产地证书或证实产品符合生产标准的文件（质量证书、安全证书、品质证书）的编号和签发日期；

（10）货物用途及应用领域；

（11）商品制造商名称和地点；

（12）集装箱号码。

五、预先信息的提交

进境商品在办理运抵报告、临时存储、申报及欧亚经济委员会规定的其他通关手续时，应当通过互联网借助海关机构的信息系统和预先信息提交人的信息系统以电子文件形式提交预先信息。预先信息的语言可选择哈萨克语、俄语或英语。

在欧亚经济委员会规定的情况下，提前申报电子报关单中申报的信息可以用作预先信息。在欧亚经济委员会未作出规定之前，按照哈萨克斯坦海关确定的程序，提前申报电子报关单中申报的信息可以用作预先信息。

办理提前申报通关手续时，在提前申报电子报关单被货物进境地海关接单后，提交的预先信息应当包括提前申报报关单编号，提前申报报关单中已申报的预先信息无须重复提交。

六、海关对预先信息的处置

按照欧亚经济委员会规定的办法和期限，海关对已提交的预先信息进行登记并编发预先信息注册号码。如果所提供的信息内容、结构和格式不符合欧亚经济委员会的要求，海关对预先信息不予登记。预先信息注册号码、不予登记决定及其原因等信息，应当以电子形式发送给预先信息提交人。除欧亚经济委员会另有规定外，预先信息自登记之日起 30 个自然日内存储在海关机构的信息系统中。期满后，此信息海关不再用作预先信息。

运抵欧亚经济联盟关境而未提供或未按照规定期限提交必须提交的预先信息的商品，以及未按照规定期限提交必须提交的预先信息的法人或自然人，将被认定为高风险商品和人员。根据风险管理系统布控结果，海关可能对上述商品实施开箱查验或其他形式的海关监管保障措施。由于技术故障、通信装置（电信网和互联网）运行中断、停电等原因导致海关信息系统故障，未能收到商品预先信息和/或未能对预先信息进行处理，海关应当根据商品运抵欧亚经济联盟关境时提供的信息（文件）决定进境商品的查验方式。

七、不予提交预先信息的情况

不予提交预先信息的情况包括：
1. 自然人携带进出欧亚经济联盟关境的自用物品；
2. 通过国际邮件寄递的商品；
3. 外国驻哈萨克斯坦使领馆和国际组织驻哈萨克斯坦代表机构办公物品；
4. 用于消除自然灾害、事故和灾难后果而进出境的物资；
5. 取得哈萨克斯坦法律规定的通行证（军用通行证）的军用物资；
6. 在入境地海关以特殊监管方式进境的商品；
7. 通过非欧亚经济联盟成员国国家运输的欧亚经济联盟货物；
8. 通过欧亚经济联盟关境进境到自由经济区的商品，且上述自由经济区的范围全部或部分处于欧亚经济联盟关境内；
9. 通过管道或电力线运输的货物；
10. 欧亚经济委员会确定的其他商品。

第三节　货物运抵欧亚经济联盟关境

一、货物运抵欧亚经济联盟关境时的处置

货物通过欧亚经济联盟关境后应由承运人运送至运抵地或者海关指定的其他地点。不得破坏货物包装，以及改变、去除、销毁、损坏或者更换海关

施加的关封、印章和其他标识。在进境货物运送至运抵地途中,由于事故、不可抗力作用或其他影响货物运输的原因,导致运输中断或者船舶、航空器被迫停泊或者降落,承运人应当采取措施保障货物完好无损,立即将相关情况和货物所在地报告最近的海关,并负责将货物运输至最近的海关或者海关指定的其他地点。

货物运送至运抵地或海关指定的其他地点后,应当存放在海关监管区内。但下列货物无须在海关监管区内存放:

1. 通过船舶或航空器运输方式,经欧亚经济联盟关境过境运输的货物,并且未在欧亚经济联盟关境内的港口和机场停靠或者降落;

2. 通过船舶或航空器运输方式,经非欧亚经济联盟成员国关境,从欧亚经济联盟关境内某地运输到另一地的欧亚经济联盟货物以及办理加工贸易和暂时进境通关手续的外国货物,并且未在非欧亚经济联盟成员国关境内的港口和机场停靠或者降落;

3. 管道运输或者输电线输送的货物。

二、货物运抵欧亚经济联盟关境时的通关手续

(一)提交单证和信息的时限

承运人应当在下列期限内通知海关货物运抵欧亚经济联盟关境,并根据货物运输方式向海关提交相应的单证和信息,或者提交载有预先信息登记号码信息的电子单证:

1. 公路运输货物:在货物到达运抵地后 1 小时内(如果货物在海关工作时间外到达运抵地,则自海关开始工作之时起 1 小时内提交);

2. 水路、航空或者铁路运输货物:港口、机场或者火车站国际业务流程规定的货物装卸作业时间内。

报关代理人或者受承运人委托的其他人可以以承运人名义提交上述单证和信息。如果提交的单证未以运抵国国家语言填制,承运人及其他相关人员应当负责翻译。

(二)适用的监管方式

1. 海关收到承运人提交的运抵通知后,将记录货物进境的日期和时间。在向海关提交运抵通知后的海关工作时间 3 小时内,承运人或者申报人应当办理以下相应通关手续:

(1)临时存储货物;

（2）将货物从运抵地运至临时存储场地；

（3）向海关申报货物；

（4）港口自由经济区内或者物流自由经济区内自由监管区监管方式进境货物；

（5）将货物从欧亚经济联盟关境运出。

2. 下列运抵联盟关境的货物不适用上述规定：

（1）违反禁止和限制规定应当立即从欧亚经济联盟关境运出的货物；

（2）船舶或者航空器载运进境，但不在欧亚经济联盟关境卸载的货物；

（3）从一架航空器换装到另一架航空器上的出境货物；

（4）经非欧亚经济联盟成员国关境，以过境运输监管方式从欧亚经济联盟关境内某地运输到另一地的欧亚经济联盟货物，以及办理加工贸易和暂时进境通关手续的外国货物；

（5）船舶和航空器从欧亚经济联盟关境内某地载运无须办理过境运输通关手续的联盟货物和外国货物出发，因事故、不可抗力或者其他原因在非欧亚经济联盟成员国境内进港或者迫降后，抵达欧亚经济联盟关境内另一地；

（6）经非欧亚经济联盟成员国关境，无须办理过境运输通关手续，从欧亚经济联盟关境内某地运输到另一地的欧亚经济联盟货物的其他情况；

（7）外交邮袋；

（8）从邻国进口到欧亚经济联盟关境内自由经济区的外国商品。

（三）运抵货物的存储

在运抵地暂时存储的货物，可以在运抵地的场所进行暂存，也可以在海关指定的其他暂存地进行存放。如果外国货物不在运抵地暂存，则应当按照转运监管方式将外国货物从运抵地运送到暂存地。如果货物临时存储场地与运抵地处于同一居民点（村镇）的行政区域内，则无须实施海关转运监管（风险管理系统确定需要实施海关转运监管的情况除外）。

三、货物运抵申报时应向海关提交的单证和信息

承运人在向海关通报货物运抵欧亚经济联盟关境时，应提交下列单证和信息：

（一）公路运输

国际运输工具的经营证件、运输单据、万国邮政联盟规定的国际邮件随附单证、承运人持有的承运货物的商业单据，以及下列信息：国际运输工具的备案信息，货物承运人名称和地址，货物起运国和目的国，发货人和收货

人名称和地址,承运人持有的商业单据记载的货物买方和卖方信息,货物件数、唛头和包装种类,商品名称及《商品名称及编码协调制度》或者《对外经济活动品目录》规定的六位以上商品编码,货物毛重(千克)及体积(立方米),禁止或限制进境商品的信息,国际道路货物运单的填制地点和日期,集装箱识别号码。

(二) 船舶运输

总申报单、货物申报单、船舶备用品申报单、船员个人物品申报单、船员名单、旅客名单、运输单据、万国邮政联盟规定的国际邮件随附单证,以及下列信息:船舶国籍及备案信息,船舶名称和描述,船长姓名,船舶代理人名称和地址,船舶所载旅客信息(数量、姓名、国籍、出生日期和地点、登船港和离船港),船员数量及成员,船舶起航港和停泊港名称,货物件数、唛头和包装种类,商品名称、数量及描述,装货港和卸货港名称,港口卸载货物的运输单据号码,剩余货物卸货港名称,货物始发港名称,现有备用品名称和数量,是否载有国际邮件、武器、弹药等危险物品,是否携带含有麻醉品、烈性物质、精神药物和有毒物质成分的药品,集装箱识别号码。

(三) 航空运输

民航领域国际条约规定的承运人标准单证(总申报单)、货物舱单、航空器备用品申报单、运输单据、旅客舱单、万国邮政联盟规定的国际邮件随附单证、承运人持有的承运货物的商业单据,以及下列信息:航空器国别标志和登记标志,航班号,航空器飞行路线、起飞港和到达港,航空器运营人名称,机组人员数量和成员,航空器所载旅客信息(数量、姓名和父称、登机港和离机港名称),货物名称,货物运单号及每份运单的货物件数,装货港和卸货港名称,装载或者卸载的机载备用品数量,是否载有国际邮件、武器、弹药等禁止或限制进境物品,是否携带含有麻醉品、烈性物质、精神药物和有毒物质成分的药品,集装箱识别号码。

(四) 铁路运输

运输单据、铁路机车车辆交接单、备用品申报单、万国邮政联盟规定的国际邮件随附单证、承运人持有的承运货物的商业单据,以及下列信息:发货人和收货人名称和地址,货物发货站和到货站名称,货物件数、唛头和包装种类,商品名称和《商品名称及编码协调制度》或者《欧亚经济联盟对外经济活动统一商品目录》规定的6位以上商品编码,货物毛重(千克),集装箱识别号码。

无论货物以何种运输方式运抵欧亚经济联盟关境，承运人在提交运抵报告时应当提交以下单证和信息：

1. 证明遵守禁止和限制规定的单证或信息；

2. 如果运抵欧亚经济联盟关境的货物已经向海关提交预先信息，则应当提供预先信息登记号码；

3. 经非欧亚经济联盟成员国关境，以过境运输监管方式运抵欧亚经济联盟关境的欧亚经济联盟货物及办理加工贸易和暂时进境通关手续的外国货物，应当提供过境运输（转运）申报单。

如果承运人提交的单证未包含所有应当申报的信息，或者未提交证明遵守禁止和限制规定的单证，承运人应当通过递交声明的形式，提交补充申报的其他信息和单证。

四、货物在运抵地的装卸作业

承运人及其他相关人员应当向海关提出在运抵地装卸货物的申请，经海关批准后，可以在海关工作时间内和指定地点实施卸载、转载（换装）及其他装卸作业，可以使用其他运输工具更换运输货物进境的国际运输交通工具。如果进境货物未施加海关封志或者装卸作业无须开启海关封志，承运人及其他相关人员以电子或书面形式通知海关后，可以实施装卸作业或更换运输工具。

如果运抵地发生了紧急事故、自然灾害等不可抗力情况，不实施装卸作业可能导致货物损失和毁坏，承运人及其他相关人员在未经海关许可或者不通知海关的情况下，可以先行实施装卸作业或更换运输工具，并于两小时内将相关情况通知海关。

第四节 货物运离欧亚经济联盟关境

一、货物运离欧亚经济联盟关境的通关手续

（一）需要提交的单证和信息

1. 在货物运离欧亚经济联盟关境时，承运人应当根据运输方式向海关递交进境货物应当提交的单证和信息。无论货物以何种运输方式运离欧亚经济联盟关境，承运人及其他相关人员应当提交以下单证和信息：

（1）货物报关单、转运申报单或者上述申报单在海关信息系统的电子信

息，以及准予将货物从欧亚经济联盟关境运出的其他单证；

（2）证明遵守禁止和限制规定的单证或信息。

2. 下列出境货物应当提交转运申报单：

（1）按照海关转运监管方式，货物经欧亚经济联盟关境，从入境地的起运地海关运输到出境地的指运地海关时，应当提交转运申报单（自进境时起未离开入境地的外国货物、紧急迫降进境航空器运输的不在入境地卸载的外国货物除外）；

（2）指运地发生变更的转运货物，在运达新指定的出境地海关时应当提交转运申报单；

（3）经非欧亚经济联盟成员国关境，以过境运输监管方式从欧亚经济联盟关境内的某地运往其他地点的货物。

如果承运人提交的单证未包含所有应当申报的信息，或者未提交证明遵守禁止和限制规定的单证，承运人应当通过递交声明的形式，提交补充申报的其他信息和单证。国际邮件从联盟关境出境时，承运人应提交万国邮政联盟规定的国际邮件随附单证和信息。

报关代理人或者受承运人委托的其他人可以以承运人名义提交上述单证和信息。船舶运输的货物可以由申报人或者货运代理人提交。

（二）货物出境许可的办理

经海关批准后，货物方可离开欧亚经济联盟关境。海关使用信息系统办理货物出境许可，并在海关申报单及其复印件、运输单证或者准予将货物出境的其他单证上加盖海关印章。如果承运人信息系统与海关信息系统实现联网，且以电子形式向海关提交运输单证，则海关将以电子形式向承运人发送货物出境许可。上述规定不适用于下列货物：

1. 通过船舶或航空器运输方式，经欧亚经济联盟关境过境运输的货物，并且未在欧亚经济联盟关境内的港口和机场停靠或者降落；

2. 通过船舶或航空器运输方式，经非欧亚经济联盟成员国关境，从欧亚经济联盟关境内某地运输到另一地的欧亚经济联盟货物及办理加工贸易和暂时进境通关手续的外国货物，并且未在非欧亚经济联盟成员国关境内的港口和机场停靠或者降落；

3. 通过管道运输或输电线运输的货物。

二、货物运离欧亚经济联盟关境的要求

1. 如果进境外国货物在未离开入境地的情况下，其实际出境时的数量和

状态应当与进境时相同，或者与其办理通关手续时申报的数量和状态相同。

2. 欧亚经济联盟货物实际出境时的数量和状态应当与其办理通关手续时申报的数量和状态相同。以下情况除外：

（1）因自然磨损和损耗、正常运输和存储条件下自然属性发生改变，运输工具中剩余物无法卸载等原因，导致货物数量和状态发生改变；

（2）在向船舶货舱（容器）装运散装、堆装、灌装货物时，因混装导致货物数量和状态发生改变。

欧亚经济联盟货物实际出境的数量可以少于其办理通关手续时申报的数量（自由监管区和自由仓库出口货物除外）。如果因为事故或者不可抗力作用导致货物灭失或者数量和状态改变，承运人不承担责任。

三、货物出境前的装卸作业或者更换运输工具

经海关批准后，海关监管下的出境货物可以实施装卸作业或者更换运输工具。如果出境货物未施加海关封志或者装卸作业无须开启海关封志，承运人及其他相关人员在以电子或书面形式通知海关后，可以实施装卸作业或更换运输工具。第一类或第三类经认证的经营者（AEO）可以自行实施装卸作业或者更换运输工具，无须获得海关批准或者向海关通报装卸作业情况。

如果在运输单据、证明遵守禁止和限制规定的单证或者哈萨克斯坦国家机关制发的其他文件中明确禁止实施装卸作业或者更换运输工具，海关有权拒绝批准上述作业。

根据承运人及相关人员的申请，海关可以批准其在海关工作时间外对海关监管货物实施装卸作业或者更换运输工具。

如果因为事故、不可抗力作用或者其他情况导致货物无法从出境地运送至边境实际出境地点，承运人应当采取一切措施保证货物完好无损，立即向最近的海关报告货物所在地和相关情况，并将货物运送或者保障货物（如果运输工具损坏）运送到最近的海关或者海关指定的其他地点。

第五节　临时存储

一、货物临时存储概述

按照《哈萨克斯坦海关法》规定，在海关作出放行进口货物、批准货物

出境、没收或扣留货物（行政、刑事案件及违法犯罪举报线索涉案货物）的决定之前，承运人及其他相关人员应当将外国货物暂时存放在海关批准的临时存储场地。

（一）需要办理临时存储手续的情况

1. 海关应当在承运人提交进境货物运抵通知后 3 小时内审核货物报关单。如果申报人收到海关作出的"撤销申报单通知书""延长或暂停货物放行期限决定书""不予放行货物决定书"，应当在收到上述文件后的 3 个小时内（海关工作时间）办理货物临时存储手续。

2. 如果海关不予放行的进境货物未实际运离运抵地，在收到海关制发的"不予放行货物通知书"之时起 3 个小时内（海关工作时间），申报人应当办理货物临时存储或者从欧亚经济联盟关境出境的通关手续。

3. 如果货物放行期限延期或货物未准予放行，申报人必须按规定办理临时存储手续。

4. 按照某种监管方式已办理通关手续的货物，在其监管方式效力已终止的情况下，如果按照规定货物不应被依法扣押，则应当办理临时存储手续。

5. 在转运监管方式下运抵指运地海关的货物，在向指运地提交转运申报单及其他相关单证后，应当办理临时存储或者货物申报手续。

6. 已办理复出口通关手续的外国货物，如果未在 3 个工作日内实际出境或者未办理转运手续，则应当办理临时存储手续。

7. 在国际邮件办结转关业务两个工作日内，邮政服务运营商未办理该国际邮件的海关申报手续或海关拒绝放行，则应当办理临时存储手续。

8. 当外国货物需要在入境地存储时，或者在办理行政和刑事案件及核查违法犯罪举报线索过程中外国货物未被没收或扣留时，在海关放行外国货物之前或者在取得海关批准货物离境的许可之前，外国货物应当在临时存储场地暂时存储。

9. 在办理行政和刑事案件及核查违法犯罪举报线索过程中被没收或者被扣留的货物，如果根据规定应当正式申报，并且法院或其他被授权机关作出了退还货物的判决（决定），应在下列判决（决定）生效次日起 10 个自然日内办理临时存储手续：

（1）法院或者其他授权机关作出的免除行政或刑事责任的判决（决定）；

（2）授权机关不予提起刑事案件诉讼的决定；

（3）法院或者授权机关终止审理刑事案件或者行政违法行为案件的判决（决定）；

（4）法院有罪判决或无罪判决；

（5）法院或者授权机关作出的追究行政责任的判决（决定）；

（6）法院作出裁定撤销没收货物的判决，以其他处罚形式代替没收货物的判决。

未在上述规定期限内办理临时存储手续的货物，将由海关依法予以扣留。如果上述货物在规定期限届满前递交了海关申报单，则无须办理临时存储手续。

（二）货物临时存储的其他规定

在临时存储货物放行之前，拥有其处置权的相关人员无权使用该货物。在入境地临时存储的外国货物，在其放行之前或者获得出境许可之前，拥有其处置权的相关人员无权使用该货物。

如果在货物临时存储期限届满之前，海关未办结单证或信息核查手续，或者需要化验的货物未取得化验结果，则在放行货物之前，可以更改临时存放的地点。

管道运输或者输电线输送的货物不适用货物临时存储。

外国货物从同一海关辖区内的一个临时存储场地运输到另一个临时存储场地时，无须办理海关转运手续。

载有临时存储货物的车辆可存放在临时存储场地。

二、货物临时存储场地

货物临时存储场地具体包括临时存储仓库和可以临时存储货物的以下地点（以下简称临时存储场地）：

1. 自营仓库；

2. 海关监管仓库、自由仓库、特殊经济区域、免税贸易商店的场地和场所（在海关监管仓库、自由仓库、特殊经济区域、免税商店也可划定专用的场地或场所，并使用围栏完全与其他区域隔离，用作自营仓库，在这种情况下，该自营仓库无须重新注册）；

3. 第二类和第三类经认证的经营者（AEO）的场地和场所；

4. 拥有货物处置权的相关人员申请的其他地点。

（一）自营仓库

1. 自营仓库的申请条件

拥有海关监管货物所有权的相关人员可以在自有仓库存储该货物。在这种情况下，必须满足以下条件：

（1）货物所有人拥有仓库的所有权、经营权并负责运营管理，或者租赁仓库用于存储自有货物并且租赁期自提交申请之日起不少于 6 个月；

（2）配备符合货物和车辆特征的经认证的称重设备（如果有储存天然气的专用仓库，还需拥有相应的计量设备）；

（3）根据海关监管区设置要求指定区域并作出标记；

（4）具有通往仓库的专用道路，以及使用混凝土、沥青、橡胶等材料硬化的场地用于海关查验，包括配备照明的室内场地；

（5）装卸场、仓库等场所应当拥有相同的邮政地址，并在自营仓库的四周设置围栏。

专门用于存储自有货物的仓库不得用于其他目的。临时存储场地属于海关监管区域。可能损害其他货物或需要特殊存储条件的货物应当存储在专用的临时存储场所。

2. 自营仓库注册程序

存储仓库的法人在被列入《自营仓库名册》后，即被视为自营仓库经营者。

办理自营仓库海关注册手续时，存储仓库的法人应当向仓库所在地的海关提交正式申请，海关自接受申请之日起 10 个工作日内进行审核并作出决定。根据自营仓库的设置要求和条件，海关关员对申请人仓库进行检查。在海关实施检查时，申请人应向海关提交证明符合自营仓库设置条件的文件和单证。海关在检查结束后，填制《监管场所检查记录》，并将上述文件和单证作为随附单据留存。

根据检查结果，实施检查的海关机构的负责人及其副职或代理人作出决定，将符合条件的申请人列入《自营仓库名册》，该决定自发布之日起生效。如果申请人未按规定提交所需的文件和单证，或者不符合规定的要求和条件，海关作出不予列入《自营仓库名册》的决定。申请人按照海关要求整改后，可重新向海关提出申请。海关应以书面或电子形式，通报申请人是否被列入《自营仓库名册》。

在自营仓库法人发生变更时，应当在法人重新注册之日起 30 个工作日内向海关通报相关情况。

3. 自营仓库经营者的义务

（1）为了保障海关顺利实施监管和查验，仓库的场所和场地应当配备相应的设备；

（2）除海关实施查验的情况外，不允许其他人从暂存场所提取临时存储的货物；

（3）确保在暂存场所内存放货物的安全；

（4）协助海关实施监管和查验；

（5）开展统计并向海关提交货物和或运输工具进库、存储、出库记录；

（6）开展统计并向海关提交外国货物运输工具进库和出库记录；

（7）未经海关批准，禁止未经授权的人员进入存储货物的场所；

（8）执行海关提出的要求，包括保障海关关员随时提取存储的货物；

（9）在货物丢失或未经海关批准将货物转让给他人的情况下，应缴纳关税和进口增值税；

（10）及时将自营仓库面积变更等维修情况以书面或电子形式通知海关，并注明工程期限。

4. 暂停自营仓库经营的情况

在下列情况下，海关应当暂停自营仓库的经营：

（1）在仓库所有人申请对仓库进行维修、增加或减少仓库面积的情况下，暂停期限为仓库所有人申请的工程期限；

（2）在仓库所有人未遵守海关规定的要求和义务的情况下，暂停期限为1个月以内。

在工程期限届满之前，仓库所有人可以向仓库所在地海关提出延期申请。在工程结束后，仓库所有人应当向仓库所在地海关提出恢复经营的申请。仓库所在地海关的负责人及其副职或代理人负责作出暂停自营仓库经营的决定，并应指出暂停经营的原因。仓库所有人在消除上述原因后，海关应当批准仓库恢复经营。

5. 自营仓库撤销注册的情况

在下列情况下，自营仓库将被海关从《自营仓库名册》中撤销：

（1）在连续6个月内屡次违反《哈萨克斯坦海关法典》规定的要求和义务；

（2）根据哈萨克斯坦法律规定法人予以注销；

（3）法人进行重组（改革转型的重组除外）；

（4）在暂停经营的一个月期限内，未消除暂停经营的原因；

（5）自营仓库产权发生变更或被终止；

（6）仓库所有人申请注销；

（7）自营仓库维修工程期限届满后，仓库所有人未以书面形式提出延长暂停经营期限或者恢复经营的申请。

仓库所在地海关的负责人及其副职或代理人负责作出撤销自营仓库海关注册的决定，并应指出将自营仓库从《自营仓库名册》中删除的原因。海关在作出决定后的5个工作日内，应当以书面形式通报仓库所有人。

自营仓库被海关撤销注册后的30个工作日内，该仓库存储的货物应当转存至临时存储库或者办理海关申报手续。

在连续 6 个月内屡次违反海关规定的要求和义务,并被海关撤销注册的自营仓库,在撤销注册期满一年后方可重新申请注册。

(二)拥有货物相关权限的人员申请的其他地点

1. 拥有货物相关权限的人员提出申请,可以在以下地点临时存储货物:

(1)未列入《临时存储场地名册》或《临时存储仓库名册》的收货人的仓库;

(2)进出境汽车上,并且汽车停放在收货人拥有、经营、管理或者租赁的场所;

(3)火车货运车厢内,并且收货人是该段铁路轨道线的所有人、经营者、管理者或者租赁人;

(4)收货人及相关人员确定的其他地方,专门用于存放无法在已经注册的临时存储场地保存的大型货物,并设置围栏,同时向海关提交相关证明文件。

在以上地点临时存储的货物必须提供税款担保。海关将对在运输工具中临时存储的货物施加海关封志,在货物临时存储期限内,相关人员应当保障海关封志的完整性。

2. 拥有货物相关权限的人员申请的其他地点,必须满足以下条件:

(1)拥有货物相关权限的人员具有仓库的所有权、经营权并负责运营管理,或者租赁仓库用于存储自有货物并且租赁期自提交申请之日起不少于 6 个月;

(2)具有通往仓库的专用道路,以及使用混凝土、沥青、橡胶等材料硬化的场地用于海关查验,包括配备照明的室内场地;

(3)装卸场、仓库等场所应当拥有相同的邮政地址,并在自营仓库的四周设置围栏。

可能损害其他货物或需要特殊存储条件的货物应存储在专用的临时存储场所。

三、货物临时存储通关手续的办理

在办理货物临时存储手续时,承运人或其他相关人员应当向海关提交含有商品、收发货人、货物起运国和目的国信息的运输单证、商业单据、通关单证,或者含有预先信息登记号码信息的单证。可以采用电子形式向海关提交上述单证。

在承运人或其他相关人员提交上述单证后 1 小时内,海关应当进行审核,并制发"业务受理确认书"。除特殊情况外，承运人或其他相关人员提交的单证被海关受理后，相应的货物即被视为已办理临时存储手续的货物。

四、货物临时存储期限

在办理货物临时存储手续时，自海关制发"业务受理确认书"次日起，货物临时存储的期限为 4 个月。以下情况除外：对于在国际邮件互换站存储的国际邮件及进出境航空旅客未提取的行李，临时存储期限为 6 个月。

在入境地存储的外国货物，如果在临时存储期限届满后仍未被海关放行或者未取得出境许可，海关将依法予以扣留。以下情况除外：如果在临时存储期限届满前海关已接受货物的正式申报，但是期满后海关未作出放行或者拒绝放行的决定，则该货物海关不得扣留。在拒绝放行的情况下，临时存储期满后的货物海关将依法予以扣留。

五、对临时存储货物的处置

为了保障临时存储货物完好无损，拥有上述货物相关权限的人员有权实施不改变货物状态的相关作业，其中包括查看和测量货物，在临时存储场地区域内搬移货物。

拥有临时存储货物相关权限的人员，可以以书面形式向仓库所在地海关申请对临时存储货物实施其他类型的作业。海关应当在收到该申请后的 1 个工作日内予以审核。如果实施这些操作会导致货物损失或状态发生变化，海关可以拒绝相关人员的申请并在申请书上注明理由。经海关批准后，可以提取货物样品，修复破损包装，打开包装以确定货物数量和特性，开展货物继续运输所需的作业。根据审核结果，海关关员在申请书上加注标记，作出是否同意实施相关作业的决定。

第六节 进出境运输工具

一、概述

（一）进出境运输工具的定义

根据《哈萨克斯坦海关法典》规定的程序，进出境运输工具可以在欧亚经济联盟关境内或关境外从事货物运输业务。

暂时进境运输工具是指为了在欧亚经济联盟关境内开始或结束货物运输，暂时进入欧亚经济联盟关境的交通运输工具（包括空车），且该运输工具法人为国外法人，并在非欧亚经济联盟成员国登记注册；

暂时出境的运输工具是指为了在欧亚经济联盟关境外开始或结束货物运输，从欧亚经济联盟关境暂时出境的下列运输工具（包括空车）：

1. 在欧亚经济联盟成员国登记注册，法人为该成员国法人、且该运输工具是欧亚经济联盟商品或者是特定条件下放行商品（航空器除外）；

2. 欧亚经济联盟成员国法人为了开展国际运输而使用的航空器，且该航空器是欧亚经济联盟商品或者是特定条件下放行商品；

3. 已办理暂时进口或暂准进境通关手续的运输工具。

进出境运输工具在联盟关境内使用或停留时、从联盟关境暂时出境时、在联盟关境外使用和停留时，应当向海关进行申报，经海关批准后方可实际进出境。运输工具申报和放行的通关手续应当在进出境地海关办理。在货物进出欧亚经济联盟关境的任何口岸，暂时进境的运输工具可以从联盟关境出境，暂时出境的运输工具可以进入联盟关境。

（二）适用进出境运输工具监管规定的其他情况

暂时进出境运输工具的监管规定同样适用下列情况：

1. 从联盟关境暂时出境并返回联盟关境的用于捕鱼，勘探和开采海床及地下矿物或其他非生物资源，引航和破冰，搜寻、救援行动和拖曳作业，打捞沉入水底的财产，水利工程作业、水下技术作业、修理恢复作业及其他类似作业，卫生监管、检疫监管及其他监管，保护海洋环境，开展海洋科学研究，开展教学、体育和文化活动，以及其他航业目的的水运船舶。

不从事货物和旅客国际运输的非商业民用航空器、国营航空器，以及用于航空实验（开展试验飞行）的航空器。

开展修理恢复工作和其他与经营活动无关的工作时使用的铁路运输工具（铁路机车车辆）。

2. 作为多次循环使用的包装容器进出境，且依照外贸合同应当返回的罐、笼、托盘等；进出境运输工具载运的备件和设备，且用于修理和维护联盟关境内或者关境外的其他国际运输交通工具。

3. 船舶和航空器暂时运输进境的集装箱，根据运输合同集装箱内的货物将被送达联盟关境内收货人或者采用其他运输方式运出联盟关境。

二、暂时进境运输工具

(一) 运输工具暂时进境的条件

暂时进境的运输工具无须缴纳进口关税、进口环节税、保障措施关税、反倾销税和反补贴税。暂时进境的运输工具保持外国货物的地位。

暂时进境的运输工具在规定的期限内应当复运出境,或者办理外国货物进境通关手续(海关转运除外)。

(二) 运输工具暂时进境的期限

暂时进境的运输工具在欧亚经济联盟关境内停留的期限,根据货物装卸作业、转运货物及运输工具从联盟关境出境所需的时间,由海关根据承运人的申请确定。

暂时进境的国际铁路运输工具及其载运的集装箱,可在联盟关境内开展货物、旅客或行李运输,在联盟关境内停留的期限以实施境内运输所需的时间为准,但自铁路机车车辆进入欧亚经济联盟某一成员国境内之日起不得超过90个自然日。

暂时进境的包装容器及备件和设备等适用进出境运输工具监管规定的商品在联盟关境内停留的期限,根据实施运输所需的时间,由海关根据承运人的申请确定。

暂时进境的运输工具、暂时进境的包装容器及备件和设备等商品不能在海关规定期限内复运出境时,根据承运人及其他相关人员的合理申请,海关可以延长运输工具在联盟关境内停留的期限,直至导致运输工具或商品不能出境的原因消除。

(三) 暂时进境运输工具在联盟关境内停留和使用的条件

在遵守哈萨克斯坦海关法规定条件的情况下,暂时进境运输工具在联盟关境内停留或使用时,无须缴纳进口关税、进口环节税、特别关税、反倾销税和反补贴税。除特殊情况外,暂时进境的运输工具不得在联盟关内经营境内运输。

暂时进境运输工具在联盟关境内停留或者开展运输业务时,可以进行必要的技术维护和修理作业。暂时进境的运输工具应当由将其运入联盟关境的人员实际占有和使用,不得将暂时进境的运输工具转让他人(包括租赁、转租),但下列情形除外:转交他人进行技术维护、修理或存储,转交他人通过其他国际运输交通工具运输出境，暂时进境的铁路运输工具及其载运的集装箱按照运输合同正常交接。

（四）暂时进境运输工具开展境内运输业务的情况

在下列情况下，暂时进境的铁路运输工具及其载运的集装箱，在海关批准的期限可以多次开展境内运输业务：

1. 装载货物进境并完成国际运输后；
2. 未装载货物进境，但将在联盟关境内装载货物开展国际运输；
3. 未装载货物进境，但将经过联盟关境开展过境货物运输。

在下列情形下，暂时进境的国际公路运输工具、挂车、半挂车及其载运的集装箱，可以在欧亚经济联盟各成员国之间开展货物、旅客和行李的关境内运输（在某一成员国境内开始而在另一成员国境内结束）；欧亚经济联盟成员国与第三方签署的公路运输国际条约批准的情况；在欧洲运输部长会议多边许可框架下开展关境内运输，且欧亚经济联盟相关成员国已加入该会议机制。

暂时进境的汽车和列车按照国际运输规定路线经营旅客和行李运输时，可以在联盟关境内的停靠站上下旅客和装卸行李。

（五）暂时进境列车在关境内的交接规定

经营货物、旅客和行李运输的暂时进境列车及其载运的集装箱，根据欧亚经济联盟成员国与第三方签署的铁路运输国际条约及独联体成员国铁路运输委员会法律文件的规定，在联盟关境内可以在下列人员之间转交：

1. 联盟各成员国铁路承运人之间，包括某一个成员国铁路承运人之间；
2. 在同一运输合同框架下采用多种运输方式时，可以在铁路承运人与其他运输方式承运人之间；
3. 铁路承运人向运输合同规定的收货人转交，或者是收货人向铁路承运人及其他负责将暂时进境的运输工具或集装箱复运出境的人员转交。在这种情况下，铁路承运人（在将列车和集装箱转交给收货人时）或者收货人（在将列车和集装箱转交给铁路承运人或者其他承运人复运出境时）应当按照欧亚经济委员会规定的办法和期限，负责向收货人所在地海关提供运输工具申报单号、海关确定的暂时进境期限，以及列车和集装箱转交情况等信息。

根据海关要求，联盟成员国铁路承运人应当向海关提供暂时进境列车和集装箱所在地的相关信息。

三、暂时出境运输工具

（一）暂时出境运输工具在联盟关境外停留的条件

海关对暂时出境的运输工具在联盟关境外的停留期限不作限定。暂时出境的运输工具在从联盟关境出境时无须缴纳出口关税。暂时出境的运输工具在联盟关境外停留和使用时，如果未违反运输工具暂时出境的相关规定，在其复运进境时无须缴纳进口关税、进口环节税。

暂时出境后复运进境的运输工具仍为联盟货物。如果暂时出境的运输工具是特定条件下放行商品，或者是暂时进口、暂准进境的商品时，该运输工具将被视为外国货物。

暂时出境并且已经位于联盟关境外的运输工具，在其仍为联盟货物的情况下，可以申报办理出口货物通关手续。如果暂时出境的运输工具被视为外国货物，该运输工具可以申报办理复出口通关手续。

在将暂时出境运输工具的所有权转让给外国人时，自所有权转让之日起30个自然日内，运输工具所有人应当办理该运输工具的出口通关手续。

（二）暂时出境运输工具在联盟关境外使用的条件

暂时出境至联盟关境外的运输工具可以实施以下作业：

1. 为了保持运输工具的完好无损、维护其出境时的状态，在联盟关境外进行技术维护或修理作业（大修、升级改造除外）；

2. 免费修理（保修）；

3. 因为发生事故或者不可抗力等原因导致暂时出境至联盟关境外的运输工具损坏，为修复该运输工具实施的修理作业（包括大修）。

《联盟成员国国际船舶名册》登记的船舶作为国际运输工具暂时出境时，可以进行任何形式的技术维护和/或修理作业。

暂时出境至联盟关境外的运输工具（暂时进口、暂准进境商品用作运输工具的情况除外），在按照关境外加工贸易监管方式办理通关手续后，准予实施技术维护或修理作业以外的其他作业。如果暂时出境的运输工具未办理关境外加工通关手续，且实施了除技术维护或修理作业以外的其他作业，在该运输工具进境时应当办理放行供境内消费通关手续并缴纳进口关税、进口环节税。

暂时进口、暂准进境商品作为运输工具暂时出境，并在联盟关境外实施了除技术维护或修理作业以外的其他作业，在上述作业完成后的30个自然日内，办理暂时进口、暂准进境通关手续的人员应当向海关递交实施上述作业的申请及证明所实施作业价值的单证，并承担缴纳进口关税、进口环节税的义务。此申请应递交给办理货物暂时进口（暂准进口）通关手续的海关。在海关登记申请之前，办理暂时进口、暂准进境通关手续的人员应当履行缴纳进口关税、进口环节税的义务。

四、进出境运输工具的申报

（一）申报主体

国际运输交通工具在暂时进入联盟关境并复运出境时，以及从联盟关境暂时出境并复运进境时，应当办理海关申报和放行手续。承运人是进出境运输工具的申报人。受承运人委托的其他人以承运人名义可以办理运输工具申报手续。承运人及其委托人应当根据欧亚经济委员会规定的办法，填制运输工具申报单并向海关提交。

（二）运输工具申报单的填制

运输工具申报单应当申报以下信息：进出境类别，运输工具号码、品牌、型号、类型、国家注册编码及国籍，承运人信息，运输路线，司乘人员信息，乘客数量、是否携带食品，是否载运货物，备用零件，进出境目的和备注信息。其中，进出境目的具体分为以下4种：在欧亚经济联盟关境内开展货物、旅客及其行李国际运输，在欧亚经济联盟关境外开展货物、旅客及其行李国际运输，在欧亚经济联盟关境内结束货物、旅客及其行李国际运输，在欧亚经济联盟关境外结束货物、旅客及其行李国际运输。

运输工具申报单应当由承运人或者申报人、海关机构签字盖章予以确认。办理运输工具进境或出境手续的海关应当批注海关名称、机构代码、填制日期、海关检查形式、暂时进境期限等信息；办结运输工具进境或出境手续的海关应当批注海关名称、机构代码、填制日期、海关检查形式等信息；转关运输或过境运输过程中途经地海关应当批注海关名称、机构代码、办理相关业务的日期、海关检查形式、暂时进境期限延期情况等信息。

（三）运输工具申报单的提交

运输工具海关申报单应当在国际运输工具进出境之前或在实际进出境之时向海关提交。在向海关提交电子形式的运输工具申报单时，无须提交运输工具申报单申报信息的证明文件。在向海关提交纸质的运输工具申报单时，应当同时提交运输工具申报单申报信息的证明文件。

(四) 可用作运输工具申报单的其他单证

根据联盟成员国与第三方在运输领域签署的国际条约的规定,承运人持有的标准单证也可用作运输工具申报单。该标准单证的名册由欧亚经济委员会予以确定和公布。如果提交的标准单证中未包含应申报的所有信息,则应当按照规定向海关正式提交运输工具申报单。在这种情况下,承运人提交的标准单证被视为运输工具申报单不可分割的一部分。按照欧亚经济委员会规定的办法,通过电子形式提交的预先信息也可用作运输工具申报单。

在暂时进境的运输工具复运出境时,该运输工具暂时进境时提交的运输工具申报单可以用作出境时的运输工具申报单。在暂时出境的运输工具复运进境时,该运输工具暂时出境时提交的运输工具申报单可以用作进境时的运输工具申报单。

第七节 申 报

一、申报的基本规定

在办理进出境货物、运输工具及其备品、个人自用物品通关手续时,应当进行海关申报。在港口自由经济区内或者物流自由经济区内按照自由贸易区监管方式办理通关手续的货物、特定种类的国际邮件、外交邮袋不需要进行海关申报。

除哈萨克斯坦海关法另有规定外,海关申报应当由申报人或报关代理人办理。海关申报可采用电子数据报关单或纸质报关单两种形式。申报应当以电子方式进行,但下述情况下海关申报可以书面方式进行:

1. 按照转运监管方式办理货物通关手续时;
2. 个人自用物品;
3. 国际邮件邮递商品;
4. 从事国际运输的运输工具;
5. 运输单证、商业单据或其他文件用作报关单时;
6. 欧亚经济委员会规定的其他情况。

除上述情况外,如果因技术故障、通信设施(电信网络和互联网)运行故障、停电、事故、不可抗力等原因导致海关机构使用的信息系统出现故障,海关机构无法确保申报人实现电子形式的海关申报，则海关申报可以书面进行。

二、申报人

（一）申报人的范围

下列法人或自然人可作为申报人办理货物通关业务：

1. 欧亚经济联盟成员国的法人或自然人

（1）与国外法人或自然人签订进出口贸易合同的一方；

（2）根据委托或被授权与国外法人或自然人签订进出口贸易合同的一方；

（3）与欧亚经济联盟其他成员国法人或自然人签订进出口贸易合同，且拥有货物所有权、使用权和/或处置权的法人或自然人；

（4）与外国或者欧亚经济联盟成员国法人或自然人就欧亚经济联盟关境内的外国货物签订进出口贸易合同的一方；

（5）申报办理海关转运通关手续的货运代理人；

（6）欧亚经济联盟同一成员国法人或自然人之间签订从欧亚经济联盟关境出口货物贸易合同的一方。

2. 国外的法人或自然人

（1）在欧亚经济联盟成员国境内设立和注册代表处、分支机构的组织，在办理其代表处和分支机构公用物品通关手续时；

（2）如果国外的法人或自然人和欧亚经济联盟成员国法人或自然人之间未签订贸易合同，则为进出境货物的所有人；

（3）如果国外的法人或自然人和欧亚经济联盟成员国法人或自然人之间未签订贸易合同，在进出境货物办理海关监管仓库、暂时进境（放行）、复出口、特殊监管方式等通关手续时，则为具有货物所有权和使用权的法人或自然人；

（4）位于欧亚经济联盟关境内的外交使团、领事机构、各国驻国际组织代表团、国际组织或其代表机构、其他组织或代表机构；

（5）在申报办理海关转运监管手续时，则为包括海关承运人在内的承运人；

（6）根据欧亚经济联盟成员国与第三方签订的国际条约规定，有权按照海关监管仓库、出口和复出口监管方式办理位于欧亚经济联盟关境内货物出口通关手续的外国法人和自然人；

（7）在哈萨克斯坦的分支机构注册为纳税人的外国法人和自然人。

（二）申报人的权利和义务

1. 申报人依法享有的权利

（1）对处于海关监管之下的货物进行检查和计量，并对货物进行装卸作业；

（2）在获得海关机构签发的许可后，对处于海关监管下的货物抽取样品和样本；

（3）到场参与海关关员实施的查验和抽样作业；

（4）如果申报的货物被抽样送检，有权了解海关所掌握的抽样化验结果；

（5）对海关机构或其关员的决定、作为（不作为）提出上诉；

（6）聘请专家确定所申报货物的详细信息；

（7）享有哈萨克斯坦海关法规定的其他权利。

2. 申报人应当依法履行的义务

（1）办理货物的海关申报手续；

（2）向海关机构提交报关单申报信息的证明文件；

（3）根据哈萨克斯坦海关法规定或应海关机构的要求呈验申报货物；

（4）缴纳海关税费、特别关税、反倾销税、反补贴税和/或提供税款担保；

（5）遵守监管方式规定的货物使用条件；

（6）执行哈萨克斯坦海关法规定的其他要求。

（三）申报人的责任

根据哈萨克斯坦法律规定，申报人在未履行或不适当履行法定义务、未如实申报报关单信息、向报关代理人提交无效单证，包括伪造和/或提交明显不实（虚假）单证或信息的情况下，应当承担相关法律责任。

在下列情况下，申报人可免于承担《哈萨克斯坦共和国行政违法法典》规定的相关责任：

1. 海关未实施查验和采取海关监管保障措施的货物，在放行前申报人自行发现和纠正违规行为；

2. 由于海关关员归类错误，导致在货物放行后复核归类决定时更改商品编码；

3. 如果作出归类预决定的海关关员发现商品归类不正确，在货物放行前或放行后变更归类预决定中的商品编码；

4. 根据海关单证稽查结果或者现场稽查结果，自海关制发《纠正违规行为通知书》之日起30个工作日内，被检查人员自行纠正违规行为；

5. 如果违规行为导致海关税费应缴数额变更，申报人在起诉时效期限内自行查明并自愿纠正违规行为（实施海关现场稽查的报关单除外），但所作变更导致需要对已提交的报关单中未申报的货物重新进行申报的情况除外；

6. 申报人在货物放行后通过对报关单信息进行修订自行纠正违规行为，且所作变更不影响海关税费、进口环节税、特别关税、反倾销税、反补贴税应缴数额，不影响执行禁令和限制规定，不需要对已提交的报关单中未申报的货物重新进行申报的；

7. 海关在货物放行前查获的违规行为，在应当补缴海关税费、进口环节税、特别关税、反倾销税和反补贴税总额不超过月核算基数① 500 倍的情况下，申报人在海关查明违规行为后 1 个工作日内全额支付应补缴的税款。

三、报关代理人

（一）报关代理人的申请资质

海关负责编制《报关代理人名册》，只有列入该名册的报关代理人才可以开展报关代理业务。报关代理人与申报人或其他相关人的关系以合同为基础。法人申请报关代理人资质应当符合以下条件：

1. 具有民事责任风险保险合同，负责承担代理人造成的财产损坏或代理人违反合同规定造成的责任，保险合同规定的金额即为保险额。

2. 按照欧亚经济委员会规定的数额提供保证金，负责保障海关事务领域相关法人履行法定义务；如果报关代理人经营范围仅限于免征关税的出口货物，应缴纳经汇率折算等值 15 万欧元的保证金。

3. 在向海关提交申请注册成为报关代理人时，没有未按期履行的海关税费、进口增值税、特别关税、反倾销税、反补贴税、罚款和利息支付义务。

4. 电子发票信息系统的使用合同（协议）。

（二）列入《报关代理人名册》的程序

法人按照海关规定的格式文本以纸质或者电子形式提交报关代理人注册申请，并随附提交以下文件：

1. 海关事务领域相关法人办理担保业务的登记信息；

2. 民事责任保险合同（如果可以从国家信息系统中获取该信息，则无须提交）。

海关应当在收到申请和随附文件之日起 10 个工作日内进行审议。海关机构负责人及其副职或代理人做出是否将申请人列入《报关代理人名册》的决定，决定自作出之日起生效。如果申请人未提交上述文件或不符合规定条件，海关拒绝将其列入《报关代理人名册》。在申请人消除违规行为后，海关应按照规定程序重新对申请进行审议。海关在做出相关决定后 1 个工作日内，应

---

① 月核算基数：哈萨克斯坦财政部规定的用于税收、罚款及其他财政应缴税费的最小核算单位，根据国家财政政策和居民收入水平的变化进行定期调整，并公布在国家预算中。2020 年月核算基数为 2917 坚戈，约合 7 美元、47 元人民币。

当以书面或电子方式通知申请人。

(三) 海关暂停和恢复报关代理人执业的情形

1. 海关暂停报关代理人执业的情形

（1）报关代理人提出暂停报关代理人业务的书面申请；

（2）海关发现报关代理人存在违反申请条件的情况；

（3）在海关规定的期限内，未履行或未完全履行缴纳海关税费的义务；

（4）未按照规定程序向海关提交报告；

（5）根据《哈萨克斯坦共和国刑法》规定，对报关代理人的法定代表人、总会计师提起刑事诉讼。

2. 暂停报关代理人执业的期限

对于上述（1）规定的情形，暂停执业期限最长为6个月。对于（2）、（3）、（4）规定的情形，暂停执业至报关代理人消除相关违规情形为止，但不得超过60天。对于（5）规定的情形，在法院关于免除刑事责任的判决书、法院关于追究刑事责任的判决书、法院或其他司法机关关于终止刑事诉讼程序的判决书生效前，暂停报关代理人执业。

自报关代理人提出申请或者是海关发现相关违规情形起5个工作日内，海关机构负责人及其副职或代理人应当制发"关于暂停报关代理人执业的决定"。决定自作出之日起生效。

3. 海关恢复报关代理人执业资质

报关代理人为了恢复报关业务，应当向海关提出书面申请，并附上文件证实已消除导致暂停执业的违规情形。在申请书登记之日起5个工作日内，海关机构负责人及其副职或代理人应当制发"关于恢复报关代理人执业的决定"。申请暂停执业的报关代理人，应当在6个月内重新提交书面申请恢复报关业务。海关应当在做出上述决定后的1个工作日内，以书面或电子形式将暂停或恢复报关代理人执业的决定告知报关代理人。

(四) 取消报关代理人资格的情形

海关取消报关代理人资格的情形如下：

1. 在海关规定的期限内，未履行或未完全履行缴纳海关税费的义务；

2. 报关代理人申请取消其报关代理人资格；

3. 《报关代理人名册》中的法人已经注销；

4. 对《报关代理人名册》中的法人进行重组（改革转型的重组除外）；

5. 申请暂停执业的报关代理人，未在6个月内重新提交恢复报关业务的书面申请；

6. 在规定期限内，报关代理人未消除导致暂停其执业的违规情形；

7. 根据《哈萨克斯坦共和国行政违法法典》规定，报关代理人在一年内被追究行政违法责任两次以上；

8. 根据《哈萨克斯坦共和国刑法》规定，法院对报关代理法定代表人、总会计师的判决书生效。

海关机构负责人及其副职或代理人应当制发"关于取消报关代理人资格的决定"并说明理由，在做出上述决定后1个工作日内，以书面或电子方式通知报关代理人。

（五）报关代理人的权利

在办理通关手续时，报关代理人与被代理人享有同等权利。报关代理人在办理代理报关业务时有权要求被代理人在规定期限内提供办理通关手续所需的文件和信息，其中包括受法律保护的商业机密、银行机密和其他机密信息；可以按照规定程序访问用于处理信息、电子传送数据的海关信息系统和信息资源。

报关代理人有权将其业务范围限制在为某类商品办理通关手续、办理某些通关手续或在特定活动区域内办理通关手续。

如果报关代理人将其业务范围限制在免征关税的出口货物，并且在列入《报关代理人名册》中时已提供了等值15万欧元的保证金，则该报关代理人无权为其他货物办理通关手续，也无权办理其他类型的通关手续。

（六）报关代理人的义务

1. 报关代理人应当承担的义务，不受与被代理人签订的合同的限制。报关代理人必须履行以下义务：

（1）遵守《报关代理人名册》要求的条件；

（2）按照规定程序向海关提交报告（包括使用信息通信技术提供报告）；

（3）除哈萨克斯坦法律规定的情况外，报关代理人和/或其员工不得披露、不得出于个人目的使用、不得向他人提供从被代理人处获得的受法律保护的国家机密、商业机密、银行机密和其他保密信息；

（4）在海关规定的期限内，履行支付海关税费、进口环节税、特别关税、反倾销税及反补贴税的义务；

（5）报关代理人登记信息发生变更的，应当在发生变更后5个工作日内向海关通报相关情况，并提供登记信息变更的确认文件；

（6）遵守哈萨克斯坦海关法规定的其他义务。

2. 报关代理人以申报人的名义办理通关手续，报关代理人应当与申报人共同承担全额支付海关税费、进口环节税、特别关税、反倾销税及反补贴税的义务。下列情况除外：

（1）申报人违反所申报监管方式规定的商品使用限制条件；

（2）海关税费和进口环节税缴纳期限发生变更；

（3）根据海关税费及进口环节税等税收优惠政策的规定，只能由申报人缴纳的情况；

（4）报关代理人从申报人或相关人员处获得明显不真实（虚假）信息和/或伪造文件，并以此为依据向海关提交报关单，并且经法院裁定报关代理人没有过失。

四、海关申报单类型

海关申报单有以下几种类型：

1. 货物报关单：用于进出境货物（转运货物除外）的申报，在哈萨克斯坦海关法规定的情况下也可用于运输工具备品的申报。根据欧亚经济委员会的规定，必要时需要填写海关完税价格申报单，用来申报货物海关完税价格的相关信息，包括货物海关完税价格及其确定方法、货物交易条件等信息。海关完税价格申报单视作货物报关单不可分割的部分。

2. 转运货物申报单：用于过境运输货物和转关运输货物的申报。按照欧亚经济委员会规定的程序以电子形式提交的预先信息可以用作转运货物申报单。

3. 旅客申报单：用于个人自用物品进出境及过境运输的申报。

4. 运输工具申报单：用于从事国际运输的运输工具及其备品的申报。

五、货物报关单和转运货物申报单应申报的信息

（一）在货物报关单中应申报的信息

在货物报关单中应申报的信息具体包括：

1. 申报的监管方式。

2. 货物的申报人、海关代理人、发货人、收货人、卖方和买方。

3. 国际运输交通工具及在欧亚经济联盟关境内从事货物运输的交通工具。

4. 货物的详细信息：商品名称及描述、根据《欧亚经济联盟对外经济活动统一商品目录》确定的商品编码、货物原产地、起运国和目的国名称、货物生产商、商标、列入《欧亚经济联盟成员国知识产权海关保护统一名录》

和/或《哈萨克斯坦共和国知识产权海关登记册》的知识产权货物原产地名称、包装说明、价格、以千克及补充计量单位计算的数量（毛重和净重）、货物的海关完税价格（数额及确定方法）、统计价格。

5. 用于核算关税、进口环节税、海关规费、特别关税、反倾销税、反补贴关税的相关信息：税率、海关税费优惠政策、特惠税率、税额、货币汇率。

6. 货物交易方式及其条件。

7. 遵守禁止和限制规定的信息。

8. 拟申报的监管方式要求申报的其他信息。

9. 申报信息的证明文件。

10. 遵守海关负责监督实施的哈萨克斯坦法律的证明文件。

11. 填写人员和编制日期。

12. 欧亚经济委员会规定的其他信息。

（二）在转运货物申报单中应申报的信息

在转运货物申报单中应申报的信息具体包括：

1. 运输单证中的发货人和收货人、申报人、承运人；

2. 货物起运国和指运国；

3. 承运货物的运输工具；

4. 商业、运输单证中的货物名称、数量和货值；

5. 根据《欧亚经济联盟对外经济活动统一商品目录》确定的6位或6位以上的商品编码；

6. 毛重、体积及补充计量单位数量；

7. 货物件数；

8. 运输单证中的目的地；

9. 禁止和限制规定的遵守情况；

10. 运输途中拟开展的转运或装卸作业。

在确定货物报关单和转运货物申报单填写流程时，欧亚经济委员会有权根据监管方式、货物类别、进出境货物运输方式和/或进出口业务经营者类别，缩减货物报关单的申报信息项。

除哈萨克斯坦海关法规定的特殊情况外，运输单证、商业单证和/或哈萨克斯坦国际条约规定的其他单证可用作转运货物申报单。如果上述单证中未包含转运货物申报所要求的全部信息，则应向海关补充提供随附单证完善相关信息。

六、海关申报单申报信息证明文件

海关申报单申报信息证明文件包括：

1. 货物交易证明文件，证明拥有货物所有权、使用权和/或处置权的文件，以及申报人持有的其他商业文件；
2. 运输单证；
3. 报关资质证明文件；
4. 禁止和限制规定、国内市场保护措施遵守情况证明文件；
5. 货物原产地证书；
6. 根据《欧亚经济联盟对外经济活动统一商品目录》对货物进行归类时用来证明商品特征的文件，商品归类预决定；未装配或拆装状态（包括非成套或未完工状态）的货物按照转运货物监管方式进行海关申报时，应提供欧亚经济联盟任何成员国海关就此类货物作出的归类预决定或归类决定；
7. 海关税费、进口环节税、特别关税、反倾销税、反补贴税缴纳证明文件和/或履行税款缴纳义务的担保；
8. 符合海关税费、进口环节税优惠条件的证明文件；
9. 关税、进口环节税缴纳期限变更证明文件；
10. 确定货物海关完税价格的证明文件，包括海关完税价格及其确定方法；
11. 通过公路运输方式开展过境运输的国际运输车辆注册文件；
12. 货物符合所申报监管方式要求的证明文件；
13. 关境外加工贸易产品办理放行供国内消费的通关手续时，应提交加工作业费用和收益的证明文件；
14. 申报个人自用物品时应提交的文件；
15. 证实申报单申报信息真实性的其他文件。

七、申报单的提交

申报单应当提交给哈萨克斯坦海关法律规定的有权进行海关申报单登记（接单）的海关机构。海关对申报单提交的日期和时间进行记录。

向海关提交申报单时，货物必须处于哈萨克斯坦境内，但下列货物除外：

1. 已从欧亚经济联盟关境运出的货物，根据哈萨克斯坦海关法规定，可以在不运回的情况下办理通关手续；
2. 管道运输或输电线路运输的货物；
3. 提前申报、定期申报、临时申报的外国货物。

在提交纸质货物申报单时，必须提交货物申报单申报信息证明文件。

八、申报单提交期限

进口至欧亚经济联盟关境的货物，应在货物临时存储期限届满前或在哈萨克斯坦海关法规定的其他期限内提交申报单。

除哈萨克斯坦海关法另有规定外，从欧亚经济联盟关境出口的货物，应在货物离开欧亚经济联盟关境之前提交申报单。

九、申报单接单或退单

海关对已提交的申报单进行审核，并作出接单或退单的决定。在工作时间内，申报单提交后1小时内，海关应当办理接单或退单业务。海关在制发"申报单退单通知书"时，应注明作出退单决定的理由。办理纸质申报单退单手续时，海关在留存一份纸质申报单后，将其余纸质申报单及其随附单证退还申报人或报关代理人。

在下列情况下，海关可以退单：

1. 申报单提交给无权接单的海关机构；
2. 申报单由未经授权人员提交，且/或未以签章等方式予以确认；
3. 未按海关规定的格式填写；
4. 申报单中未标明欧亚经济联盟海关法律规定必须申报的信息，和/或没有按照规定的流程填制申报单；
5. 纸质申报单没有按规定格式填写，与电子申报单或纸质申报单电子扫描件结构和格式不符合要求；
6. 拟申报的货物不在哈萨克斯坦境内（欧亚经济委员会和哈萨克斯坦海关法规定的其他情况除外）；
7. 在提交申报单之前和/或提交申报单时未办结哈萨克斯坦法律规定的相关手续；
8. 在提交申报单之前和/或提交申报单时未满足拟申报监管方式规定的特殊条件；
9. 未缴纳申报时应缴的海关规费，根据哈萨克斯坦海关法规定享受优惠减免政策的情况除外。

如果海关对申报单作退单处理，则该申报单被视为未成功提交。申报单自海关登记接单之时起，即成为具有法律效力的证明文件。

在因技术故障、通信设施（电信网络和互联网）运行故障、停电等原因引起海关信息系统发生故障的情况下,如果申报人提交的纸质申报单符合申报要求,海关应在不使用信息系统的情况下对提交的纸质申报单进行接单。

十、申报单信息变更及补充

经海关批准,申报人在货物放行前可以申请对申报货物存放地信息或者不影响货物放行的印刷或语法错误进行修订。在海关尚未要求申报人补充提供相关单证和信息、未通知申报人查验时间和地点,以及未作出实施海关化验决定的情况下,经海关批准,申报人在货物放行前可以申请修改申报单中的其他信息。

如果对已被海关接单的报关单信息进行修改或补充申报,只能对该报关单已申报货物信息进行修改(补充),即报关单修改(补充)不能增加商品项。

如果海关在实施监管时发现违反欧亚经济联盟海关法律的行为,且上述违规行为不构成不予放行货物的理由,可以要求申报人在规定的货物放行期限内对必要的信息进行修订和补充。

在欧亚经济委员会和哈萨克斯坦海关法规定的情况下,由海关机构决定或经海关机构批准,在货物放行后可以对货物报关单、转运货物申报单、旅客申报单和运输工具申报单中的申报信息进行更改(补充)。在递交纸质申报单的修正版时,应向海关机构提交其电子版文件。对上述海关申报单所做的修正是该申报单不可分割的部分。

十一、申报单的撤销

除哈萨克斯坦海关法规定的其他情况外,进口货物申报单在海关放行前申报人可以申请撤销。出口货物(包括已放行的货物)在实际出境前,申报人可以申请撤销报关单。

撤销申报单必须经海关批准。海关应当以电子文件或纸质文件的形式将批准或拒绝撤销的决定通知申报人。

如果在收到申报人的申报单撤销申请之前,海关未通知申报人实施查验的地点和时间、未作出实施海关化验决定,以及未发现行政或刑事违法行为的情况下,允许撤销申报单。

在对货物实施查验或化验后,如果未发现违反欧亚经济联盟海关法律和哈萨克斯坦海关法律及其他法律的行为,允许撤销申报单。

在海关申报单已撤销的情况下,必须在货物临时存储期限内提交新的申报单。如果在规定期限内未提交的,海关将依法对货物实施扣留。

第八节 进出口税费

一、海关税费

(一) 概述

海关税费包括:进口关税、出口关税、进口增值税、进口消费税、海关规费。征收关税的法律依据是《欧亚经济联盟条约》及欧亚经济联盟和哈萨克斯坦共和国海关法律;征收进口增值税和消费税的法律依据是《哈萨克斯坦海关法典》和《哈萨克斯坦税法》;根据《哈萨克斯坦海关法典》规定,进境的个人自用物品按照关税、进口环节税的统一税率征税,或者按照合并征收税率计征。

(二) 关税税率类型

关税税率分为以下几类:
从价税率:按照货物海关完税价格的百分比确定的税率;
特定税率:根据商品的物理特性(数量、质量、体积或其他特性)确定的税率;
复合税率:将从价税率和特定税率结合计算的税率。

(三) 海关税费优惠和税率优惠

海关税费优惠和税率优惠是指缴纳进口关税、出口关税、进口增值税、报关规费时享受的优惠政策。

享受进口关税优惠政策的条件及其办理程序由联盟条约确定。进口增值税优惠政策由哈萨克斯坦税法确定。出口关税优惠政策由哈萨克斯坦法律确定。报关规费优惠政策由《哈萨克斯坦海关法典》确定。上述海关税费优惠政策的实施办法由海关与哈萨克斯坦相关主管部门联合制定。

税率优惠根据联盟条约及欧亚经济联盟与第三方缔结的关于自由贸易的国际条约的规定享受。

二、海关规费

(一) 概述

海关规费是指海关在办理货物放行、运输工具押运,以及《哈萨克斯坦

《海关法典》规定的其他通关业务时强制征收的费用。具体包括：报关规费、海关押运费（对多辆汽车实施押运时，海关规费按照押运车辆的数量按比率分摊）、海关预决定规费。

海关规费标准由哈萨克斯坦政府确定。海关规费数额不得超过海关办理相应通关业务的实际费用。

报关规费按照报关单登记之日实行的收费标准计征，由付款人在递交报关单前或递交的同时予以缴纳。海关作出押运决定后，付款人在押运开始之前（或当日）应当缴纳海关押运费。付款人应在向海关提交预决定申请前（或当日）缴纳海关预决定规费。

向国库缴纳海关规费的程序与缴纳关税、进口环节税和滞纳金的程序相同。如果在规定的期限内未及时或未全部缴纳海关规费，付款人应按规定缴纳滞纳金。

（二）海关规费优惠政策

下列情况下免交海关规费：

1. 定期从事货物、乘客及行李国际运输的运输工具，以及运输途中所需的备用品、装备、燃料、食品和其他必要物品，或者在国外购买的用于消除车辆事故（故障）的物品；

2. 为保障哈萨克斯坦国籍的远洋渔船或哈萨克斯坦法人或自然人租赁（包租）的远洋渔船的生产活动，从欧亚经济联盟关境运出的备用品、装备、燃料、食品和其他必要物品，以及进口到哈萨克斯坦境内的渔业产品；

3. 本国货币和外币的钞票和硬币（具有历史文化价值的钞票和硬币除外），以及有价证券；

4. 人道主义援助进口货物（应当缴纳消费税的货物除外）；

5. 其他国家、政府和国际组织提供的慈善援助进口货物，包括提供的技术援助，但应当缴纳消费税的货物除外（特种医疗车辆除外）；

6. 哈萨克斯坦共和国家银行及其分行、代表处和机构为印发货币而进口的原材料；

7. 外国外交使团和代表处、领事馆进出口的办公用品，以及上述使团的外交和行政技术人员的个人自用品；

8. 使用其他国家、政府国际组织提供的赠款购买的货物；

9. 货物收归国有。

三、关税、进口增值税、海关规费付款人

关税、进口增值税付款人是申报人或其他有义务缴纳关税、进口增值税

的法人或自然人。报关规费的付款人是关税、进口增值税的缴纳人。海关押运费的付款人是海关对其作出押送决定的法人或自然人。海关预决定规费的付款人是递交海关预决定的申请人。

第九节　海关检查

海关在实施监管时采用的检查形式包括：问询、核查报关单证和信息、外形查验、开箱查验、人身检查、检查场所、海关稽查。

一、问询

问询是海关检查的一种方式。海关可以要求承运人、报关人和其他人员就海关实施监管所需的信息提供说明。根据欧亚经济委员会确定的格式，海关应当填制"海关问询书"。如需邀请相关人员到海关进行问询，海关应当将"海关问询通知书"直接送达或者邮寄送达承运人、报关人等其他人员。

二、核查报关单证和信息

（一）报关单证和信息核查的对象

核查报关单证及其他文件和信息（简称报关单证和信息核查）是海关检查的一种方式。其中，包括对以下单证和信息的核查：

1. 海关申报单；
2. 非海关制发的通关单证；
3. 海关申报单信息证明文件；
4. 根据《哈萨克斯坦海关法典》规定，应当向海关提交的其他文件；
5. 海关申报单中申报的信息及提交给海关的文件中包含的信息；
6. 提交给海关的其他信息或者海关依据《哈萨克斯坦海关法典》或哈萨克斯坦法律规定获得的信息。

（二）海关核查报关单证和信息的目的

海关核查报关单证和信息的目的是检查文件或信息的真实性，文件是否正确填写和编制，是否按照监管方式的要求遵守使用商品的规定，是否按照海关税费优惠政策的要求遵守使用和处置商品的限制性规定，部分特殊商品是否遵守其使用规则和条件,以确保欧亚经济联盟和哈萨克斯坦海关法律法规的实施。

(三) 报关单证和信息核查的实施

在货物放行前或者货物放行后,海关可以对海关申报单、海关申报单信息证明文件、海关申报单中申报的信息及提交给海关的其他文件中包含的信息进行核查。

如果海关决定对某票货物实施报关单证和信息核查,在该货物符合报关单证和信息核查结束前放行的条件并被海关予以放行,或者风险管理系统确定予以放行的情况下,海关在货物放行后应当继续办结核查工作。

海关在实施报关单证和信息核查时,通过以下方式进行分析:比对同一份文件中的信息,也可以与其他随附单证中的信息、海关或其他国家机关信息系统的信息及海关从其他渠道掌握的信息进行比对,或者使用法律规定的其他方法进行检查。海关有权向其他国家机关和单位发送咨询函收集和分析信息。

(四) 货物放行前实施的报关单证和信息核查

1. 货物放行前实施报关单证和信息核查的情况

如果在提交海关申报单时,报关人未同时提供证明申报信息的随附单证,在风险管理系统确定的情况下或者海关无法从海关或其他国家机关信息系统中获得关于商品原产地、是否遵守禁限规定的信息时,海关有权要求报关人针对需要核查的信息提供相应的单证和信息。在这种情况下,货物的放行期限是报关单登记之日起1个工作日内。报关人应当在放行期限届满前4个小时内提供所需单证和信息。如果报关人未提交相关单证和信息,海关将不予放行货物。

在下列情形下,海关有权要求申报人及相关人员提供商业单证、会计单据、商品原产地证书及其他文件和信息,其中包括证实被核查信息真实性和准确性的书面说明:

(1) 在递交海关申报单时或者按照海关要求补充提交其他单证和信息时,申报人及相关人员提交的单证中未包含所需的信息或者未按照规定程序对提交的信息进行确认;

(2) 海关发现违反欧亚经济联盟海关法律和哈萨克斯坦海关法律及其他法律法规的情事,包括单证中所含信息为虚假信息的情况。

2. 海关应当办理的手续

海关在要求报关人补充提供上述单证和信息时,应当拥有合理充分的理由，制发公函并指明涉嫌为虚假信息的申报信息、未按照规定程序对提交信息进行确认的情况、额外需要补充的单证和信息清单，以及上述单证和信息的提供期限。

为了确定海关税费应缴税款，海关在要求报关人提供相关单证和信息时，应当告知报关人在办结报关单证和信息核查手续前可以申请办理货物放行手续，并提供海关税款担保金估算单（无须提供担保金的情形除外）。

3. 报关人提交单证和信息的规定及期限

报关人应当在下列期限内向海关提供相关的单证和信息，或者提供关于没有或者无法提供相关单证和信息的情况说明：

（1）核查对象涉及递交申报单时的单证和信息时，应当在货物放行期限结束前4个小时内提供（此类货物的放行期限为：报关单登记之日起或者提前申报货物放行期限起算之日起1个工作日内）；

（2）核查对象涉及需要补充提交的单证和信息，并且不影响海关税款的额度时，应当在货物放行期限结束前2个小时内提供（此类货物的放行期限为：报关单登记之日起或者提前申报货物放行期限起算之日起1个工作日内）；

（3）核查对象涉及需要补充提交的单证和信息，并且影响海关税款的额度时，应当在海关延长的放行期限结束前1个工作日内提供（此类货物的放行期限为：报关单登记之日起或者提前申报货物放行期限起算之日起10个工作日内，其中转运货物为5个工作日）。

如果申报人未按时提供海关要求的相关单证和信息，包括关于证实被核查信息真实性和准确性的书面说明、关于没有或者无法提供相关单证和信息的情况说明，并且未按照规定提供税款担保，则海关将不予放行货物。

申报人和其他相关人员针对海关制发的每一个公函一次性提供所需的单证和信息。除了海关要求提供的单证和信息外，还可以一并提交证明申报信息真实性、完整性的其他单证和信息。

4. 海关放行核查货物的规定

根据在货物放行前实施的报关单证和信息核查结果，或者其他形式的海关检查结果及海关化验结果，可以证明被检查单证和信息的真实性和准确性时，海关根据规定应当放行货物。在无法证明被检查单证和信息的真实性和准确性的情况下，海关根据掌握的现有信息，可以向申报人制发《申报单证和信息补正通知书》，要求申报人在货物放行前修订或补报相关单证和信息。

如果无法在货物放行期限内完成报关单证和信息核查，其中包括由于申报人未在规定期限提交单证和信息导致核查未完成的情况，则海关应当告知报关人可以在提供税款担保后申请办理货物放行手续。

5. 海关在放行货物后继续实施核查的规定

在货物已放行但报关单证和信息核查工作尚未结束的情况下，应当按照下列规定完成报关单证和信息核查工作。

（1）未在规定期限内提交海关要求提供的单证和信息，申报人应当在海关申报单登记之日起 60 个自然日内予以提供。海关自收到申报人提交的单证和信息后 30 个自然日内应当完成核查工作。

（2）如果申报人提交的单证和信息无法消除实施核查工作的理由，海关自收到申报人提交的单证和信息后 30 个自然日内有权要求补充提供单证和信息，其中包括关于证实被核查信息真实性和准确性的书面说明。在收到海关制发的公函后 10 个自然日内，申报人应当补充提供相关单证和信息。核查工作办理期限自海关要求补充提供单证和信息的公函发出之日起暂停，并在海关收到补充提交的单证和信息之日起重新开始计时。在申报人未提供上述文件的情况下，则从海关制发公函后 10 个自然日期满后重新开始计算。

（3）根据报关单证和信息核查结果或者其他形式的海关检查结果，以及海关化验结果，可以证明被检查单证和信息的真实性和准确性时，海关应当向申报人通报核查结果及税款担保金抵扣（返还）的相关信息。在无法证明被检查单证和信息的真实性和准确性、是否遵守欧亚经济联盟海关法律、哈萨克斯坦海关法律和其他法律的情况下，或者申报人未在规定期限内提供相关单证和信息时，海关根据掌握的现有信息，可以对申报单证和信息进行修订。

（五）商品放行后或其他情况下实施的报关单证和信息核查

在货物放行前开始实施并在货物放行后办结的报关单证和信息核查，以及在货物放行后或者其他法定情况下开始实施的报关单证和信息核查，同样适用货物放行前实施的报关单证和信息核查的监管规定。海关有权要求申报人提供实施海关监管所需的单证和信息，并根据货物放行后实施的报关单证和信息核查的结果作出相应决定。

三、外形查验

（一）外形查验的定义

外形查验是海关检查的一种方式，是对货物、运输工具、行李物品、载货容器、海关施封锁、印章和其他标识的直观（目视）检查，无须开拆运输工具的货仓（隔舱）和货物包装，无须拆卸和分解或使用其他方式破坏查验对象的完整性（对监管场所实施检查时除外）。外形查验的目的是检查和获取商品信息，以及检查商品、运输工具及其货仓（隔舱）是否具有海关施封锁、印章和其他标识。

（二）外形查验的实施

外形查验可以在报关人、货物权益相关人及其代表不在场的情况下进行，上述人员在海关实施外形查验时要求到场的情况除外。

（三）外形查验报告的编制

海关可以通过编制查验报告的方式记录查验结果，也可以在申报人提交的运输、商业或者报关单证上标注查验结果。对行李物品和自用运输工具实施外形查验时，海关将根据通关业务和海关监管的需求编制查验报告。

货物权益相关人申请在运输、商业或者报关单证上标注查验结果时，海关应当在以下时限内办结相关手续：

1. 在货物进出境地实施外形查验时：查验结束后工作时间 2 个小时内；
2. 在其他地点实施外形查验时：查验结束后下个工作日开始的 2 个小时内。

海关编制外形查验报告一式两份。在发现违法违规情事的情况下或者根据货物权益相关人及其代表的要求，其中一份应当交给（送达）货物权益相关人及其代表。

四、开箱查验

（一）开箱查验的定义

开箱查验是海关检查的一种方式，是指对货物、运输工具和行李物品实施的外形查验及其他操作，其中包括开拆货物包装、运输工具货仓（隔舱）、载货容器、集装箱、其他存放商品或者可能存放商品的场地，以及去除海关施封锁、印章和其他标识，拆装和拆卸或者以其他方式破坏查验对象的完整性。开箱查验的目的是检查和获取商品信息。

（二）开箱查验的实施

在确保报关人或者货物权益相关人可以收到查验通知书的情况下，海关可以通过任意方式将实施开箱查验的地点和时间通知上述人员。在确定查验时间时，应考虑上述人员抵达现场所需的合理时间。

报关人、货物权益相关人及其代表有权申请在海关实施开箱查验时到场。根据海关要求，上述人员应当在实施开箱查验时到场并提供必要的协助，在上述人员未到场的情况下，运输工具驾驶员将负责协助海关实施查验。

（三）海关实施径行查验的情况

在下列情况下，海关有权径行实施开箱查验：

1. 报关人、货物权益相关人及其代表未到场或者未知；
2. 当出现威胁国家安全、人类健康和安全、动植物生命和健康、环境保护、欧亚经济联盟成员国民族文化财产保护等不允许拖延查验实施的情况时，其中涉及的货物包括易燃易爆品、有毒物品、危化品、毒品、麻醉品、精神药品、放射性物质、核材料、具有刺激性气味的商品；
3. 国际邮件；
4. 违反出境货物通关监管规定或者未遵守特殊商品使用条件，留置在欧亚经济联盟关境的商品。

海关对国际邮件径行查验时，邮政运营商代表应当到场。如果该代表未出席，则需2名见证人在场。海关对其他货物径行查验时，需要2名见证人在场。

（四）开箱查验报告的编制

在开箱查验结束后，海关应当根据欧亚经济委员会规定的格式和程序填制查验报告，并在查验报告中标注以下信息：

1. 实施开箱查验的海关关员和到场人员的信息；
2. 在报关人、货物权益相关人及其代表未到场的情况下实施开箱查验的原因；
3. 开箱查验的结果；
4. 其他规定信息。

海关编制开箱查验报告一式两份。在发现违法违规情事的情况下或者根据货物权益相关人及其代表的要求，其中一份应当交给（送达）货物权益相关人及其代表。

五、人身检查

（一）人身检查的定义

人身检查是海关检查的一种方式，是针对自然人的检查。人身检查的对象是进出欧亚经济联盟关境的人员及处于海关监管区内或者国际机场中转区内的自然人,前提是具有足够的证据表明上述人员违反欧亚经济联盟海关法和哈萨克斯坦海关法及其他法律,随身藏匿携带商品进出境,并且不会主动交出商品。人身检查的目的是确认自然人随身藏匿携带进出境的商品是否违反欧亚经济联盟海关法律和哈萨克斯坦海关法及其他法律。

(二)人身检查的实施

经海关机构负责人及其授权的副职或者代理人书面批准后,方可实施人身检查。人身检查应由与被检查人同样性别的海关机构公职人员在符合卫生保健要求的隔离室中实施,且有两位相同性别的见证人在场。检查自然人身体时,必须有医护人员借助必要的专业医务器械进行。对未成年人或者无行为能力的自然人进行人身检查时,必须有其法定代表(父母、养父母、监护人或者受托人)在场,或者其同行人员在场。

在实施人身检查之前,海关机构公职人员应该向自然人出示"人身检查决定书",告知该自然人在接受人身检查时享有的权利,并建议其主动交出违反欧亚经济联盟海关法律、哈萨克斯坦海关法律和其他法律随身藏匿携带进出境的商品。自然人在知晓上述情况后,应当在"人身检查决定书"上签字确认。如果自然人拒绝签字,海关应在"人身检查决定书"上做出相应标记,并由出示"人身检查决定书"的海关关员和到场的两名见证人签字确认。

在实施人身检查时,海关机构公职人员不应侵害被稽查人的人格和尊严,不应对该自然人的健康和财产造成损害。

(三)接受人身检查的自然人享有的权利

1. 在人身检查开始之前,了解"人身检查决定书"的内容和人身检查实施流程;
2. 了解自己的权利和义务;
3. 提供解释并提出申请;
4. 主动交出违反欧亚经济联盟海关法和哈萨克斯坦海关法及其他法律随身藏匿携带进出境的商品;
5. 提出申请并要求实施人身检查的海关机构公职人员将申请体现在人身检查报告中;
6. 使用母语或者翻译服务;
7. 在人身检查结束后,知晓人身检查报告内容;
8. 对实施人身检查的海关机构公职人员的行为提起诉讼。

(四) 人身检查报告的编制

在实施人身检查过程中，接受人身检查的自然人及其代表必须遵行实施人身检查的海关机构公职人员的合法要求。

海关机构公职人员在开始实施人身检查时或者在人身检查完成后1小时内编制人身检查报告。人身检查报告应当由实施人身检查的海关机构公职人员、接受人身检查的自然人或其法定代表及同行人员、见证人签字确认。当实施了身体检查时，医务人员应当签字。

人身检查报告一式两份，其中一份应在完成编制后当场交给被检查人或者其法定代表及同行人员。

六、检查场所

(一) 检查场所的定义

检查场所是海关检查的一种方式，是指对场所和区域及其存放的商品和文件施行直观（目视）检查。检查场所的目的是确认在被检场所或区域内是否具有海关监管商品和文件，检查和获取海关监管商品和文件的信息，检查海关施封锁、印章及其他标识的施加情况。

在确认自营仓库、临时存储仓库、海关监管仓库、自由仓库、免税店，以及经认证的经营者（AEO）临时存储仓库的建筑物、场所和场地是否符合法律规定的标准和要求时，海关可以对上述场所和区域进行检查。不允许对居民住所进行检查。

(二) 检查场所的程序

在对场所和区域进行检查时，海关机构公职人员应当出示工作证和"检查场所决定书"。在实施海关现场稽查时无须出示上述证书。

妨碍海关机构公职人员进入区域和场所的人员，根据哈萨克斯坦法律承担相应责任。根据哈萨克斯坦法律确定的程序，其他国家机构的公职人员可以进入海关监管区域和场所办理相关业务。

海关对场所和区域的检查应当尽量在短期内完成，不得超过1个工作日。海关机构负责人或其副职及代理人可以作出延期决定，但不得超过5个工作日，并在"检查场所决定书"中予以标注。

海关填制的《检查场所报告》一式两份，其中一份应当交给（寄达）被检查场所和区域的经营者。

七、海关稽查

(一) 一般规定

1. 海关稽查的定义

海关稽查是海关检查的一种方式,是指海关运用其他的海关检查形式和监管保障措施对放行后的货物实施的检查。海关稽查的目的是将报关单及其随附单证的信息或者海关依法获得的信息与被稽查人的会计账簿、会计凭证、发票等其他单证和信息进行比对,检查相关人员是否遵守欧亚经济联盟和哈萨克斯坦海关法律。

2. 海关稽查的对象

(1) 海关稽查的对象是根据哈萨克斯坦法律成立、登记注册的法人并且/或者在哈萨克斯坦具有固定居住地的人员。具体包括以下人员:

①报关人;

②承运人;

③在临时存储仓库以外的其他地点暂时存储商品的法人和自然人;

④海关事务领域从业人员;

⑤拥有放行货物所有权的人员;

⑥经认证的经营者(AEO);

⑦直接或间接参与进出口贸易的人员,且进出口商品已办理通关手续;

⑧有信息证明拥有(曾经拥有)或使用的进出境商品违反相关法律法规的人员。

(2) 在实施海关稽查时,海关可以检查:

①商品是否办理进出境通关手续;

②报关单及随附单证信息的真实性;

③特定条件下放行商品是否遵守关于商品使用和处置的限制性规定;

④海关事务领域从业人员是否履行相关法定义务;

⑤法人是否符合经认证的经营者(AEO)的认定条件,经认证的经营者(AEO)是否遵守经认证的经营者(AEO)的认定条件及是否履行相关法定义务;

⑥是否遵守进出境商品办理的通关手续的相关规定和要求;

⑦是否遵守欧亚经济联盟海关法律、哈萨克斯坦海关法律和其他法律的其他规定。

3. 海关稽查的类型及其他规定

海关稽查分为单证稽查和现场稽查。

为了实施海关稽查，海关可以向哈萨克斯坦其他国家机构的公职人员进行咨询，以便研究涉及相关专业知识和技能的问题。根据海关提出的书面问题，参与海关稽查的其他国家机构应当编制结论书。该结论书复印件将随附在海关稽查报告中。

海关在实施海关稽查过程中查获的行政和刑事违法情事应当按照哈萨克斯坦法律的规定办理。

（二）单证稽查

1. 单证稽查的定义

单证稽查是指海关对稽查对象在办理通关手续时和/或根据海关要求提交的申报单、商业单证、运输单据及其他文件中的信息，以及海关和哈萨克斯坦其他国家机构掌握的相关单证和信息进行的研究和分析。

2. 实施单证稽查的情形

（1）通过分析海关和其他国家机构的信息，证实可能存在违反欧亚经济联盟海关法律和哈萨克斯坦海关法律和其他法律的情事；

（2）有情报或信息证实可能存在违反欧亚经济联盟海关法律和哈萨克斯坦海关法律和其他法律的情事；

（3）非欧亚经济联盟成员国的国家机构向海关提出协查请求，对与外国人开展进出口货物贸易的人员进行核查；

（4）在与外国税务、海关等执法机构开展信息交换过程中，对获得的信息实施核查；

（5）自然人和法人、国家机构致函海关，证实可能存在违反欧亚经济联盟海关法、哈萨克斯坦海关法律和其他法律的情事；

（6）相关人员主动提出开展单证稽查；

（7）税务稽查及其他形式的海关检查证实可能存在违反哈萨克斯坦海关法律的情事；

（8）海关收到先前稽查作业时未收到的咨询答复；

（9）被稽查对象重组或者递交破产（注销）申请。

单证稽查无稽查频率限制。除上述第（3）至（6）项及第（8）项规定的情况外，不允许同一海关机构针对已实施单证稽查的货物进行重复稽查。

如果稽查对象未按照海关要求提供报关单中申报的单证和信息，则上述单证和信息将被认定为未如实申报。如果没有单证可以证实申报信息，海关根据掌握的资料确定商品的数量和/或价值，选择最大税率计征税费。

3. 单证稽查的地点和期限

单证稽查由海关在海关机构所在地办理，无须到被稽查对象所在地，且海关无须制发单证稽查决定书。

单证稽查期限自海关寄发"稽查通知书"之日起开始，最长不应超过6个月。被稽查对象在收到"稽查通知书"后10个工作日内应当提交相关单证和信息。在必要合理的情况下，海关可以根据被稽查对象的申请延长提交期限，但不得超过5个工作日。

4. "稽查通知书"的制发

海关应当按照规定程序向稽查对象寄发"稽查通知书"，并要求其提供相关单证和信息。"稽查通知书"应当由海关机构负责人或其副职签字确认。

5.《单证稽查报告》的制发

海关根据稽查结果填制一式两份《单证稽查报告》，并由实施稽查的海关关员签字确认，一份作为单证稽查材料由海关留存，另一份在稽查结束后5个自然日交给被稽查对象并由其签字确认，或者通过挂号信寄送并回收寄达通知。海关编制的税费核算书及海关在稽查过程中获得的其他材料的复印件应当随附在《单证稽查报告》中。海关对《单证稽查报告》进行编码、装订、盖章，并在专用登记簿中登记注册。

6. 稽查对象主动改正违规行为的规定

当发现违反欧亚经济联盟和哈萨克斯坦海关法律的行为时，海关将出具"违规行为改正通知书"，并与《单证稽查报告》一同送达（寄送）稽查对象。"违规行为改正通知书"应当送交稽查对象并由其签字确认，或者通过挂号信、电子方式发送。

海关在稽查过程中发现存在违法违规情况时，稽查对象有权主动改正违规行为。被稽查对象完成"违规行为改正通知书"中的要求后即被视为主动改正违规行为，必要时随附海关税费、滞纳金、利息缴纳凭证的复印件。被稽查对象在收到"违规行为改正通知书"30个工作日内，应当根据要求改正违规行为。如果被稽查对象不认同该通知书中所述的违规行为时，可以根据规定程序进行申诉。

根据稽查对象登记的地址信息，邮局和通信运营商无法送达《单证稽查报告》、"违规行为改正通知书"并退回海关时，海关应当在5个工作日内，在有两个见证人陪同的情况下，对稽查对象注册地址进行调查。在调查报告中应当标注以下信息：编制报告的地点、日期和时间，编制报告的海关关员职务、姓名，海关机构的名称，见证人的姓名及其身份证件、居住地址，被稽查人姓名或名称及其备案号码，调查结果。两个见证人应当是具有自主行为能力的成年人，且与海关和被稽查对象无任何关联，不允许哈萨克斯坦国家机构公职人员作为见证人。

如果被稽查货物的放行海关和实施稽查的海关不是同一海关，在"违规行为改正通知书"发出后3天内，实施稽查的海关应当将《单证稽查报告》、"违规行为改正通知书"发送给放行货物的海关。

根据单证稽查结果或者在稽查对象未按照海关规定期限提交单证和信息时，海关有权实施现场稽查。

（三）现场稽查

1. 现场稽查的定义

现场稽查是指海关前往法人所在地、个体经营者活动场所和/或上述人员实际开展业务的地点实施的检查（以下简称被稽查人场所）。现场稽查不针对自然人，但根据哈萨克斯坦法律登记注册的个体经营者除外。现场稽查无稽查频率限制。

2. 现场稽查的类型

现场稽查分为计划外现场稽查、计划外延伸稽查两种类型。在需要确认被稽查人提供的信息的真实性时，海关可以前往根据哈萨克斯坦法律成立或注册的法人的所在地开展计划外现场稽查，也可以对与被稽查人进出口贸易有关系的法人开展计划外延伸稽查。

3. 实施现场稽查的情形

现场稽查可以根据其他形式的海关检查结果进行，也可以根据单证稽查的结果进行。实施现场稽查的情形包括：

（1）通过分析海关和其他国家机构的信息，证实可能存在违反欧亚经济联盟海关法律、哈萨克斯坦海关法律和其他法律的情事；

（2）有情报和信息证实可能存在违反欧亚经济联盟海关法律、哈萨克斯坦海关法律和其他法律的情事；

（3）相关人员申请经认证的经营者（AEO）注册备案；

（4）经认证的经营者（AEO）申请变更临时存储场所注册备案信息；

（5）需要实施延伸稽查的情况；

（6）非欧亚经济联盟成员国的国家机构向海关提出协查请求，对与外国人开展进出口货物贸易的人员进行核查；

（7）欧亚经济联盟成员国调查机构向海关提出协查请求或者委托海关，对刑事违法行为举报材料或刑事案件材料进行核查；

（8）根据欧亚经济联盟各成员国海关的委托，对在哈萨克斯坦成立或注册的人员进行核查；

（9）在与外国税务、海关等执法机构开展信息交换过程中，对获得的信息实施稽查；

（10）哈萨克斯坦刑事诉讼法规定的情况；

（11）自然人和法人、国家机构致函海关，证实可能存在违反欧亚经济联盟海关法、哈萨克斯坦海关法律和其他法律的情事；

（12）相关人员主动提出开展现场稽查；

（13）需要对稽查结果申诉书中涉及的问题进行检查；

（14）检查付款人是否遵守暂停现金支出的决定；

（15）相关人员未根据海关要求在规定期限内提供债务人名单或者无债务的证明材料；

（16）债务人未按照海关要求在规定期限内提供与付款人的结算对账单；

（17）单证稽查结果证明可能存在违反欧亚经济联盟和哈萨克斯坦海关法律的行为；

（18）税务稽查及其他形式的海关检查证实可能存在违反哈萨克斯坦海关法律的情事；

（19）海关收到先前稽查作业时未收到的咨询答复；

（20）被稽查对象重组或者递交破产（注销）申请。

4. "现场稽查决定书"的制发

现场稽查依据海关机构负责人及其副职签字确认的"现场稽查决定书"进行。应该包含以下信息：

（1）编制日期和登记号码；

（2）现场稽查的类型；

（3）实施现场稽查的海关机构的名称；

（4）决定实施现场稽查的依据；

（5）被稽查人名称、注册编码或姓名，其所在地（居住地）和/或实际开展业务的地点；

（6）实施现场稽查的海关机构公职人员的姓名和职务；

（7）参加现场稽查的其他机构公职人员的姓名和职务；

（8）现场稽查的对象；

（9）现场稽查作业期限；

（10）稽查时间范围。

海关机构公职人员应当将"现场稽查决定书"送达被稽查人，或者通过挂号信寄送并回收寄达通知。被稽查人代表应当签收"现场稽查决定书"并标注日期和时间。当被稽查人拒绝签收时，海关机构公职人员应当记录上述情况。被稽查人拒收"现场稽查决定书"或者由于地址原因无法寄达被稽查人，不能作为取消现场稽查的理由。

5. "现场稽查补充决定书"的制发

根据一份"现场稽查决定书"只能针对一个被稽查人实施稽查。当延长或者暂停现场稽查作业期限时，应在"现场稽查决定书"中添加相应说明，并通知被稽查人。当海关延长现场稽查作业期限和更改稽查时间范围时，或者变更和替换稽查人员时，应当编制"现场稽查补充决定书"，并注明原"现场稽查决定书"的序号、编制日期，以及稽查人员的信息。

在稽查开始之前，应当将纸质或者电子形式的"现场稽查决定书"或者"现场稽查补充决定书"提交给被稽查人所在地负责法律统计和特别登记的机构登记注册。

6. 现场稽查作业期限

现场稽查开始的日期是"现场稽查决定书"送达被稽查人的日期。现场稽查作业期限不应超过 2 个月，海关要求被稽查人提供相应单证和信息的时间不计算在内。根据实施现场稽查的海关机构的决定，可以将现场稽查作业期限延长 1 个月。

7. 暂停现场稽查的规定

在被稽查人场所开始实施稽查之前，海关机构公职人员必须向被稽查人出示工作证。在稽查过程中，被稽查人不得对被检查的单证进行变更或增补。

在下述情况下，实施现场稽查的海关机构负责人及其副职可以作出暂停现场稽查的决定：

（1）必须实施延伸稽查；

（2）必须实施海关化验；

（3）需要向哈萨克斯坦、欧亚经济联盟成员国或者非欧亚经济联盟成员国其他机构发送协查请求；

（4）被稽查人需要修复现场稽查所需的文件；

（5）需要补充提供涉及稽查时间范围的文件，并且该文件可能影响稽查结论。

现场稽查暂停期限不得超过 24 个月。在暂停或恢复现场稽查之日起 1 个工作日内，海关应当向被稽查人和被稽查人所在地负责法律统计和特别登记的机构送达"暂停或恢复现场稽查通知书"。暂停现场稽查的时间不计入现场稽查作业期限内。

8.《现场稽查报告》的制发

海关根据现场稽查的结果编制《现场稽查报告》一式两份，并由实施现场稽查的海关负责人签字确认。第一份作为稽查材料海关留存，第二份在稽查结束后 5 个自然日内送达被稽查人。被稽查人不同意海关稽查结果时，应当在《现场稽查报告》中予以标注。海关编制的税费核算书及海关在稽查过程中获得的其他材料的复印件应当随附在《现场稽查报告》中。海关对《现场稽查报告》进行编码、装订、盖章，并在专用登记簿中登记注册。

《现场稽查报告》中应标注以下信息：

（1）编号和编制日期、实施现场稽查的地点；

（2）实施稽查的海关机构名称；

（3）实施现场稽查的理由及其类型；

（4）"现场稽查决定书"的日期和编号；

（5）实施现场稽查的海关机构公职人员职务、姓名；

（6）被稽查人名称和注册编码、姓名、所在地信息和实际经营场所；

（7）被稽查人银行账户信息；

（8）被稽查人法人或者负责制定海关报告和财务报表及缴纳海关税费、滞纳金、利息的人员信息；

（9）受邀参与现场稽查的人员信息；

（10）稽查时间范围及单证核查的相关信息；

（11）现场稽查的开始日期和结束日期，包括稽查暂停或延期的时间；

（12）海关检查形式和稽查过程中采取的其他措施；

（13）前一次稽查作业的信息，以及采取的改正措施；

（14）查获的违反欧亚经济联盟海关法、哈萨克斯坦海关法律和其他法律情事的详细信息，并注明相应的法律条款；

（15）依据现场稽查结果做出的结论。

9. "稽查结果通知书"的制发

如果在现场稽查过程中发现了违法情况，海关应当向被稽查人制发"稽查结果通知书"，被稽查人可以按照规定程序对此提出书面反对意见。在《现场稽查报告》送达后的5个工作日内，应当将"稽查结果通知书"送交被稽查人并由其签字确认。不论是否追究被稽查人行政或者刑事责任，都需要向其送交"稽查结果通知书"。

"稽查结果通知书"中应该指明以下信息：

（1）稽查对象注册号码；

（2）稽查对象姓名、居住地或者名称、所在地；

（3）海关机构名称；

（4）登记日期和编码；

（5）根据现场稽查结果核算的关税、增值税、消费税、保障措施关税、反倾销税、反补贴税、利息的税额；

（6）制发通知书之日应缴的滞纳金金额；

（7）关于履行缴纳关税、增值税、消费税、保障措施关税、反倾销税、反补贴税、滞纳金、利息义务的要求；

（8）送交通知书的依据；

（9）因未在规定期限内缴纳关税、增值税、消费税、保障措施关税、反倾销税、反补贴税而产生的滞纳金计算方法和利息计算方法；

（10）申述程序；

（11）关于改正违法违规行为的要求，前提是该违法违规行为不影响履行海关税费、滞纳金、利息支付义务；

（12）对货物申报单进行修改的要求。

"稽查结果通知书"中海关提出的要求应该在被稽查人收到该通知书30个工作日内执行，被稽查人提出申诉的情况除外。在对"稽查结果通知书"内容无异议的情况下，根据被稽查人的申请及随附的支付进度计划书，缴纳海关税费、滞纳金、利息的期限可以延长60个工作日。

如果放行货物的海关和实施现场稽查的海关不是同一海关，在出具"稽查结果通知书"后3个工作日内，实施稽查的海关应当将《现场稽查报告》和《稽查结果通知书》提交至放行货物的海关。

根据稽查对象登记的地址信息，邮局和通信运营商无法送达《现场稽查报告》、"现场稽查结果通知书"并退回海关时，海关应当在5个工作日内，在两个见证人陪同的情况下，对稽查对象注册地址进行调查。在调查报告中应当标注以下信息：编制报告的地点、日期和时间，编制报告的海关关员职务、姓名，海关机构的名称，见证人的姓名及其身份证件、居住地址，被稽查人姓名或名称及其备案号码，调查结果。两个见证人应当是具有自主行为能力的成年人，且与海关和被稽查对象无任何关联，不允许哈萨克斯坦国家机构公职人员作为见证人。

（四）公职人员在被稽查人场所的通行

在现场稽查过程中，海关机构公职人员在出示"现场稽查决定书"及其工作证件后，被稽查人应当允许海关机构公职人员和参与现场稽查的其他国家机构的公职人员进入被稽查人的场所实施稽查（不包括私人住宅）。在以下情况下，被稽查人有权拒绝上述人员进入相关场所：

1. 上述公职人员没有出示"现场稽查决定书"和/或工作证件；

2. 在"现场稽查决定书"中未标明海关机构和其他国家机构公职人员的信息；

3. 上述公职人员未持有进入相关场所的特殊许可证件。

如果被稽查人毫无理由地拒绝现场稽查人员进入相关场所，应承担哈萨克斯坦法律规定的责任，海关应当按照规定格式编制相应的记录。记录应当由稽查人员、被稽查人或其代表签字确认。如果被稽查人拒绝签署上述记录，必须书面解释拒绝签字的原因。上述记录的复印件应当送交被稽查人或其代表。

（五）海关实施稽查作业时的权利和义务

1. 海关机构公职人员在实施稽查时享有的权利

（1）向被稽查人提出要求并接收其提交的商业、运输单证、会计核算文件，以及与被稽查货物相关的其他信息；

（2）要求被稽查人提交与货物进出口业务相关的报表；

（3）要求被稽查人开展进出口贸易的人员提交相关业务和结算文件的复印件及其他相关信息；

（4）要求银行和从事某类银行业务的机构提交欧亚经济联盟成员国组织和个体经营者银行账号和资金往来信息；

（5）要求哈萨克斯坦税务机关和其他国家机构提交实施稽查所必需的文件和信息，包括哈萨克斯坦法律规定的国家、商业、银行、税务和其他受法律保护的机密（秘密）的文件和信息；

（6）向欧亚经济联盟成员国及非成员国相关组织、国家机构和其他机构（组织）发送协查请求；

（7）开展海关化验；

（8）查封商品和车辆；

（9）聘请专家和鉴定人；

（10）按照哈萨克斯坦《行政犯罪法》规定程序，没收涉及被稽查人行政违法行为的文件；

（11）采取欧亚经济联盟海关法、哈萨克斯坦海关法和其他法律规定的其他措施。

2. 海关公职人员在实施现场稽查时享有的权利

（1）要求被稽查人出示商品；

（2）按照哈萨克斯坦法律规定程序，在现场稽查期间对商品进行清点；

（3）在出示"现场稽查决定书"和工作证后，可以进入被稽查人的相关场所；

（4）提取货物样本和样品并编制记录；

（5）没收被稽查人的文件并编制没收证明；

（6）在现场稽查期间扣押或没收商品；

（7）查封现场稽查文件和存放商品的场所、仓库、档案室等其他地点；

（8）要求被稽查人代表提交身份证明文件和/或确认其权限的文件；

（9）调取被稽查人信息系统的数据；

（10）要求被稽查人提交涉及其业务和财产信息的相关文件；

（11）使用技术手段（包括音频和视频记录设备，摄影设备）及旨在对被稽查人以电子形式提交的信息进行处理的软件产品；

（12）调取被稽查人会计自动化核算软件的数据，要求被稽查人提供电子和/或纸质的会计凭证；

（13）采取哈萨克斯坦法律规定的其他措施。

3. 海关公职人员在实施稽查时应当履行的义务

（1）保护被稽查人的合法权利和利益，不得作出不当决定和作为（不作为）对被稽查人造成损害；

（2）根据法律规定使用在稽查过程中获得的信息；

（3）未经被稽查人同意不得泄露被稽查人提交的单证和信息；

（4）遵守职业操守；

（5）将被稽查人的相关权利和义务、实施稽查人员的信息、海关公职人员在稽查过程中的权利和义务等信息告知被稽查人；

（6）在现场稽查过程中，不得违反被稽查人规定的作息时间；

（7）应被稽查人的要求，提供关于稽查作业的相关法律规定和文件；

（8）在现场稽查过程中，向被稽查人出示"现场稽查决定书"及工作证件；

（9）不得透露受法律保护的国家、税务、银行和其他秘密（机密）信息，以及在稽查过程中获得的其他机密信息；

（10）履行《哈萨克斯坦海关法》规定的其他义务。

（六）被稽查人的权利和义务

1. 在接受海关稽查时被稽查人享有的权利

（1）要求海关提供关于海关稽查作业的相关法律规定和文件；

（2）提交其现有的文件和信息，证实其不存在违法违规行为；

（3）对海关的决定和作为（不作为）提出申诉；

（4）要求实施现场稽查的海关机构公职人员出示"现场稽查决定书"及工作证件；

（5）在现场稽查时到场，配合海关实施稽查；

（6）对《现场稽查报告》提出书面异议；

（7）享有法律规定的其他权利。

2. 在接受海关稽查时被稽查人应当履行的义务

（1）在现场稽查过程中，向海关呈验被稽查货物；

（2）在海关规定期限内提供纸质或电子文件和信息；

（3）保证稽查人员可以进入被稽查人的相关场所；

（4）如果相关文件用哈萨克语和俄语以外的其他语言编写，应当提供上述文件的翻译件；

（5）指定负责向海关提交文件和信息的工作人员；

（6）在现场稽查过程中开展货物清点；

（7）确保稽查人员可以对货物进行采样和/或抽样；

（8）根据海关要求提供与被稽查人活动情况相关的书面和口头说明，并提交证明文件；

（9）对海关制发的稽查单证予以签字确认；

（10）确保稽查人员可以调阅相关文件和信息；

（11）确保稽查人员可以调取会计自动化核算软件的数据，提供电子和/或纸质的会计凭证；

（12）履行法律规定的其他义务。

第十节　货物放行

一、货物放行概述

根据申报人选择的监管方式，海关对符合通关要求的进出境货物予以放行。海关利用信息系统放行货物并形成电子单证，也可以通过在纸质报关单或者"报关单提交前放行货物申请单"上加盖印章放行货物。海关按照欧亚经济委员会或者哈萨克斯坦海关法规定的期限和程序办理货物放行业务。

如果同一票货物报关单中申报的商品项超过两个及以上，海关可以对符合放行条件的部分商品予以放行。

在货物放行后海关工作时间3个小时内，海关应当将货物放行的信息以电子文件方式通知货物临时存储负责人，以及与海关信息系统实现联网的其他法人或自然人。在哈萨克斯坦国际条约规定的情况下，海关应当在相关商业、运输单证上标注货物放行标记或者撤销货物放行决定的标记。

报关单被撤销的情况下，海关应撤销作出的货物放行决定。在符合欧亚经济委员会和哈萨克斯坦海关法规定的情况和条件时，海关作出的货物放行决定可以依据申报人提出的合理申请予以撤销。海关利用信息系统撤销放行决定并形成电子文件，也可以在纸质报关单上作出相应标记撤销放行决定。

二、货物放行期限

（一）提前申报货物放行期限起算日期

办理货物提前申报手续时，货物放行期限自下列情况之一发生时起计算：

1. 对报关单申报信息进行变更（补充）。前提是海关已经收到关于货物停放在提前申报报关单中申报的海关监管区的通知，或者海关签发准许船舶运输货物在提前申报报关单中申报的运抵地点卸货的许可。

2. 海关已经收到关于货物停放在提前申报报关单中申报的海关监管区的通知，或者海关签发准许船舶运输货物在提前申报报关单中申报的运抵地点卸货的许可。前提是申报人通知海关不需要对申报信息进行变更（补充），或者在海关收到关于货物停放在提前申报报关单中申报的海关监管区的通知之前及海关签发准许船舶运输货物在提前申报报关单中申报的运抵地点卸货的许可之前，已对申报信息进行变更（补充）。

（二）货物放行的期限

除特殊情况除外，海关应在报关单接单登记之时起 4 小时内完成货物的放行。如果报关单在海关工作时间结束前不到 4 小时登记，则应在海关重新开始工作之时起 4 小时内完成。

如果发生下列情况之一，则应在报关单登记之日起 1 个工作日内或者办理货物提前申报手续时货物放行期限起算之日起 1 个工作日内完成货物放行：

1. 海关要求提供申报信息证明文件和/或决定实施查验或化验，以及采取海关监管保障措施；

2. 申报人向海关提出申请变更（补充）申报信息；

3. 申报人未根据海关要求对申报信息进行变更（补充）。

（三）货物放行期限的延期

经海关机构负责人及经其授权的副职批准，货物放行期限可以延长至下列手续办结之时：

1. 海关实施查验、化验和/或其他监管措施；

2. 申报人根据海关要求对报关单申报信息进行变更（补充）；

3. 提供关税、进口环节税、特别关税、反倾销税、反补贴税等税款担保。

除哈萨克斯坦海关法另有规定外，自报关单登记之日起或者办理货物提前申报手续时货物放行期限起算之日起，货物放行最长期限不超过 10 个工作日。转运货物放行期限最长期限不超过 5 个工作日。如果在上述期限内海关未办结单证和/或信息核查手续，或者需要化验的货物未提供税款担保且在上述期限内没有取得化验结果，则放行期限可以申请延长至办结相关手续。

海关应在批准延长货物放行期限后 1 个工作日内，向申报人或报关代理人发送货物延期放行通知并说明理由。

三、发现行政或刑事违法行为时的货物放行

如果发现行政违法或刑事违法行为的货物根据哈萨克斯坦法律规定不予没收或扣押，海关应在行政或刑事诉讼结束之前放行货物。

四、知识产权货物的放行

（一）已备案知识产权货物的放行

1. 涉嫌侵权货物放行期限的中止

在办理《欧亚经济联盟成员国知识产权海关保护统一目录》或《哈萨克斯坦共和国知识产权海关保护目录》中所列知识产权货物通关手续时，如果海关发现知识产权权利人权益涉嫌受到侵犯，则这些货物的放行期限应当中止10个工作日。如果权利人及其代表根据哈萨克斯坦法律向法院申请知识产权保护，海关应权利人及其代表的请求可以延长中止放行期限，但不得超过10个工作日。

权利人及其代表可以通过电子邮件和传真向海关提交电子版（扫描版）的"货物放行中止期限延长申请书""货物放行期限中止决定取消申请书"，且必须随后提交申请书原件。

货物放行期限中止决定和货物放行中止期限延长决定，由海关机构负责人或其授权人员作出。海关应在作出知识产权货物放行期限中止决定之日起1个工作日内，将中止的理由和恢复期限通知申报人和权利人及其代表，并向申报人通报权利人及其代表的名称（姓名）和所在地（居住地），向权利人及其代表通报申报人的名称（姓名）和所在地（居住地）。

2. 货物中止放行期限届满后的货物放行

知识产权货物中止放行期限届满后，除货物被没收、扣押和查封，或者法院裁定对侵权行为提起民事诉讼的情况外，海关应按照规定的程序恢复放行期限。当法院裁定对侵权行为提起民事诉讼时，知识产权货物放行中止期限及其临时存储期限，应延长到法院作出的诉讼裁决生效时为止。

如果法院认定权利人的权利未受到侵犯，因中止放行对货物申报人、所有人、收货人造成的财产损失（损害）应由权利人予以赔偿。

3. 提前撤销货物放行期限中止决定的情况

在下列情况下，应提前撤销货物放行期限中止决定并恢复货物放行：

（1）权利人及其代表向海关申请撤销该决定；

(2) 知识产权从《欧亚经济联盟成员国知识产权海关保护统一目录》或《哈萨克斯坦知识产权海关保护目录》中删除；

(3) 权利人及其代表没有提供法院关于侵犯知识产权民事诉讼的裁决。

货物放行中止期限的撤销决定由海关机构负责人或其授权人员作出。

4. 信息保密及取样的相关规定

申报人、权利人及其代表获得的机密信息，除哈萨克斯坦法律规定的情况外，不得向第三方及哈萨克斯坦国家机关和欧亚经济联盟成员国国家机关披露。

经海关批准并在海关关员到场的情况下，申报人、权利人及其代表有权对中止放行的货物抽取样品和/或样本，并有权通过拍照等其他方式查看、记录这些货物。

知识产权货物的放行并不影响权利人向哈萨克斯坦相关主管部门或法院申请知识产权保护的权利。

（二）未备案知识产权货物的放行

1. 中止未备案知识产权货物放行的条件

如果海关发现进出境货物侵犯未列入《欧亚经济联盟成员国知识产权海关保护统一目录》或《哈萨克斯坦知识产权海关保护目录》的知识产权，且已取得知识产权所有人或其在哈萨克斯坦境内代表的资料，有权中止上述货物的放行。为保护进出境商品的商标权，海关可以使用知识产权保护主管部门编制的目录或数据库。

2. 海关中止货物放行的处置

在办理未备案知识产权货物通关手续时，如果海关发现知识产权权利人权益涉嫌受到侵犯，应当中止货物的放行，最长期限为3个工作日，并立即通知权利人及其代表和申报人中止放行的理由和期限，并向申报人通报权利人及其代表的名称（姓名）和所在地（居住地），向权利人及其代表通报申报人的名称（姓名）和所在地（居住地）。

3. 权利人应当办理的手续

如果权利人在3个工作日内未提交将货物放行中止期限延长10个工作日的书面申请，或者提出撤销中止放行决定的书面申请，海关应当撤销中止放行的决定并恢复货物放行。

如果权利人在3个工作日内向海关提交货物放行中止期限延长申请，则自最初中止放行货物之日起，中止放行货物期限最长为10个工作日。在这种情况下，权利人及其代表必须在最初中止放行货物之日起10个工作日内向海关提交下列情况的证明文件：

（1）法院决定对中止放行货物涉嫌侵犯知识产权的行为提起民事诉讼。

（2）权利人按照规定程序申请将中止放行货物列入《哈萨克斯坦共和国知识产权海关保护目录》。

如果权利人及其代表自最初中止放行货物之日起10个工作日内未向海关提交上述文件，海关将恢复货物放行。

权利人及其代表提交上述文件后，货物放行中止期限及其临时保管期限延长至法院诉讼裁决生效之日。

如果法院认定权利人的权利未受到侵犯，因中止放行对货物申报人、所有人、收货人造成的财产损失（损害）应由权利人予以赔偿。

（三）其他规定

海关有义务将法院判决应当销毁的知识产权侵权货物移交给哈萨克斯坦相关主管部门。

法院裁定应当销毁的知识产权侵权货物，哈萨克斯坦相关主管部门必须按照法定程序立即予以销毁。

五、不予放行货物

海关借助信息系统签发电子文件，或者在纸质报关单或《报关单提交前货物放行申请书》上盖章不予放行货物。在不予放行货物时，海关应说明拒绝放行的理由。海关应当在货物放行期限届满之前办结不予放行货物的手续。海关根据以下列理由不予放行货物：

1. 不符合进出口货物、自用物品、国际运输工具及其备品的海关放行条件；
2. 未按照海关要求变更（补充）申报信息；
3. 货物提前申报时，在报关单接单登记后30日内未按规定办理相关手续；
4. 不符合定期申报要求和/或申报人未按时履行缴纳海关税费、进口环节税、特别关税、反倾销税、反补贴税、利息和滞纳金的义务；
5. 在规定的货物放行期限内，未按海关要求提交货物；
6. 中止放行的知识产权货物；
7. 海关在货物放行前实施单证和信息核查；
8. 旅客申报单中申报的商品不属于个人自用物品；
9. 海关在对进出境货物实施海关监管时，发现违反欧亚经济联盟海关法、哈萨克斯坦海关法和其他法律的行为，但以下情况除外：发现的违法行为不构成行政或刑事诉讼理由且已经消除，发现的违规行为已经消除且申报货物不应予以没收和扣押，对申报人提起破产诉讼。

第四章 哈萨克斯坦通关便利

第一节 优先办理通关手续的情况

对于消除自然灾害和紧急情况后果所需的货物、维持和平行动或演习所需的军事产品、易腐烂变质的货物、动物产品、放射性材料、炸药、国际邮件、快递货物、国际展览展品、人道主义和技术援助物品、新闻报道使用的器材设备、维修和保养国际运输工具的配件及备品、国家货币、外汇、其他外汇资产、哈萨克斯坦国家银行及其分行进口的黄金等贵金属,海关优先办理通关手续。欧亚经济委员会有权确定可优先办理通关业务的其他商品。

第二节 经认证的经营者(AEO)

一、概念

经认证的经营者(AEO)是指在符合哈萨克斯坦海关法规定条件的情况下,按照规定程序被列入《经认证的经营者(AEO)名录》的哈萨克斯坦境内注册成立的法人。根据海关核发的不同类型的经认证的经营者(AEO)证书,该法人享有相应的通关便利措施。

二、经认证的经营者(AEO)申请条件

(一)第一类经认证的经营者(AEO)申请条件

1. 在提交经认证的经营者(AEO)认证申请时,从事外经贸活动的企业、代理报关企业、海关监管仓库经营者和临时存储仓库经营者应从业 3 年以上,从事海关监管货物运输业务的海关承运人应从业 2 年以上。具体规定如下:

(1)从事外经贸活动的企业(运输企业除外)每年递交进出口货物报关

单不低于 10 票，或者进出口货物的申报总价值折合不低于 5 万欧元（按海关受理申请时外汇官方牌价折算）；

（2）运输企业每年递交的转运申报单不低于 250 份；

（3）代理报关企业每年递交的报关单不低于 200 份，或者进出口货物的申报总价值折合不低于 5 万欧元（按海关受理申请时外汇官方牌价折算）；

（4）海关监管仓库经营者和临时存储仓库经营者每年存储货物的总价值折合不得低于 5 万欧元（按海关受理申请时外汇官方牌价折算）。

2. 根据规定的程序和方式提供相应的担保。

3. 截至海关受理申请之日，在欧亚经济联盟所有成员国无未按期缴纳关税、进口环节税、保障措施关税、反倾销税、补偿关税、罚金和利息等其他税费的记录。

4. 截至海关受理申请之日，未拖欠哈萨克斯坦税法规定的法定税费。

5. 在海关受理申请之日前一年内，无行政违法记录。

6. 拥有申请企业 10% 以上股份的自然人、企业创始人（合伙人）、管理者及总会计师，在欧亚经济联盟任何成员国无刑事违法犯罪行为。

7. 具有符合欧亚经济委员会标准的货物登记系统，用于报关单申报信息和企业业务经营信息的比对，应当符合以下要求：

（1）与欧亚经济联盟成员国的货物贸易和与其他国家的货物贸易分类登记；

（2）保障海关关员可以登录企业货物登记系统；

（3）采取措施保护信息系统免受恶意登录，迅速恢复被恶意更改或删除的信息，对信息保护实施全程监控。

8. 具有电子发票信息系统的使用权限。

（二）第二类经认证的经营者（AEO）申请条件

1. 第一类经认证的经营者（AEO）申请条件中的第 1 项、第 3~8 项。

2. 财务状况应当符合 2017 年 9 月 15 日欧亚经济委员会通过的第 65 号决议《关于经认证的经营者（AEO）申请企业财务状况认定方法及达到财务状况稳定和允许加入经认证的经营者（AEO）名录最低资金额度标准》中的相关要求。

如果生产型企业和出口业务经营企业的财务状况无法满足上述决议中的标准，在提供折合不少于 15 万欧元的保证金后（按海关受理申请时外汇官方牌价折算），允许该企业申请加入经认证的经营者（AEO）名录。

3. 具有自有、经营、管理或者租赁的场所或场地，用于临时存储商品。如果场所或场地为租赁性质，在递交申请时，租赁合同的租赁期应当在一年以上。

4. 符合欧亚经济联盟委员会 2017 年 10 月 3 日通过的第 131 号决议《关于明确对开展储存货物、转关货物结关、海关查验等业务的建筑、场所和露天场地的要求,明确对申请企业运输工具和员工的要求》中的相关要求。

(三) 第三类经认证的经营者（AEO）申请条件

1. 第二类经认证的经营者（AEO）的所有申请条件。

2. 企业获得第一类证书或者第二类证书 2 年以上,经认证的经营者（AEO）证书有效期中止的时间不包括在内［因企业相关人员承担刑事违法责任、场地租赁期限不符合要求而导致经认证的经营者（AEO）证书有效期中止的情况除外］。

三、经认证的经营者（AEO）认证程序

(一) 递交申请

根据哈萨克斯坦法律成立的法人,应当按照欧亚经济委员会规定的格式,向哈萨克斯坦财政部国家收入委员会提交《经认证的经营者（AEO）认证申请书》及申报信息的证明文件和随附单据。企业可以递交一份申请书,同时申请认证第一类和第二类经认证的经营者（AEO）。

(二) 海关受理

1. 受理决定

在法人递交申请后 5 个工作日内,哈萨克斯坦财政部国家收入委员会应当作出是否受理《经认证的经营者（AEO）认证申请书》的决定。在下列情况下,哈萨克斯坦财政部国家收入委员会可以不予受理企业提出的申请,并在作出不受理决定次日内以书面或者电子文件的形式通知申请企业：

（1）申请书格式不符合规定或未按规定程序提交；

（2）申请书中申报的内容不完整；

（3）法人根据相关规定被从《经认证的经营者（AEO）名录》中除名的时间未满 1 年。

2. 补充材料

在受理申请书后的 5 个工作日内,哈萨克斯坦财政部国家收入委员会可以要求申请企业在 1 个月内补充提交与申报信息相关的证明单证。补充提交单证的时间不计入申请书办理期限。如果企业未在 1 个月内补充提交单证,哈萨克斯坦财政部国家收入委员会将作出不予受理申请书的决定。

根据申请审核结果，哈萨克斯坦财政部国家收入委员会可以要求申请企业在2个月内提供履行税款担保义务的证明文件。补充提交单证的时间不计入申请书办理期限。在企业提供税款担保证明文件后的10个工作日内，哈萨克斯坦财政部国家收入委员会应当作出是否批准企业列入《经认证的经营者（AEO）名录》的决定。如果企业在2个月内未提供税款担保证明文件或提供的证明文件不符合要求，哈萨克斯坦财政部国家收入委员会应当作出不予批准企业列入《经认证的经营者（AEO）名录》的决定。

（三）海关审核

1. 审核方式

哈萨克斯坦财政部国家收入委员会在审核第一类或第二类经认证的经营者（AEO）认证申请时，可以授权地区性海关机构针对申请企业递交申请前的外贸业务经营情况开展现场稽查（稽查时间范围最长不得超过5年），并验核申请企业是否符合第一类或第二类经认证的经营者（AEO）的认定条件。

哈萨克斯坦财政部国家收入委员会在审核第三类经认证的经营者（AEO）认证申请时，可以授权地区性海关机构针对申请企业作为第一类或第二类经认证的经营者（AEO）开展的业务经营情况实施现场稽查（稽查时间范围最长不得超过5年），并验核申请企业是否符合第三类经认证的经营者（AEO）的认定条件。

在申请企业递交申请之前，如果海关已对其实施现场稽查且稽查结果未见异常，则只需针对此次现场稽查之后至递交申请之前期间的业务进行稽查。

2. 审核决定

在法人递交申请后90日内，哈萨克斯坦财政部国家收入委员会应当根据审核结果作出是否批准企业列入《经认证的经营者（AEO）名录》的决定。哈萨克斯坦财政部国家收入委员会的负责人及其授权人员或代理人员通过签署命令的形式，作出颁发经认证的经营者（AEO）证书的决定。在该命令书中应当注明经认证的经营者（AEO）可以享受的相关通关便利措施。

四、经认证的经营者（AEO）名录

哈萨克斯坦财政部国家收入委员会作为经认证的经营者（AEO）的主管部门，负责按照欧亚经济委员会规定的格式编制和更新哈萨克斯坦《经认证的经营者（AEO）名录》，并在其官方网站上予以公布。

在法人被列入《经认证的经营者（AEO）名录》后的次日内，哈萨克斯坦财政部国家收入委员会应当以纸质或者电子形式通知该法人被正式列入

《经认证的经营者（AEO）名录》。在法人被列入《经认证经营者（AEO）名录》后的5日内，应当向该法人所在地海关机构及其他欧亚经济联盟成员国海关通报相关法人被列入《经认证的经营者（AEO）名录》的时间及其经认证的经营者（AEO）证书生效的时间。

根据各成员国编制的《经认证的经营者（AEO）名录》，欧亚经济委员会负责汇总和更新《欧亚经济联盟经认证的经营者（AEO）统一名录》，并在其官方网站上予以公布。

五、经认证的经营者（AEO）证书效力的变更

（一）经认证的经营者（AEO）证书的生效

法人被列入《经认证的经营者（AEO）名录》10日后，海关核发的经认证的经营者（AEO）证书正式生效，且该证书长期有效。

根据法人的申请，海关核发的经认证的经营者（AEO）证书分为3种类型：第一类证书、第二类证书、第三类证书。自经认证的经营者（AEO）证书生效之日起，该证书的法人即被视为低风险企业。不同类型证书持有者享有不同的通关便利措施。

（二）经认证的经营者（AEO）证书效力的中止

1. 中止经认证的经营者（AEO）证书效力的情形

在下列情况下，经认证的经营者（AEO）证书的效力将被中止：

（1）经认证的经营者（AEO）主动提出申请中止其经认证的经营者（AEO）证书效力；

（2）经认证的经营者（AEO）启动破产程序；

（3）经认证的经营者（AEO）未履行规定的义务；

（4）经认证的经营者（AEO）提供的保证金低于规定数额时；

（5）未按期履行或未按规定履行缴纳关税、进口环节税、特别关税、反倾销税、补偿关税、罚金和利息义务；

（6）有信息证明经认证的经营者（AEO）在欧亚经济联盟其他成员国存在未按期缴纳关税、进口环节税、特别关税、反倾销税、补偿关税、罚金和利息的情事；

（7）未配备货物登记系统或配置的系统不符合欧亚经济委员会的标准；

（8）财务状况不符合规定的最低资金额度；

（9）不具备用于临时存储商品的场所或场地；

（10）经认证的经营者（AEO）的场所或场地、运输工具、员工不符合规定要求；

（11）拥有申请企业10%以上股份的自然人、企业创始人（合伙人）、管理者及总会计师涉嫌刑事违法犯罪；

（12）违反经认证的经营者（AEO）场所或场地经营和租赁规定；

（13）未遵守经认证的经营者（AEO）其他管理规定。

2. 办理程序

在上述情形下，海关应当在10个工作日内作出中止经认证的经营者（AEO）证书效力的决定，并在作出决定后的5个工作日内将相关情况通报经认证的经营者（AEO）、地区性海关机构和欧亚经济联盟其他成员国海关机构，同时指出中止效力的依据。

（三）经认证的经营者（AEO）证书效力的恢复

除企业自主提出中止申请、办理破产手续、涉嫌刑事违法犯罪等特殊情况外，在收到海关制发的《中止经认证的经营者（AEO）证书效力的决定》后120日内，经认证的经营者（AEO）可以在消除相关违规情况后，向海关申请恢复经认证的经营者（AEO）证书效力。在收到申请5个工作日内，海关核实相关情况后应当作出《恢复经认证的经营者（AEO）证书效力的决定》，并将相关情况通报经认证的经营者（AEO）、地区性海关机构和欧亚经济联盟其他成员国海关机构。

因涉嫌刑事违法犯罪而被中止经认证的经营者（AEO）证书效力的企业，在收到法院或其他执法机关作出的免除刑事责任或终止刑事案件办理决定后5个工作日内，可以向海关申请恢复经认证的经营者（AEO）证书效力。

（四）经认证的经营者（AEO）证书效力的终止

1. 终止经认证的经营者（AEO）证书效力的情形

在下列情形下，经认证的经营者（AEO）将被海关从《经认证的经营者（AEO）目录》中除名，该企业经认证的经营者（AEO）证书的效力同时终止：

（1）经认证的经营者（AEO）主动提出申请终止其经认证的经营者（AEO）证书效力；

（2）经认证的经营者（AEO）法人依法注销；

（3）经认证的经营者（AEO）法人重组（改革转型的重组除外）；

（4）在收到海关制发的《中止经认证的经营者（AEO）证书效力的决定》后120日内，经认证的经营者（AEO）未消除相关违规情况；

（5）经认证的经营者（AEO）法人在 1 年内受到 2 次及以上海关事务领域的行政处罚；

（6）拥有申请企业 10% 以上股份的自然人、企业创始人（合伙人）、管理者及总会计师收到法院刑事违法犯罪判决书；

（7）经认证的经营者（AEO）法人在 1 年内出现 2 次及以上未履行经认证的经营者（AEO）法定义务的情况。

2. 办理程序

在上述情形下，海关应当在 10 个工作日内作出终止经认证的经营者（AEO）证书效力的决定，并在作出决定后 5 个工作日内将相关情况通报经认证的经营者（AEO）、地区性海关机构和欧亚经济联盟其他成员国海关机构，同时指出终止效力的情形。

在上述第（4）~（7）项规定的情形下，经认证的经营者（AEO）被注销期满 1 年后，可以重新提出申请办理经认证的经营者（AEO）认证手续。

六、经认证的经营者（AEO）享受的通关便利措施

经认证的经营者（AEO）在办理部分货物通关监管手续时，有权享受与其经认证的经营者（AEO）证书类型相匹配的便利措施。自经认证的经营者（AEO）证书生效之日起，该法人即可享受相应的通关便利措施。

（一）第一类经认证的经营者（AEO）享有的通关便利措施

1. 优先办理货物抵港、离港、申报和放行手续；

2. 经认证的经营者（AEO）办理自理报关货物转运手续时，免于提交关税、进口环节税、特别关税、反倾销税、反补贴税等税费保证金；

3. 在办结单证和信息核查手续之前和海关化验结果出具之前，经认证的经营者（AEO）在办理自理报关货物放行手续时可以免于提交关税、进口环节税、特别关税、反倾销税、反补贴税等税费保证金；

4. 在递交报关单之前，经认证的经营者（AEO）可以办理代理报关或自理报关货物放行手续；

5. 优先实施海关查验；

6. 海关承认经认证的经营者（AEO）施加在运输工具货柜箱上的封志；

7. 经认证的经营者（AEO）承运的货物海关不指定行车路线；

8. 优先参与海关组织实施的旨在压缩通关时间、优化通关流程的试点项目；

9. 作为货物承运人的经认证的经营者（AEO），在其开展业务的经营场

所，在无须经海关批准或无须向海关通报的情况下，可以对所承运的海关监管货物和出口货物开展卸货、倒装及其他货物操作（转关运输的货物除外），可以更换国际运输交通工具，可以拆除海关封志。

（二）第二类经认证的经营者（AEO）享受的通关便利措施

1. 在自有或自营的场地和场所临时存储其他经认证的经营者（AEO）的货物；

2. 在自有或自营的场地和场所临时存储非经认证的经营者（AEO）的货物；

3. 在自有或自营的场地和场所内设立海关监管区，并将转运货物运输到和仓储在该监管区，办理货物查验和结关手续；

4. 在经认证的经营者（AEO）的场地和场所实施监管查验；

5. 如果货物所在地海关与实际办理货物申报和结关手续的海关为欧亚经济联盟同一成员国内的海关机构，经认证的经营者（AEO）可以选择在非货物所在地海关办理货物申报和结关手续；

6. 优先实施外形查验和开箱查验；

7. 按照欧亚经济委员会规定的程序使用海关封志；

8. 在办结单证和信息核查手续之前和海关化验结果出具之前，经认证的经营者（AEO）在办理自理报关货物放行手续时可以免于提交关税、进口环节税、特别关税、反倾销税、反补贴税等税费保证金；

9. 在递交报关单之前，经认证的经营者（AEO）可以办理代理报关或自理报关货物放行手续；

10. 经认证的经营者（AEO）办理进口货物自理报关手续时，可以不必提交延期缴纳进口关税的保证金。

（三）第三类经认证的经营者（AEO）享受的通关便利措施

可以享受第一类和第二类经认证的经营者（AEO）能够享受的所有便利化措施。

此外，根据欧亚经济联盟与第三国签订的国际条约，在对等的基础上，非欧亚经济联盟国家的经认证的经营者（AEO）在欧亚经济联盟关境内可以享受部分通关便利措施。根据哈萨克斯坦签订的国际条约，在对等的基础上，非欧亚经济联盟国家的经认证的经营者（AEO）在哈萨克斯坦境内可以享受部分通关便利措施。

第三节　特殊申报方式

为了提高通关效率，哈萨克斯坦海关允许申报人采用特殊申报方式办理进出境货物通关手续。申报人可以在不完全掌握进出口货物相关信息等情况下，采用提前申报、不完整申报、定期申报、临时申报、未组装件或拆散件申报的方式进行报关。

一、提前申报

外国货物在进入欧亚经济联盟关境之前，以及办理转运手续的外国货物在运抵指运地之前，可以进行提前申报。

在办理提前申报手续时，应当填报货物报关单应申报的信息，但申报人在递交提前申报报关单时不掌握的下列信息除外：运输工具信息（货物运输方式信息除外），申报信息证明文件，欧亚经济委员会根据申报单类型和货物类别、运输方式确定的其他信息。上述信息未申报或已申报需明确，应在货物放行前进行补充或变更。

货物进入欧亚经济联盟关境后或转运货物运抵指运地后，应当停放在提前申报报关单中申报的海关监管区或指定地点。申报人应将货物存放地的信息通知海关，并根据需要对申报信息进行变更（补充），或者通知海关不需要进行变更（补充）。

在办理提前申报手续时，禁限规定和国内市场保护措施的适用日期以海关登记申报信息变更（补充）文件的日期或者海关收到申报人提交的不需要进行变更（补充）通知书的日期为准。

如果自提前申报报关单登记之日起30个自然日内出现下述情况，海关将不予放行货物：

1. 货物未停放在提前申报报关单中申报的海关监管区内；
2. 海关未批准水运进口货物在申报的入境地卸货；
3. 申报人未向接收提前申报的海关通报关于货物已停放在申报单上指定的海关监管区内的信息；
4. 没有通过变更（补充）申报单申报信息向海关提交所缺少的信息，或者没有向海关发送不需要变更（补充）申报单的通知书。

如果货物放行期限延长或未准予放行，申报人必须按规定办理临时存储手续。

二、不完整申报

不完整申报适用于从欧亚经济联盟关境出口的货物。

办理不完整申报手续时，必须填报货物报关单应申报的信息，但下列信息除外：收货人、目的地国和/或贸易国、运输工具、包装信息（件数、种类、唛头和序号）。

在出口货物放行之日起 8 个月内，申报人必须通过变更（补充）申报单申报信息，向海关提交所缺少的信息。

三、定期申报

（一）定期申报的条件

定期申报，必须同时满足下列所有条件：

1. 申报对象是在同一份外贸合同框架下分两批或两批以上进出境的所有货物；在没有外贸合同的情况下，申报对象是按照同一份货物所有权、使用权和处置权证明文件或同一份加工贸易手册分两批或两批以上进出境的所有货物。

2. 在合同供货期内的每批次货物具有相同的《对外经济活动统一商品目录》10 位商品编码。

3. 所有批次的货物在合同供货期内全部运入或运出欧亚经济联盟关境：出境货物应经同一个口岸出境，并向同一个海关进行申报；进境货物应向同一个海关进行申报。

（二）定期申报的办理程序

办理定期申报通关手续时，申报人应当在其申报的供货期开始之前提交定期申报报关单，且供货期不得超过 31 个自然日。

除欧亚经济委员会规定的情况外，办理定期申报通关手续时，货物实际进出境数量不得超过货物申报单中申报的数量。

办理定期申报手续时，应当根据供货期间拟进出境货物的数量填报货物报关单中应申报的信息，但申报人在递交定期申报报关单时不掌握的下列信息除外：运输工具信息（货物运输方式信息除外），申报信息证明文件，欧亚经济委员会根据申报单类型和/或货物类别、运输方式确定的其他信息。

办理定期申报的货物，应当在放行前缴纳关税、进口环节税。海关根据在供货期之前提交的货物申报单核算税费。海关在申报的供货期内对每批货物的实际进出境情况进行统计和监督。

进境货物供货期届满 1 个月内，供货期间申报出境的货物实际出境后 1 个月内，申报人应当向海关进行补充申报或者修改货物实际进出境数量。

办理定期申报的出口货物，应在供货期满后 6 个月内从欧亚经济联盟关境实际出境。根据申报人提出的合理申请，办理出口货物放行的海关可以将该期限继续延长不超过 3 个月。

如果在上述期限内货物未实际出境或者在申报期限内货物未实际进境，定期申报报关单将予以撤销。如果申报人未能在规定期限内撤销申报单，海关将撤销作出的货物放行决定。

（三）不适用定期申报的情况

1. 拟进出境的货物不符合定期申报要求的；
2. 申报人拖欠海关税费、进口环节税、保障措施关税、反倾销税、反补贴税；
3. 申报人办理破产程序。

四、临时申报

管道运输进出境的货物及无法提供准确数量或海关完税价格的货物可以办理临时申报手续。

按照临时申报监管方式放行的货物，在从办结通关手续地点或起运地运输出境时，以及从入境地点或运抵地运输进境至哈萨克斯坦境内时，进出境货物的供货期不应超过 1 个月。管道运输货物的出境地点和进境地点分别是哈萨克斯坦共和国境内和境外安装计量仪器的地点。

临时申报单应在供货期之前 15 个自然日内向海关提交。临时申报单中申报的货物供货期结束后 90 个自然日内，申报人必须提交完整的货物申报单。根据申报人的合理请求，海关可以将提交完整申报单的期限延长至完成交货所需的期限，但不得超过 45 个工作日。

完整的货物申报单经海关加盖公章后视作管道运输货物实际进出境的证明文件。

办理临时申报手续时，可以暂时填报货物的估计数量，以及根据外贸合同结算价格估算的海关完税价格。如果在提交临时申报单时不掌握运输工具信息，则无须申报。实际进出境货物数量不应超过临时申报单中申报的数量。如果在提交临时申报单时未确定具体买方（收货人），申报人应在规定期限内按照实际买方（收货人）的数量补充提交相应数量的信息完整的申报单。

临时申报货物适用海关接受申报当日的关税调整措施、出口关税税率、海关规费、进口环节税率、出口关税优惠、进口环节税优惠、禁止和限制规定、国内市场保护措施、货币汇率。

临时申报货物的关税、进口环节税应当在海关放行货物之前缴纳。如果因补充申报导致上述税款额增加，应在货物放行前足额补缴。在这种情况下，不计征滞纳金。多征或错征的关税、海关规费和进口环节税，根据规定予以退还。

如果临时申报货物未在规定的期限内实际进出境，临时申报单将被海关予以撤销。

五、未组装件或拆散件的申报

（一）概念

未组装或拆散的货物（包括未成套或未制成的货物）可以在规定期限内以若干个未组装件或拆散件的形式进出境。在办理这类货物申报手续时，申报人可以分别递交多份货物报关单进行申报，但每份报关单申报的商品编码应当是成套货物对应的商品编码。

未组装件或拆散件是指成套货物的组成部件。海关应当对未组装或拆散货物作出归类决定，并列明该未组装或拆散货物的所有组成部件。

（二）适用条件

在同时满足以下所有条件时，未组装件或拆散件可以按照上述的方式进行申报：

1. 海关对未组装或拆散货物已作出归类决定；
2. 申报人为归类决定的申请人；
3. 所有未组装件或拆散件应当向同一海关申报；
4. 所有出境的未组装件或拆散件为同一发货人，所有进境的未组装件或拆散件为同一收货人；
5. 所有未组装件或拆散件在同一份合同下进境或者出境。

未组装件或拆散件可以按照放行供国内消费、出口、海关监管仓库、自由海关区、自由仓库、复出口和复进口等监管方式办理进出境通关手续。

（三）办理程序及期限

申报人在收到归类决定之后，应当在递交第一批未组装件或拆散件报关单前，按照规定格式和程序向海关提交《未组装或拆散的货物进出境计划书》。进口的未组装或拆散货物可以进行提前申报。

申报进出境的未组装件或拆散件，适用海关接受该批未组装件或拆散件申报单当日对该成套货物实行的关税调控措施、关税税率、进出口关税优惠政策、禁止和限制措施等规定。

最后一批未组装件或拆散件，必须在该货物第一批未组装件或拆散件报关单登记之日起 2 年内进行申报（供货期限延长的情况除外）。

申报人可以在第一批未组装件或拆散件报关单登记之日起 2 年内向海关提交申请书，申请延长所有未组装件或拆散件进出境的供货期。申请书必须同时随附证明延长供货期限必要性的文件，以及海关延长该货物归类决定有效期的决定。最长延长期限不得超过 1 年。申报人递交延期申请后 10 个工作日内，海关应当办结延期申请审核手续。

（四）违规情况的处置

在最长 3 年的规定期限内，如果未组装件或拆散件未全部运输进出境，或者货物归类决定在规定期限届满前终止或撤销，则应对该归类决定终止或撤销之前放行的货物报关单进行修改。申报人应当将之前申报的成套货物的商品编码变更为未组装件或拆散件自身所对应的商品编码。

第四节　税费缴纳便利措施

为了提高海关通关效率，缩短进出境货物在口岸的滞留时间，减轻进出口企业缴纳海关税费时的资金压力，哈萨克斯坦海关制定了税费预缴款制度和缴税期限变更制度。

一、预缴款

（一）概念

预缴款是指纳税人为缴纳关税、进口环节税、海关规费、反倾销税和反补贴税而提前存入付款账户的款项，且纳税人未指定该款项适用的具体货物，以及应缴纳税费的种类和金额。预缴款可以用来缴纳滞纳金、利息。

（二）预缴款的缴纳

哈萨克斯坦境内的预缴款以哈萨克斯坦本国货币缴纳。如果欧亚经济联盟框架内的国际条约和哈萨克斯坦的双边国际条约规定以哈萨克斯坦本国货币以外的货币缴纳关税、进口环节税、特别关税、反倾销税和反补贴税，则以这些国际条约规定的货币缴纳预缴款。

作为预缴款存入的款项是纳税人个人财产，在纳税人未将其提交海关处置之前或海关未对预缴款扣除之前，不得视为关税、进口环节税、特别关税、反倾销税、反补贴税、滞纳金、利息或上述税费的担保金。

（三）纳税人对预缴款的处置

预缴款人或其授权人员将预缴款提交海关处置的具体措施包括：向海关提交报关单或预缴款退还申请，将预缴款正式提交海关用于缴纳关税、进口环节税、特别关税、反倾销税、反补贴税、滞纳金、利息，将预缴款提交海关用作税款担保。

（四）海关对预缴款资金的处置和使用

按照海关税费缴纳程序和流程，海关对预缴款进行抵扣（退还）。海关应根据预缴款人的申请，向其提供预缴款实际支出报告，提供报告的期限不应超过退还预缴款时规定的起诉时效期限。

二、缴税期限变更

放行供国内消费的货物在提交税款担保的前提下，企业可以申请对部分或全部进口关税的缴税期限进行变更。

（一）概念

根据《哈萨克斯坦海关法典》规定，对于放行供国内消费的货物，纳税义务人可以在提交税款担保的前提下，申请对部分或全部进口关税的缴税期限进行变更。

缴税期限的变更分为延期和分期两种方式。延期缴纳税款是指经海关批准，允许申报人或其代理人延长税款缴纳时间。分期缴纳税款指经海关批准，允许申报人或其代理人按照分期缴款计划分阶段缴纳税款。

（二）适用条件

一般情况下，纳税义务人可以申请在货物放行次日起 1 个月内延期缴纳进口关税，且应当缴纳利息。

进口用于工业生产并实质性加工的原材料、机械设备及其零配件时，纳税义务人可以申请在货物放行次日起 6 个月内延期或分期缴纳进口关税，且应当缴纳利息。

在下列情形下,纳税义务人可以申请在货物放行次日起6个月内延期或分期缴纳进口关税,且无须缴纳利息:

1. 因自然灾害等不可抗力原因给进口关税缴纳人造成财产损失的;
2. 国家预算向纳税义务人的拨款延迟,或者纳税义务人完成国家采购后国家延迟支付;
3. 根据国家签订的国际条约,向纳税义务人实施的供货;
4. 从事农业生产的单位进口的种植材料、播种材料、植物保护制剂、农机、畜牧业育种(农用种畜、种禽、种鱼和其他的畜牧业育种)、种畜产品(材料)、养殖动物产品;
5. 欧亚经济委员会确定的其他情况。

(三)不予变更缴税期限的情形

在下列情形下,进口关税不予批准变更缴税期限:

1. 递交申请时,未随附证明符合进口关税延期缴纳条件的材料及分期缴款计划书;
2. 递交申请时,纳税义务人有超期未缴纳关税、进口环节税、保障措施关税、反倾销税、反补贴税、利息和滞纳金情形的;
3. 纳税义务人正处于破产程序中或正处于刑事诉讼中。

(四)实施期限和要求

申请人在递交分期缴款申请时,应当随附分期缴款计划书,海关在10个工作日内作出决定,明确分期支付期限、数额及还款计划。申请人应当严格按照海关批准的延期或分期缴纳税款决定缴纳税款。

(五)利息

对于变更缴税期限的货物,申报人应当按日缴纳进口关税利息,利息计算的期限自货物放行之日起至缴纳税款之日止。利息根据延期或分期缴纳进口关税期间哈萨克斯坦共和国国家银行确定的贷款基准利率的三百六十分之一予以计征。

第五节 特殊放行程序

在符合海关规定条件的情况下,申报人可以在递交报关单前、办结单证和信息核查手续前、海关化验结果出具前及其他特定条件下办理货物放行手续。

一、递交报关单前的货物放行

（一）递交报关单前货物放行的条件

在递交货物报关单前申请货物放行时，货物必须在哈萨克斯坦境内，并且需要提交关税、进口环节税、特别关税、反倾销税、反补贴税税款担保。

在递交货物报关单前，下列商品可以按照放行供国内消费的监管方式申请货物放行：

1. 对于消除自然灾害及自然和人为紧急情况后果所需的货物、维持和平行动或演习所需的军事产品、易腐烂变质的货物、动物产品、放射性材料、炸药、国际邮件、快递货物、国际展览展品、人道主义和技术援助物品、新闻报道使用的器材设备、维修和/或保养国际运输车辆的配件工具及备品、国家货币、外汇、其他外汇资产、哈萨克斯坦国家银行及其分行进口的黄金等贵金属。

2. 在根据《哈萨克斯坦共和国企业经营法典》确定的投资项目框架下进口的货物。为了实施投资项目，投资主管部门应向海关提供投资项目进口货物清单，并且双方应当共同制订方案规定货物进出的程序和期限。

3. 欧亚经济委员会批准的特定企业进口的特殊商品。

在递交货物报关单前，其他货物可以按照关境内加工、自由监管区、自由仓库、免税暂时进口及欧亚经济委员会确定的其他监管方式申请放行。

（二）无须提交税款担保的情况

在下列情况下，在递交报关单前申请放行的进出境货物无须提交税款担保：

1. 消除自然灾害、自然和人为紧急情况后果所需的货物；
2. 维持和平行动或演习所需的军事产品；
3. 人道主义和技术援助物品；
4. 哈萨克斯坦国家货币和哈萨克斯坦国家银行及其分行进口外汇、其他外汇资产、黄金等贵金属；
5. 根据《欧亚经济联盟条约》规定免税进口的民用客机维修和/或保养所需的飞机发动机、备件和设备；
6. 风险管理系统规定的其他货物；
7. 申请人为经认证的经营者（AEO）。

(三)《货物报关单递交前放行货物申请书》的提交

申报人以电子或纸质文件的形式向海关提出放行申请。申请书应包括货物申报人、监管方式及放行货物所需的其他信息。申请书格式、电子申请结构和格式、填写程序由欧亚经济委员会确定。

在以纸质文件形式提交"货物报关单递交前放行货物申请书"时,应当一并提交以下文件:

1. 满足在货物报关单递交前放行货物条件的证明文件。

2. 商业或其他相关单证,应当包含收发货人、起运国和目的地国、商品信息(名称、商标、原产地、《欧亚经济联盟对外经济活动统一商品目录》6位及以上的商品代码、数量、毛重和价值)。如果提交的单证中缺少上述相关信息,则应在申请书中予以注明。

如果海关可以通过信息系统获取上述单证和信息,则可以不向海关提交上述文件。

在以电子文件形式提交"货物报关单递交前放行货物的申请书"时,如果海关无法通过信息系统获取上述单证和信息,则应同时提交关于遵守禁止和限制规定的证明文件及税款担保的证明文件。

(四)海关对放行申请的处置

海关应当在申报人提交申请书后海关工作时间1个小时内,按照欧亚经济委员会规定的程序受理申请或拒绝申请。从海关受理登记申请书之时起,"货物报关单递交前放行货物申请书"即成为具有法律效力的证明文件。

在下列情况下,海关可以拒绝受理货物报关单递交前放行货物的申请:

1. 向无权进行报关单登记的海关提交申请书;
2. 未经授权的人员提交申请书,或者申请书未签字和盖章;
3. 提交的申请书不符合规定的结构和格式;
4. 申请书中未提供应申报的信息;
5. 在提交纸质申请书时,未提供应当同时递交的文件;
6. 在提交电子申请书时,未提供相关证明文件;
7. 在申请书提交之日,申请人未在规定期限对之前已在提交货物报关单前放行的货物进行正式申报;
8. 申请放行的货物不在哈萨克斯坦境内。

(五)货物放行后提交报关单的规定

在提交货物报关单前放行的货物,申请人应当在货物放行后的下一个月

10 日之前提交报关单。经认证的经营者（AEO）可以在货物放行后的下一个月 15 日之前提交。

在办理报关单递交前货物放行手续时，适用海关登记申请书之日实行的关税措施，以及关税、进口环节税、保障措施关税、反倾销税、反补贴税税率和货币汇率。

报关单递交前放行货物的期限从申请书登记之日起计算，与普通货物的放行期限相同。

二、办结单证和信息核查手续前的货物放行

（一）办结单证和信息核查手续前货物放行的条件

在货物放行期限内无法办结单证和信息核查的货物，在按照报关单申报价格核算的数额缴纳关税、进口环节税、保障措施关税、反倾销税、反补贴税并已按照规定的数额提交税款担保后，海关可以在完成单证和信息核查前放行货物。

（二）无须提供税款担保的情况

申报人是经认证的经营者（AEO）或者在风险管理系统确定的其他情况下，无须提交税款担保。如果报关代理人以申报人名义并受其委托办理通关业务，报关代理人应与申报人共同承担缴纳税款的义务。在报关代理人满足下列条件的情况下，无须提交税款担保：

1. 货物放行日没有拖欠海关税费、进出口环节税，货物报关单登记日没有拖欠保障措施关税、反倾销税、反补贴税、滞纳金、利息，并且税款担保没有被海关执行欠款追缴；

2. 在申报人未提交单证和信息供海关核查和/或根据海关决定应当履行税款缴纳义务的情况下，报关代理人已履行缴纳义务；

3. 欧亚经济委员会规定的其他条件。

如果海关发现申报人未遵守禁止和限制规定、国内市场保护措施及其他税收措施，则不能在单证和信息核查结束前办理货物放行手续。

三、海关化验结果出具前的货物放行

（一）海关化验结果出具前货物放行的条件

在货物放行前实施的海关化验出具结果之前，根据报关单核算的数额缴

纳关税、进口环节税、保障措施关税、反倾销税、反补贴税，并按照规定的数额提供税款担保后，申报人可以申请放行货物。

（二）无须提供税款担保的情况

申报人是经认证的经营者（AEO）或者在风险管理系统确定的其他情况下，无须提交税款担保。如果报关代理人以申报人名义并受其委托办理通关业务，报关代理人应与申报人共同承担缴纳税款的义务。在报关代理人满足下列条件的情况下，无须提交税款担保：

1. 货物放行日没有拖欠海关税费、进出口环节税，货物报关单登记日没有拖欠保障措施关税、反倾销税、反补贴税、滞纳金、利息，并且税款担保没有被海关执行欠款追缴；

2. 在申报人未提交单证和信息供海关核查和/或根据海关决定应当履行税款缴纳义务的情况下，报关代理人已履行缴纳义务；

3. 欧亚经济委员会规定的其他条件。

如果海关发现申报人未遵守禁止和限制规定、国内市场保护措施及其他税收措施，则不能在单证和信息核查结束前办理货物放行手续。

四、其他特定条件下的货物放行

（一）特定条件下放行货物的情况

在下列情况下，放行供国内消费的货物被视为特定条件下放行的货物：

1. 享受进口关税、进口环节税优惠的进口货物，并且在使用和/或处置时需要遵守相应的限制规定。

此处所述特定条件下放行的运输工具可以作为国际运输工具使用，但不得违反享受的税收优惠政策规定，也不得违反货物使用和/或处置方面的限制。为了在地下资源利用合同框架内建设（建立、构筑）相关设施、保障其运行和经营（运营、使用），并确保在哈萨克斯坦境内与设施之间运输人员和货物的飞机、船舶的正常运行和技术维护，特定条件下放行的货物，允许从哈萨克斯坦领土的一部分，以空运、水运和/或海运方式运输到哈萨克斯坦拥有主权和专属管辖权的领土，包括：哈萨克斯坦大陆架；在专项投资合同框架内进境的货物，在其指定用途终止之前应当按照特定条件下放行货物进行监管。

2. 根据联盟条约和哈萨克斯坦法律规定，禁止和限制规定的遵守情况可以在货物放行后确认。

此处所述特定条件下放行的货物不得转让给第三方，包括通过出售或以其他方式转让。如果因安全检查原因限制货物进境，则禁止以任何形式使用（运行、消费）此类货物。

3. 根据欧亚经济联盟框架内的国际条约或其他国家加入欧亚经济联盟的国际条约的规定，适用比欧亚经济联盟统一关税税率更低的进口关税率。

此处所述特定条件下放行的货物，除欧亚经济联盟框架内的国际条约或其他国家加入欧亚经济联盟的国际条约另有规定外，只能在放行货物海关所在的欧亚经济联盟成员国境内使用。

（二）特定条件下放行货物的监管规定

不允许在特定条件下放行的货物清单由哈萨克斯坦政府规定。该清单可以是临时性的，也可以是永久性的。

特定条件下放行的货物在获得欧亚经济联盟货物地位之前，具有外国货物的地位并接受海关监管。

在下列情况下，特定条件下放行的货物获得欧亚经济联盟货物地位：

1. 进口关税、进口环节税缴纳义务终止或者指定用途终止；
2. 确认符合禁止和限制规定；
3. 缴纳进口关税和/或补缴按照欧亚经济联盟统一税率计算的进口关税与货物放行时缴纳的进口关税的差额，或者是根据欧亚经济联盟框架内的国际条约或其他国家加入欧亚经济联盟的国际条约规定的数额补缴税款后，或者是根据相关法律规定缴纳进口关税的义务已终止。

第四篇　吉尔吉斯斯坦

DI–SI PIAN JIERJISISITAN

第一章 吉尔吉斯斯坦国家概况

一、国家概述

吉尔吉斯共和国（俄语：Кыргызстан，英语：Kyrgyzstan），简称吉尔吉斯斯坦，是一个位于中亚的内陆国家，位于中亚东北部，国土面积为19.85万平方千米。北边与哈萨克斯坦相接，西边为乌兹别克斯坦，西南为塔吉克斯坦，东边紧邻中国。吉尔吉斯斯坦目前的行政区划是从苏联时期沿袭下来的，全国共划分为7个州和2个直辖市，比什凯克是吉尔吉斯斯坦的首都和最大的城市。

二、经济概述

吉尔吉斯斯坦于1991年年底独立后，其经济状况迅速恶化。1991—1995年，吉尔吉斯斯坦国内生产总值和工业生产总值逐年下降，国内通货膨胀十分严重。自1996年起，吉尔吉斯斯坦政府采取了一系列措施用于稳定、恢复和发展经济，同时由于得到其他国家的援助，吉尔吉斯斯坦的经济状况迅速出现好转。自1998年起，吉尔吉斯斯坦开始进行第二阶段的经济改革，主要包括完成土地改革、实现工业企业的现代化、发展小企业和中小商业、进行银行系统的改革、加大招商引资的力度。虽然国家经济基础较薄弱，但吉尔吉斯斯坦的经济一直在稳步增长。2019年，吉尔吉斯斯坦的国内生产总值为5900.42亿索姆（约合84.59亿美元），同比增长4.5%。吉尔吉斯斯坦经济的主要支柱产业有农业、工业、建筑业、贸易业、服务业、旅游业、交通和通信业。

三、对外经济关系概述

吉尔吉斯斯坦地处欧亚大陆枢纽地带，与中亚各国、俄罗斯和中国的交通相对便利，以其优越的地理位置成为对中亚、西亚、南亚、独联体各国和东欧各国辐射的重要转口贸易中枢，中转辐射地域十分广阔，辐射消费人口总数达 16 亿以上。俄罗斯是吉尔吉斯斯坦的主要贸易伙伴，在吉尔吉斯斯坦整个对外贸易中，俄罗斯占四分之一。2020 年上半年，吉尔吉斯斯坦对外贸易额为 25.77 亿美元，同比下降 22.4%，其中出口增长 2.4%，进口下降 32.2%。

四、与中国的经贸合作

吉尔吉斯斯坦是位于中国西部的友好近邻，两国拥有 1100 多千米的边境线，双方已开通吐尔尕特、伊尔克什坦和别迭里 3 个口岸。吉尔吉斯斯坦与中国同为世界贸易组织、国际货币基金组织、上海合作组织等组织成员，这为两国经贸合作搭建了重要的平台。

中国与吉尔吉斯斯坦合作范围广泛，涉及贸易、工程承包、通信服务、矿产资源勘探和开发、农业种植、养殖、食品和农产品加工、金属冶炼、建材生产、轻工业、运输、房地产开发、建筑、餐饮、旅游、娱乐等多个领域和行业。自 2017 年起，中国成为吉尔吉斯斯坦第一大投资来源国。

中国从吉尔吉斯斯坦进口的商品主要包括：铜及其制品；铁矿砂、矿渣及矿灰；矿物燃料、矿物油及其产品；沥青；电机、电器、音像设备及其附件；羊毛、马毛、纱线及其机织物；铝及其制品；铅及其制品；无机化学品；贵金属的化合物等。吉尔吉斯斯坦从中国进口的商品主要为禽肉、服装、铸铁和钢铁等。

自 2017 年起，中国成为吉尔吉斯斯坦第一大贸易伙伴、第一大进口来源国和第五大出口目的国。2019 年，中国与吉尔吉斯斯坦贸易额为 439.2 亿元，同比增长 18.4%。吉尔吉斯斯坦一直是"一带一路"倡议的重要参与者，在"一带一路"的框架下，中吉两国在农业、能源、基础设施等多个领域的合作前景非常广阔。

第二章　吉尔吉斯斯坦海关管理

第一节　海关概况

一、机构概况

吉尔吉斯共和国海关署（以下简称吉尔吉斯海关署）是国家政府直辖机构，从事海关业务，具有武装执法机构的地位，根据有关法律由政府提供预算。

吉尔吉斯海关署署长以法律规定的方式任免。副署长的任免由署长提议，经政府总理批准。现有署长1人、副署长3人。

吉尔吉斯海关署设有海关理事会，由11名成员组成，包括署长、副署长、俄罗斯联邦驻吉尔吉斯海关署海关代表、国家政府办公厅代表、吉尔吉斯经济部副部长，以及海关署中央机关和海关机构的负责人。理事会成员的组成需得到吉尔吉斯斯坦总理的批准。

二、海关职能

根据吉尔吉斯斯坦宪法、有关法律法规、议会决议、总统法令、政府决议和命令、国际条约和协定等，吉尔吉斯海关的主要职能包括：

1. 在货物和交通工具通过欧亚经济联盟边界口岸时，为外贸经济活动主体创造便利通关条件；
2. 提高海关监管质量，促进对国有经济的投资；
3. 完善海关法规并确保其有效落实；
4. 在货物进出欧亚经济联盟关境时，采取措施保障国家安全和公民生命和健康、保护动植物、保护自然环境、保护国内消费者的利益；
5. 确保履行吉尔吉斯斯坦在海关事务方面的国际义务。

三、机构设置

吉尔吉斯海关署采用垂直管理体系，包括：中央机关；吉尔吉斯海关署直属的海关机构,具体为东北海关、西南海关、玛纳斯机场海关、北方铁路海关、纳伦海关、巴特肯海关,以及缉私海关、保障海关、教育培训海关。

此外,吉尔吉斯海关署还设有所属国有企业"海关基础建设"和驻国外代表处。

(一) 东北海关

东北海关于 2018 年组建,由中央海关、原北方铁路海关中央机关、自由经济区海关合并而成。目前辖区包括楚河州、塔拉斯州和伊塞克湖州。

(二) 西南海关

西南海关于 2018 年组建,由奥什海关和贾拉拉巴德海关组成。辖区包括奥什州和贾拉拉巴德州,毗邻中国(无口岸)、塔吉克斯坦和乌兹别克斯坦。

(三) 玛纳斯机场海关

1992 年 3 月成立玛纳斯海关站。随着国际货物运输的航班数量及旅客运输量增加,升级为玛纳斯机场海关,辖区为楚河州玛纳斯国际机场,直接接受吉尔吉斯海关署管理,在旅检和货检通道均有海关监管区域。主要工作任务包括:对货物和人员通关实施海关监管,及时收缴税款,保护知识产权,预防和制止行政违法行为。

(四) 北方铁路海关

北方铁路海关是根据吉尔吉斯斯坦 1995 年 9 月 12 日第 387 号决议建立的。2018 年,将北方铁路海关管理中心与东北海关分开,重新建立了该机构,在比什凯克市、托克马克市和卡拉巴尔塔市设有 6 个办理海关通关手续地点。

(五) 纳伦海关

纳伦海关是于 1991 年在吐尔尕特海关基础上成立的。自 1983 年以来,吐尔尕特是中苏(俄)边境的重要口岸之一。随着纳伦海关的形成,1991—1993 年,吐尔尕特海关的所有职能(公路运输监管、转运监管等)都转移到该海关。目前,中吉贸易主要集中在纳伦海关的辖区——吐尔尕特口岸。

(六) 巴特肯海关

巴特肯海关于 1999 年 11 月 9 日成立,设有法律处、人事处、组织监管处、物资和技术保障处、海关作业中心、行动调查处、海关押运组、打击走私和违反海关法规处、调查处、海关监管处、支付和统计处、信息技术处。

（七）缉私海关

2018年6月，在原南方缉私海关的基础上成立缉私海关，编制61人。主要负责组织和开展缉私工作，在其职权范围内查明、制止、防止和披露海关领域的犯罪和违法行为，依照海关法规进行初步审理。管辖区域为奥什州、贾拉拉巴德州和巴特肯州。

（八）保障海关

2018年3月22日，在原有的行政和经济部门基础上，成立保障海关。主要负责：向授权机构和海关提供物质和技术资源，海关基础设施建设和改造，安全保护，以及吉尔吉斯共和国法律和欧亚经济联盟法律规定的其他任务。设有人事部、监察部、档案部、业务值勤部、会计部、物流部、法律工作部等，人员编制54人。

（九）教育培训海关

位于比什凯克市郊区列宁斯科耶村，占地面积3.8万平方米。1997年2月21日，根据国家海关监察局的命令，在人事部下成立了培训和方法学中心。2006年8月3日，经过组织和结构改革，培训和方法学中心改为独立单位，称为"国家海关培训中心"。2006年，为加强打击毒品贩运，海关署新组建了专门的海关机构"训犬中心"，主要任务是培训高素质的训犬人才和搜寻犬，以便直接参与制止毒品贩运的措施。2018年，在上述两个中心的基础上正式成立教育培训海关，设有教育方法学处、培训计划处、训犬处、兽医处（针对服务犬）、国家语言的引进和发展处、信息技术处。

目前，该海关主要承担对海关关员的培训和再培训，对海关及其他国家机关的服务犬和训犬人员进行培训和再培训，提供海关服务犬工作，在海关机构中推广使用本国语言，以及吉尔吉斯斯坦法律和欧亚经济联盟法律规定的海关领域的其他任务。

四、历史沿革

1991年12月31日，在吉尔吉斯斯坦发表独立声明及出台《关于吉尔吉斯共和国政府》相关法律背景下，为保护本国经济利益，实现海关调控政策，根据第402条总统令，成立吉尔吉斯共和国国家海关检查局，吉尔吉斯共和国境内所有海关机构归其管辖。海关检查局为吉尔吉斯共和国海关事务的国家管理机构，根据该国海关法（在独联体成员国及其他国家无异议的前提下）

对海关机关进行管理。

第 402 号总统令确定了海关检查局的基本章程。总统令中确定，海关检查局由总局长领导，总统具有总局长一职的任免权。

海关检查局的级别与架构几经更改。1993 年，海关检查局被划入财政部；1996 年重新成为国家政府成员；1998 年 1~10 月以海关委员会形式运营；1998 年 10 月根据总统令，其重新被纳入财政部管理。

2002 年 9 月 26 日，吉尔吉斯斯坦发布第 225 条总统令，确定自 2002 年 10 月 1 日起，在吉尔吉斯财政部国家税收检查局与财政部国家海关检查局的基础上成立财政部收入委员会。2003 年 10 月至 2005 年 3 月，收入委员会主席由海关少将玛拉别科夫·扎米尔别克担任，委员会下设两个司局——海关局与税务局。杜伊沙力耶夫·艾达尔别克自 2003 年 12 月起担任海关局局长。

2005 年 4 月，海关局重组为吉尔吉斯政府所属国家海关检查局，奥马尔库洛夫·萨尔森被任命为局长。2006 年 4 月，艾达洛夫·萨来丁接任海关检查局局长。

2007 年 2 月 6 日，国家海关检查局变革为吉尔吉斯国家海关委员会，海关少将艾达洛夫·萨来丁被任命为委员会主席。

2009 年 10 月 22 日，根据吉尔吉斯斯坦《关于批准吉尔吉斯共和国政府的结构》（第 283 号法令），吉尔吉斯国家海关委员会改组为吉尔吉斯斯坦政府管辖的国家海关署。自 2019 年 8 月 5 日起，署长为托鲁达耶夫·阿尔登别克。

五、2019 年吉尔吉斯斯坦进出口贸易情况

2019 年，吉尔吉斯斯坦进出口总量为 383.18 万吨，进出口总额为 42.49 亿美元。中国是吉尔吉斯斯坦第一大贸易伙伴。2019 年，吉尔吉斯斯坦对中国进出口贸易总额为 18.17 亿美元，占其进出口贸易总额的比重为 42.8%。自中国进口的主要商品有：带橡胶或塑料鞋底和鞋帮的其他鞋类（6402）、电话设备（8517）、合成纤维其他（5515）、固定配件（8302）、连裤袜等针织袜类（6115）。对中国出口的主要商品有：矿石和贵金属精矿（2616）、烟草或其制品（2402）、石油和石油产品（2710）、未处理的铅（7801）、轻煤或褐煤（2702）。

2019 年，吉尔吉斯海关署共收缴税款 235.2 亿索姆，约合 3.0 亿美元，是国家财政收入的第二大来源。

六、吉尔吉斯斯坦海关2019年至2023年发展战略

2019年7月，吉尔吉斯斯坦总理签署文件，批准《吉尔吉斯海关2019—2023年发展战略》。该发展战略充分考虑海关发展的趋势，将通过建立具有现代海关基础设施的数字海关来实现可持续发展和有效运作，确定了中期海关发展和海关管理改善的主要方向，确保海关税款应收尽收和海关业务透明性，旨在增加吉尔吉斯斯坦海关潜力并促进外贸发展。预期实现：

1. 减少非危险品出口货物办理海关通关手续的时间（到2023年最多为1小时）；
2. 减少非管制且非危险品进口货物办理海关通关手续的时间（至2023年最多为2个小时）；
3. 电子报关到2023年达到100%（前提是该货物没有被风险管理系统自动标记为高风险，需要对纸质文件进行进一步核查）；
4. 减少提交的文件数量，至2023年最多保留4个文件；
5. 应用风险管理系统并对外贸企业进行分类，到2023年达到70%；
6. 建立海关实验室；
7. 根据国际要求发展海关基础设施建设。

第二节　口岸管理

吉尔吉斯斯坦口岸由国家边境局负责。吉尔吉斯斯坦北部同哈萨克斯坦接壤，设有12个口岸，其中11个公路口岸、1个铁路口岸。东部同中国接壤，设有2个公路口岸。西南部同塔吉克斯坦接壤，设有5个口岸。西部同乌兹别克斯坦接壤，设有15个口岸，其中公路口岸11个、铁路口岸4个。国际航班的机场边防站点有5个。

一、管理机构

为了加强对国家边境的防卫保护，应对外部威胁，优化国家机构行政体系，根据2012年9月4日吉尔吉斯斯坦《关于成立吉尔吉斯斯坦国家边境局》的总统令（第161号），边境部队同吉尔吉斯斯坦国家安全委员会分离，改组为吉尔吉斯斯坦国家边境局，国家边境局总部迁址比什凯克市。吉尔吉斯斯坦政府下辖的国家海关局、交通和道路部、内政部、卫生部、农业、食

品工业和土壤改善部、兽医和植物检疫局,协助国家边境局管理口岸事务。吉尔吉斯斯坦口岸通过"单一窗口"办理运输、卫生检疫、植物检疫、海关等通关事务,有关检查结果通过信息系统通知至相关部门。

二、发展规划

(一)总体目标

吉尔吉斯斯坦2012年第183号政府决议通过《2022年前吉尔吉斯斯坦建立和运行口岸体系的国家战略及行动规划》,其总体目标为:

1. 在确保国家和地区安全的原则下,实现人员、货物、车辆经过边境合法自由流动;
2. 在边界安全领域扩大与有关国家、机构、个人和国际组织的战略伙伴关系,以确保人权和自由;
3. 积极参与建立中亚地区的区域边界安全。

(二)具体措施

1. 提高边境安全的可靠性和效率;
2. 提高参与实施国境综合管理的国家机构职员及其家属的社保水平;
3. 保障国境保护领域的国家机构及其员工的资金;
4. 简化进出境人员、车辆和货物跨境流动的程序;
5. 提高出口潜力;
6. 为吸引外资创造有利条件;
7. 积极发展旅游业;
8. 发展运输(过境)通道;
9. 提高遏制跨境传染病传入的效率;
10. 创建项目管理系统,并确保其有效运行;
11. 加强对所有参与者的协调、沟通、合作;
12. 监督执行情况;
13. 确定资金来源,并创造机会为项目的实施积累资金。

三、中吉口岸情况

(一)吐尔尕特陆运(公路)口岸

吐尔尕特陆运(公路)口岸位于中国新疆维吾尔自治区克孜勒苏柯尔克

孜自治州乌恰县境内，是中国与吉尔吉斯斯坦通商的口岸，也是通往中亚、南亚、西亚、欧洲各国的重要门户。

吐尔尕特口岸地处图噜噶尔特山口，地理坐标为东经75°23′、北纬40°30′，海拔高度3795米。口岸距阿图什170千米，距喀什165千米，距乌鲁木齐1630千米。与吐尔尕特口岸对应的为吉尔吉斯斯坦的图噜噶尔特口岸。该口岸位于吉方的纳伦州境内，距吉尔吉斯斯坦首都比什凯克400多千米，距中国吐尔尕特口岸12千米，海拔3700米，气候和自然条件较差，但终年可以通车。早在汉代，吐尔尕特即是"丝绸之路"上的一个重要驿站。口岸通商始于1881年，已有100多年的历史。20世纪初期口岸已经开放。中华人民共和国成立后，根据中苏两国签订的贸易协定和换货合同，于1950年年初正式办理进出口过货业务。1958年5月，开展了中苏两国间的边境贸易。1969年，通商贸易停止。1983年12月13日，再次恢复通商贸易。

（二）伊尔克什坦陆运（公路）口岸

伊尔克什坦陆运（公路）口岸位于新疆维吾尔自治区克孜勒苏自治州境，地处东经73°58′、北纬39°42′。距乌恰县150千米，距克孜勒苏自治州首府阿图什市250千米。伊尔克什坦国境公路经X54省道与314国道相连，从该口岸至吉尔吉斯斯坦奥什州仅210千米，比从吐尔尕特口岸出境到奥什近800千米，交通十分方便，是中国最西端的一条重要国际通道。伊尔克什坦口岸是"丝绸之路"上的一个重要通道和驿站，历史上曾有过商旅不断的繁荣时期。20世纪50年代，这里是中苏两国边民贸易的通道。50年代初期，两国邮件在这一口岸互换，后来改在吐尔尕特口岸换件，后因中苏关系恶化，该口岸被迫关闭。

随着我国改革开放的不断深入发展，中吉两国人民企盼伊尔克什坦口岸重新开放，乌兹别克斯坦、塔吉克斯坦等国也强烈要求开放该口岸。鉴于此，1996年江泽民主席出访中亚五国期间，与吉尔吉斯斯坦总统达成开放该口岸的协议。伊尔克什坦口岸于1997年7月21日临时开通，1998年1月26日国务院正式批准开放该口岸，将该口岸批准为国家一类口岸，对吉尔吉斯斯坦及第三国人员、货物开放。

第三章　吉尔吉斯斯坦通关程序

第一节　概　述

一、法律依据

吉尔吉斯斯坦海关依据《欧亚经济联盟条约》《欧亚经济联盟海关法典》《吉尔吉斯海关法》及吉尔吉斯斯坦国内相关法律、法规实施监管。

二、申报规定

按照《吉尔吉斯海关法》规定，申报人可采取电子申报与纸质申报并行的方式向海关申报，因系统原因无法实施电子申报的，可通过提交纸质单证的形式进行申报。

（一）报关单随附单证

依据《吉尔吉斯海关法》，申报人在向海关申报时，应当随附证明申报数据真实性的单据；海关可以通过内部信息系统或吉尔吉斯斯坦国家机关信息系统调取的单证，申报人无须提供，仅在报关单上填写查询单证的信息即可。

（二）优先实施海关作业的条件

对为了消除自然灾害、自然紧急情况、人的技术和生产活动紧急情况后果所必需的物资，为执行维和行动或者开展演习所必需的军用产品，易腐货物，活动物，放射性材料，爆炸物，国际邮件，快运货物，用以在国际展览活动中展示的商品，人道主义和技术援助物资，大众传媒报道和材料，为修理经营国际运输的运输工具和维持经营国际运输的运输工具安全运营所必需的备件、发动机、耗材、设备和工具，成员国国家银行（中央银行）和其分支机构进口的成员国货币、外币、其他外汇、贵金属（其中包括黄金），其他类似货物，应优先实施海关作业。欧亚经济委员会确定享受优先实施海关作业的易腐货物清单。在委员会确定前，根据吉尔吉斯斯坦政府相关规定办理。

（三）时间计算

根据《吉尔吉斯海关法》，通过特定的某段时间或事件的发生来确定开始和结束的时间，并根据以下办法完成相关操作。

1. 在海关调整领域里的国际条约和法律文件规定的期限，以日历日期确定或者以年、月、日或小时计算的时间确定。期限也可以通过指明应该发生的事件或者应该实施的行为来确定。

2. 《吉尔吉斯海关法》以年、月或日计算的期间确定的期限，从日历日期的次日或者以确定事件发生的次日起计算；以小时计算的，从事件发生的下一个小时起计算。

3. 按年计算的期限，到期限最后一年的相应月和日截止。

4. 按月计算的期限，到期限最后一月的相应日截止。如果按月计算的期限在没有相应日期的月份到期，期限到该月的最后一日截止。

5. 如果期限的最后一日适逢非工作日，期限终止之日为该非工作日之后的第一个工作日。

6. 如果为了实施某一行为而规定期限，行为可以在期限最后一日二十四时之前完成。但是，如果这一行为应该在某一个组织中实施，则期限到该组织按规定的规则终止相关业务的小时截止。

7. 书面申请和通知如果在期限最后一日二十四时之前交付邮政机构（组织）的，视为没有超过规定期限。

8. 如果期限以工作日计算，工作日应理解为：一星期的星期一至星期五，且没有适逢依照成员国立法规定的假期；依照成员国立法规定工作日延展到的休息日。

9. 如果在货物通过联盟海关边界的地点和海关所在的其他地点在非工作日规定了海关工作时间，以工作日计算的这些海关实施海关作业的期限包括非工作日。

三、海关监管方式

按照《吉尔吉斯海关法》规定，海关根据货物位于进出境和在境内外使用的目的不同，确定不同的监管方式。海关监管方式包括：

1. 放行供国内消费；
2. 出口；
3. 海关转运；

4. 海关仓库；
5. 关境内加工；
6. 关境外加工；
7. 加工供境内消费；
8. 自由海关区；
9. 自由仓库；
10. 暂时进口；
11. 暂时出口；
12. 复进口；
13. 复出口；
14. 免税贸易；
15. 销毁；
16. 放弃收归国有；
17. 特殊海关制度。

四、海关监管区

为了施行与海关作业和海关监管有关的措施，根据《吉尔吉斯海关法》建立海关监管区。海关监管区包括货物通过海关边界的地点、临时仓储区、海关仓库、自由仓储区、免税商店区及海关规定的其他地点。建立和指定海关监管区的程序及海关监管区的法律制度由吉尔吉斯斯坦政府确定。

五、海关监管

海关根据不同的监管方式可以采取获取解释、审核海关单证及其他单证信息、海关查看、海关查验、海关人身查验、场所巡查、海关稽查等检查方式。

每种监管方式适用的进口环节税、保障措施关税、反倾销税和反补贴税税率不同，相关税费的计算和缴纳期限也有差异。

六、风险管理

吉尔吉斯斯坦海关通过风险管理系统选择监管对象、海关监管方式、保障实施海关管理。海关采用技术手段预先分析货物信息，用以避免在海关监管过程中由于商品存放、交通工具停放和延长商品放行时间给申报人、承运人和其他相关人员造成损失。如果在海关事务中出现了严重的违法行为迹象，为了避免更严重的后果，则必须采取具体措施予以处理。

七、海关统计

海关统计包括与非欧亚经济联盟国家间的对外商品贸易的海关统计和专门海关统计。

海关统计的目的在于分析与非欧亚经济联盟国家间的对外商品贸易的状况、动态和发展趋势，形成对外商品贸易海关统计数据。对外商品贸易的海关统计要按照委员会批准的方法进行，海关提供对外商品贸易的海关统计数据，其中包括针对国内市场保护措施提出申请或审查的商品。

第二节　申报人

一、申报人范围

（一）成员国人

成员国人包括：签订对外贸易合同的成员国人或其代理人，在货物进出境过程中具有货物占有权、使用权、处分权的成员国人。

（二）外国人

外国人不能直接在吉尔吉斯斯坦申报货物，但以下情况除外：

1. 在联盟成员国依法注册的外国组织或其分支机构，在办理公用物品申报时；

2. 非贸易行为的进出境货物所有人；

3. 在适用货物海关仓库、暂时进境、复出口监管方式和特殊监管方式时对非贸易货物具有占有权、使用权的外国人。

4. 位于联盟关境的外交机构、使领馆、国家驻国际组织的代表机构、国际组织或其代表机构、其他组织或其代表机构；

5. 申报办理海关转运监管手续时的承运人；

6. 根据联盟成员国与第三方国家签订的国际条约规定，有权按照海关仓库监管方式、复出口监管方式和出口监管方式，运出位于联盟关境内货物的外国法人与自然人。

二、申报人的权利

申报人的权利包括：

1. 查看、测量海关监管货物，并对其实施作业；
2. 经海关许可，对海关监管货物提取样品；
3. 在海关关员对货物实施海关查看和海关查验时在场；
4. 了解海关出具的对申报人所申报货物的鉴定结果；
5. 对海关或者海关关员的决定、行为（不作为）进行申诉；
6. 为了核实货物信息聘请鉴定人；
7. 法律法规规定的其他权利。

三、申报人的义务

申报人的义务包括：

1. 实施海关申报；
2. 在海关法律法规规定的情形下，向海关提交证明在海关申报单中所申报信息的单证；
3. 在海关法律法规规定情形下或者根据海关要求，呈验所申报的货物；
4. 依照海关法律法规规定，缴纳海关税费、保障措施关税、反倾销税和反补贴税，或者担保履行其缴纳义务；
5. 遵守依照海关监管方式规定的货物使用条件；
6. 履行海关法律法规规定的其他要求。

四、申报人的责任

申报人不履行规定义务，在海关申报单中申报不真实信息，向报关代理人提交无效单证，其中包括伪造和具有明显不真实（虚假）信息的单证，应当依照《吉尔吉斯海关法》及相关规定承担责任。

五、申报形式

1. 申报由申报人或报关代理人实施，可采取电子申报与纸质申报并行的方式，根据吉尔吉斯斯坦政府计划，预计2021年可全面实现电子申报。
2. 书面申报。根据《吉尔吉斯海关法》规定，以下情况可以书面进行申报：

（1）成员国国家银行（中央银行）和其分支机构进口的成员国货币、外币、其他外汇、贵金属（其中包括黄金）及其他货物；
（2）申报人不掌握海关申报所需的全部准确信息；
（3）联盟内货物分批次进出自由经济区；
（4）联盟内货物在自由仓库间流转。

六、申报单及所需信息

（一）向海关申报时采用的申报单证种类

1. 货物申报单；
2. 转运申报单；
3. 海关旅客申报单；
4. 运输工具申报单。

（二）申报人应当如实向海关申报的内容

1. 货物所适用的海关监管方式；
2. 货物申报人、报关代理人、收（发）货人信息；
3. 承运货物的进出境运输工具和在联盟关境内运输所使用的运输工具的信息；
4. 货物信息包括：
（1）商品名称和相关描述；
（2）商品编码；
（3）原产地；
（4）起运国和目的国名称；
（5）生产商；
（6）商标；
（7）列入吉尔吉斯斯坦知识产权统一海关名录的商品名称；
（8）包装描述；
（9）价格，以千克表示的数量（毛重和净重）和以补充计量单位表示的数量；
（10）货物完税价格（货物完税价格及价格确定方法）；
（11）统计货值。
5. 税费计算信息：
（1）关税、进口环节税税率和海关规费费率，保障措施关税、反倾销税和反补贴税税率；

（2）是否适用优惠税率；

（3）是否适用特惠关税；

（4）计算的关税、进口环节税、海关规费、保障措施关税、反倾销税和反补贴税税额；

（5）计算关税、进口环节税、保障措施关税、反倾销税和反补贴税适用的汇率。

6. 合同信息。

7. 是否属于禁止和限制货物。

8. 适用监管方式的条件信息。

9. 随附证件的编号。

10. 遵守与海关执法相关法律文件的信息。

11. 货物申报单填制人和填制日期。

12. 需要提交的其他信息。

（三）随附单据

海关可以通过自身电子系统查询到或者通过其他国家机关信息化系统可查询的信息，申报人在申报时可以免于提供这些单证。所有随附单证，申报人都需要在结关后保存满 5 年。具体的随附单据包括：

1. 合同或证明具有货物占有权、使用权、处分权的单证，以及申报人持有的其他商业单据。

2. 运输单据（运输凭证）。

3. 报关资格证明。

4. 证明遵守禁止和限制规定、内部市场保护措施的单证。

5. 货物原产地文件。

6. 依照《欧亚经济联盟对外经济活动统一商品目录》，对货物归类时使用的证明货物特性的文件；货物归类预先决定（如果有），即如果按照海关转运制度，以未组装件或者拆散件形式（其中包括以不完整品或者未制成品形式）通过联盟海关边界的货物（货物部件），对这些货物任何成员国海关作出的货物归类预先决定。

7. 缴纳海关税费、保障措施关税、反倾销税、反补贴税和担保履行缴纳关税、进口环节税、保障措施关税、反倾销税、反补贴税义务的证明。

8. 享受税收优惠政策的证明。

9. 变更关税、进口环节税缴纳期限的证明。

10. 确定货物海关完税价格方法的证明。

11. 经营国际运输的运输工具登记和所属国籍的证明（如果是货物按照海关转运方式监管时使用公路运输方式运输货物）。

12. 将货物置于所申报海关监管方式下条件的证明。

13. 境外加工海关监管方式下进口的产品，置于放行供国内消费海关监管方式下时，货物加工作业所申报价值的证明。

七、报关单申报及受理

（一）报关单的提交

除需在指定口岸报关的货物以外，货物申报单应向有权接受申报的海关机构提交。

（二）申报单登记、退单

申报单的登记或拒绝应由海关在申报单提交之时起的一小时内完成。

如果出现下列情况，海关可以对申报报关单进行退单处理：

1. 申报单提交给无权接单的海关机构；
2. 申报单由未经授权人员提交；
3. 未按规定的格式填写；
4. 申报单中未填全必须申报的信息；
5. 电子申报单结构不符合要求；
6. 拟申报的货物不在吉尔吉斯斯坦境内；
7. 在提交申报单时未办结吉尔吉斯斯坦法律规定的报关前相关手续；
8. 在提交申报单时未满足拟申报监管方式规定的特殊条件。

如果海关对申报单作退单处理，则该申报单视为未成功提交。申报单自海关登记接单之时起，即成为具有法律效力的文件。

在因技术故障、通信设施（电信网络和互联网）运行故障、停电等原因造成海关信息系统发生故障的情况下，如果申报人提交的纸质申报单符合申报要求，海关应在不使用信息系统的情况下对提交的纸质申报单进行接单。

八、特殊申报

（一）不完整申报

1. 概念

对于从联盟出境的货物，海关允许在不填写部分申报单项目时进行申报，但应在货物放行后规定期限内补报相关信息。

2. 在向海关进行不完整申报时可以不载明的信息

（1）货物收货方；

（2）货物目的国或贸易国；

（3）运输所申报货物的运输工具；

（4）关于货物包装（数量、种类、唛头和顺序号）。

3. 补充申报时限

依照规定实施了海关申报的货物放行后，申报人应当自货物放行之日起8个月内，通过对货物申报单中所申报的信息进行变更（补充），向海关提交所缺少的信息。

（二）定期申报

1. 定期申报需满足的所有条件

（1）申报对象是在同一份外贸合同框架下，分两批或两批以上进出境的所有货物；在没有外贸合同的情况下，申报对象是按照同一份货物所有权、使用权和处置权证明文件或同一份加工贸易手册分两批或两批以上进出境的所有货物。

（2）在合同供货期内的每批次货物具有相同的《欧亚经济联盟对外经济活动统一商品目录》10位商品编码。

（3）所有批次的货物在合同供货期内全部进出境。

（4）所有进境货物应经同一个口岸出境，并向同一个海关进行申报；所有出境货物应向同一个海关进行申报。

2. 定期申报的办理程序

（1）定期申报报关单应当在申报的供货期之前提交，供货期是指申报人申报的不超过31个自然日的供货期限。

（2）进出境货物数量不得超过货物申报单中申报的数量。

（3）办理定期申报手续时，应当根据供货期间拟进出境货物的数量填报货物报关单中应申报的信息，但申报人在递交定期申报报关单时不掌握的下列信息除外：运输工具信息（货物运输方式信息除外），申报信息证明文件，吉尔吉斯斯坦海关根据申报单类型、货物类别、运输方式确定的其他信息。

（4）进境货物合同供货期满1个月内，出境货物实际出境后1个月内，申报人应当向海关进行补充申报或者修改货物实际进出境数量。办理定期申报的出口货物，应在合同供货期满后6个月内从欧亚经济联盟关境实际出境。根据申报人提出的合理申请，办理出口货物放行的海关可以将该期限继续延长不超过3个月。在上述期限内货物未实际出境或者在申报期限内货物未实际进境，定期申报报关单将予以撤销。如果申报人未能在规定期限内撤销申报单，海关将撤销作出的货物放行决定。

3. **不适用定期申报的情况**

（1）拟进出境的货物不符合定期申报要求的；

（2）申报人拖欠海关税费、进口环节税、保障措施关税、反倾销税、反补贴税；

（3）申报人办理破产程序。

4. **海关监管**

办理定期申报的货物，应当在放行前缴纳关税、进口环节税，海关根据在供货期之前提交的货物申报单核算税费。海关在申报的供货期内对每批货物的实际进出境情况进行统计和监督。

（三）未组装件或者拆散件申报

申报人进口的成套设备以未组装件或者拆散件分批进口时，可以先向吉尔吉斯斯坦海关申请对整套设备进行预归类，取得预归类决定书后，申报人可以向海关申请以未组装件或者拆散件方式向海关申报。当未组装件或者拆散件进境后，申报人按照成套设备预归类决定书上确定的商品名称进行申报，并按照该项商品使用的税率办理税款缴纳手续。未组装件或者拆散件办理完相关手续后，海关可以放行，但未组装件或者拆散件物仍处于海关监管下，申报人不得进行处置，待到整套设备全部的未组装件或者拆散件办理完海关手续后，即完成未组装件或者拆散件申报，货物结束海关监管。

第三节　经认证的经营者（AEO）

一、概念及范围

列入经认证的经营者（AEO）名录的法人是经认证的经营者（AEO），包括报关代理人、运输工具承运人、临时储存仓库所有人、海关仓库所有人、自由仓库所有人、免税贸易商店所有人。海关与经认证的经营者（AEO）通过签订备忘录等协议形式提供通关便利。

二、证书类型

纳入经认证的经营者（AEO）名录的法人，海关核发3种类型的证书，不同证书持有者享有不同特殊便利。

三、申请程序

在准入方面，法人须符合不同条件，并向海关提出申请。海关在 120 日内作出审核决定，列入名录之日起 10 日后颁发证书，并不限定有效期。曾被注销的，一年内不得再申请。

四、担保

如果列入经认证的经营者（AEO）条件中包括提供担保，则需向海关提供担保。

（一）担保方式

具体包括现金、银行保函、保证、财产抵押。

（二）担保额度

根据证书类型不同，担保额度不同：

1. 申请获得第一类证书时，需提供相当于 100 万欧元以上的担保。两年内不出现证书效力中止情形的，第三年担保金额可调整为 70 万欧元，并逐年减少，最低可减少至 15 万欧元。
2. 申请获得第二类证书时，需提供相当于 15 万欧元的担保。
3. 申请获得第三类证书时，需提供相当于 100 万欧元的担保。

（三）担保退还情形

在没有拖欠税款的前提下，下列情形将退还担保：不予列入名录、注销、更换担保方式、降低担保额度。

五、适用便利措施

1. 获得第一类证书的经认证的经营者（AEO）可以享有的便利措施：优先办理海关手续；规定情形下免担保；申报前放行货物；优先查验；使用特定封志；优先参与改革；自行装卸、换装，包括解除封志。
2. 获得第二类证书的经营者可以享有的便利措施：在自有场所临时存储货物，在其场所开展海关作业，实施海关监管，优先查验，申报前放行货物，使用特定封志，规定情形下免担保。

3. 获得第三类证书的经营者可以享有的便利措施：可以享有第一、二类证书所有便利。

4. 委员会有权给予经认证的经营者上述没有规定的其他特殊便利，也可取消上述给予的便利措施。

六、调整及退出

1. 证书效力中止。企业可以申请证书效力中止，未履行相关义务或者企业变更等情况下证书效力也会被中止。

2. 证书效力恢复。企业须在海关确认中止之日起120日内消除影响证书效力中止的原因，海关在获得相关证明后，在5个工作日内恢复证书效力。

3. 名录注销。企业法人变更、破产、未能履行相应义务、未能按期消除证书效力中止影响因素时，企业可以申请注销。

第四节 货物进出境

一、预先信息申报

（一）概念

预先信息是指进出境运输工具及所载货物、物品、人员的相关信息。

（二）申报时限

预先信息需在运输工具入境2小时之前提交，并自登记之日起在海关系统保存30个自然日。期满后，此信息作废。

（三）申报内容

1. 预先信息提交人的信息；
2. 报关代理人信息；
3. 货物承运人的信息；
4. 车辆（牵引车）的注册号、注册国、品牌、识别号（VIN）（或车身、底盘、车架号）；
5. 挂车或半挂车的注册号、注册国、识别号（VIN）（或车身、底盘、车架号）；

6. 货物的起运国和目的国；

7. 货物的发货人和收货人信息（名称和地址与运输单证一致）；

8. 行驶路线（对于临时运入联盟关境的国际运输车辆）；

9. 运输工具入境目的（用于临时驶入联盟关境的国际运输工具）；

10. 为修理或维护国际运输工具而运入的零件和设备名称（用于临时驶入联盟关境的国际运输工具）；

11. 运单编号、签发地及签发日期；

12. 货物件数；

13. 货物唛头和包装类型；

14. 货物名称；

15. 货物毛重（千克）或体积（立方米）；

16. 货物抵达联盟关境的地点（联盟边境口岸代码）；

17. 集装箱识别号（如有）；

18. 卖方的名称和地址（如果卖方不是发货人）；

19. 买方的名称和地址（如果买方不是收货人）；

20. 按照《欧亚经济联盟对外经济活动统一商品目录》确定的商品编码，不少于6位；

21. 每项商品编码第二计量单位的数量；

22. 货物价格；

23. 目的地；

24. 货物换装计划（如果有换装）；

25. 证明遵守禁止和限制性规定证明。

（四）不提交预先信息的情形

如果未按期提交预先信息，海关将采取相关措施予以处理。但下列货物可以不提交预先信息：

1. 自然人通过联盟海关边界的自用物品；

2. 采用国际邮件寄递的货物（物品）；

3. 依据国际条约享有外交豁免权的公用物品或者享有特权或豁免的个人物品；

4. 消除自然灾害、事故和灾难影响进出的物资；

5. 军用物资，其资格由依照成员国立法规定给予的通行证（军用通行证）予以证明；

6. 在抵达地置于特殊海关制度下的货物；

7. 通过非联盟成员国境内运输的联盟货物;

8. 通过联盟海关边界且运入自由经济区区域(自由经济区区域界限完全或者部分与联盟海关边界段重合)的货物;

9. 原油、天然气、电力等通过管道运输或者输电线输送的货物。

二、运输工具申报

货物在入境后,承运人及其代理人根据不同运输方式,按照时限要求,提交与该运输方式相对应的信息,向海关申报。

(一)申报时限

1. 公路运输

自汽车进境1小时内;在非海关工作时间抵达的,应在海关开始工作起1小时内。

2. 铁路运输

自列车在口岸海关监管区停靠起4小时内;非海关工作时间停靠的,应在海关开始工作起4小时内。

3. 水路运输

自船舶停靠到进境港口的码头或锚地时起3小时内;非海关工作时间抵达的,自海关开始工作起1小时内。

4. 航空运输

自航空器抵达机场停机地点时起1小时内;非海关工作时间停靠的,应在海关开始工作起1小时内。

(二)申报方式及内容

运输工具入境时,承运人需向海关申报。所有运输工具均需提交的信息包括:一是证明遵守禁止和限制规定的单证和信息;二是如果申报过预先信息,需要提供预先信息申报号;三是需要转运的货物,需要提交转运申报单。此外,承运人还要根据运输方式提交不同单证和信息。

1. 公路运输

(1)需要提交下列单证:经营国际运输的运输工具证件,运输单据(运输凭证),在运输国际邮件时万国邮政联盟法规规定的随国际邮件同行的单证,承运人持有的所运输货物的商业单据。

(2)需要申报下列信息:运输工具备案信息,货物承运人(名称和地址),货物起运国和目的国,发货人和收货人(名称和地址),买方和卖方信息，货物件数、唛头及包装种类，货物根据《商品名称及编码协调制度》或者《欧亚经济联盟对外经济活动统一商品目录》确定的名称和至少前6位数商品编码，货物毛重（千克）或者体积（立方米），是否载有禁止或限制进口的货物，国际货物运输运单填制的地点和日期，集装箱识别号码。

2. 水路运输

（1）需要提交下列单证：总申报单、货物申报单、船舶备用品申报单、船员个人物品申报单、船员名单、旅客名单、运输单据（运输凭证）。

（2）需要申报下列信息：船舶登记及船舶所属国籍；船舶名称；船长（姓）；船舶代理人（姓和地址）；船舶所载旅客（数量、姓名、国籍、出生日期和地点、登船港和离船港）；船员数量和组成；船舶起航港和停泊港（名称）；货物件数和重量、货物包装种类；货物名称、总数量及描述；装货港和卸货港名称；应在此港口卸载的货物运输单据（运输凭证）号码；船舶剩余货物的卸货港名称；货物始发港名称；船舶所载备用品信息；船舶是否载有国际邮件；船舶是否载有含麻醉品、烈性物质、精神药物和有毒物质成分的药品；船舶是否装载危险货物，包括武器、弹药等；集装箱识别号码。

3. 航空运输

（1）需提交下列单证：总申报单、载运货物信息、所载备用品信息、运输单据（运输凭证）、旅客及其行李信息。

（2）需要申报下列信息：航空器国籍标志和登记标志；航班号、航空器飞行路线、起飞港和到达港；航空器运营人（名称）；机组人员数量和组成；航空器所载旅客信息；所载货物名称；货物运单号；装货港和卸货港（名称）；向航空器装载或者从其卸载的机载备用品数量；航空器是否载有国际邮件；航空器是否载有禁止或限制进口到（运入）联盟关境的货物，含麻醉品、烈性物质、精神药物和有毒物质成分的药品、武器、弹药；集装箱识别号码。

4. 铁路运输

（1）需要提交下列单证：运输单据（运输凭证）、铁路车辆交接单、载有备用品信息。

（2）需要申报下列信息：发货人和收货人（名称和地址），货物发站和到站（名称），货物件数、包装种类；根据《商品名称及编码协调制度》或者《欧亚经济联盟对外经济活动统一商品目录》确定的商品名称和至少前6位数商品编码，货物毛重，集装箱识别号码。

三、货物运抵后作业

1. 申报人或承运人应在货物抵达之时起3小时内，实施下列其中一种作业：

（1）将货物临时储存；

（2）按程序将货物从抵达地运输到临时储存地；

（3）向海关申报货物进口；

（4）在港口自由经济区区域或者物流自由经济区区域将货物置于自由海关区海关制度下；

（5）将货物从联盟关境运出。

2. 以上规定不适用于：

（1）应当立即从联盟关境运出的货物；

（2）位于水运船舶或者航空器中，且不在联盟关境卸载的货物；

（3）从一架航空器换装到另一架航空器，且应当运出的货物；

（4）在通过非联盟成员国境内或海运从联盟一部分关境运输到联盟另外一部分关境时，置于海关转运海关制度下的联盟货物和外国货物；

（5）使用水运船舶和航空器通过非联盟成员国境内，从联盟一部分关境运输到联盟另外一部分关境的，因为事故、不可抗力作用或者其他情况，航空器在非联盟成员国境内被迫降落或者水运船舶驶入非联盟成员国港口后，又运至联盟关境的货物；

（6）联盟货物；

（7）外交邮袋和领事邮袋。

四、临时存储

（一）概念

进口货物进境后放行前，出口货物实际离境前，货物可以在口岸临时存储场所进行临时存储。临时储存不是一种海关监管方式，而是一个通关监管环节。货物放行前，经当事人申请，海关可以准予变更临时储存地。

（二）适用范围及办理时限

出现下列情形，申报人应将货物按照规定时限进行临时储存：

1. 对于进口货物，进境运输工具完成申报后，申报人在 3 小时之内不能办理货物进口申报或其他海关手续，则应当对货物进行临时存储。

2. 申报后申请撤销报关单的，自收到海关准许撤销报关单许可起 3 小时内将货物进行临时储存；

3. 进口货物已向海关申报，自收到海关延长货物放行期限的决定起 3 小时内将货物进行临时储存；

4. 进口货物已向海关申报，自收到海关中止货物放行的决定起 3 小时内将货物进行临时储存；

5. 进口货物已向海关申报，自海关拒绝放行货物起 3 小时内将货物进行临时储存；

6. 对适用特殊海关监管方式的进出境货物，在监管期限届满后应当扣留未实施扣留的，应当进行临时储存；

7. 进口转运货物未按期申报的，或申报后撤销报关单、被中止、拒绝放行的，自收到海关通知起 3 小时内进行临时储存；

8. 已办理复出口海关通关手续的货物，如果未在 3 个自然日内实际出境或办理转运手续，则应当进行临时储存；

9. 对于涉案货物，在结案后作出退还决定的，应不晚于判决生效之日起 10 个自然日内，将货物进行临时储存。

五、货物运离欧亚经济联盟关境的通关手续

（一）需要提交的单证和信息

在货物运离欧亚经济联盟关境时，承运人应当根据运输方式向海关递交出境货物应当提交的单证和信息。无论货物以何种运输方式运离欧亚经济联盟关境，承运人及其他相关人员在向海关提交运抵报告时应当提交以下单证和信息：

1. 货物报关单、转运申报单或者这些申报单在海关信息系统的电子信息，以及准予将货物从欧亚经济联盟关境运出的其他单证；

2. 证明遵守禁止和限制规定的单证或信息。

如果承运人提交的单证未包含所有应当申报的信息，或者未提交证明遵守禁止和限制规定的单证，承运人应当提交补充申报的其他信息和单证。国际邮件从联盟关境出境时，承运人应提交万国邮政联盟规定的国际邮件随附单证和信息。报关代理人或者受承运人委托的其他人可以以承运人名义提交上述单证和信息。船舶运输的货物可以由申报人或者货运代理人提交。

（二）应当提交转运申报单的出境货物

1. 按照海关转运监管方式，货物经欧亚经济联盟关境，从入境地的起运地海关运输到出境地的指运地海关时，应当提交转运申报单（自进境起未离开入境地的外国货物、紧急迫降进境航空器运输的不在入境地卸载的外国货物除外）；

2. 指运地发生变更的转运货物，在运达新指定的出境地海关时应当提交转运申报单；

3. 经非欧亚经济联盟成员国关境，以过境运输监管方式从欧亚经济联盟关境内的某地运往其他地点的货物。

（三）货物出境许可的办理

经海关批准后，货物方可离开欧亚经济联盟关境。海关使用信息系统办理货物出境许可，并在海关申报单及其复印件、运输单证或者准予将货物出境的其他单证上加盖海关印章。如果承运人信息系统与海关信息系统实现联网，且以电子形式向海关提交运输单证，海关将以电子形式向承运人发送货物出境许可。上述规定不适用于下列货物：

1. 通过船舶或航空器运输方式过境运输的货物，并且未在关境内的港口和机场停靠或者降落；

2. 通过船舶或航空器运输方式，经非欧亚经济联盟成员国关境，从境内某地运输到另一地的货物，以及办理加工贸易和暂时进境通关手续的外国货物，并且未在非欧亚经济联盟成员国关境内的港口和机场停靠或降落；

3. 通过管道运输或输电线运输的货物。

（四）货物运离欧亚经济联盟关境的要求

1. 未办理入境手续的货物

如果进境外国货物在未离开入境地的情况下，其实际出境时的数量和状态应当与进境时相同，或者与其办理通关手续时申报的数量和状态相同。因自然磨损和损耗、正常运输和储存条件下自然属性发生改变，运输工具中剩余物无法卸载等导致货物数量和状态发生改变的情况除外。

2. 境内货物出口

货物实际出境时的数量和状态应当与其办理通关手续时申报的数量和状态相同。以下情况除外：

（1）因自然磨损和损耗、正常运输和储存条件下自然属性发生改变，运输工具中剩余物无法卸载等导致货物数量和状态发生改变。

（2）在向船舶货舱（容器）装运散装、堆装、灌装货物时，因混装导致货物数量和状态发生改变。

货物实际出境的数量可以少于其办理通关手续时申报的数量（自由监管区和自由仓库出口货物除外）。如果因为事故或者不可抗力作用导致货物灭失或者数量和状态改变，承运人不承担责任。

（五）货物出境前的装卸作业

1. 一般规定

经海关批准后，海关监管下的出境货物可以实施装卸作业或者更换运输工具。如果出境货物未施加海关封志或者装卸作业无须开启海关封志，承运人及其他相关人员在通过电子或者书面形式通知海关后，可以实施装卸作业或更换运输工具。第一类或第三类经认证的经营者（AEO）可以自行实施装卸作业或者更换运输工具，无须获得海关批准或者向海关通报装卸作业情况。如果在运输单据、证明遵守禁止和限制规定的单证或者吉尔吉斯斯坦国家机关制发的其他文件中明确禁止实施装卸作业或者更换运输工具，则海关有权拒绝批准上述作业。

2. 特殊情况

根据承运人及相关人员的申请，海关可以批准其在海关工作时间外对海关监管货物实施装卸作业或者更换运输工具。如果因为事故、不可抗力作用或者其他情况导致货物无法从出境地运送至边境实际出境地点，承运人应当采取一切措施保证货物完好无损，立即向最近的海关报告货物所在地和相关情况，并将货物运送或者保障货物（如果运输工具损坏）运送到最近的海关或者海关指定的其他地点。

第五节　进出口税费

一、海关税的分类

海关税费包括进口关税、出口关税、货物进口到（运入）联盟关境时征收的增值税、货物进口到（运入）联盟关境时征收的消费税、海关规费。

二、征税对象及关税、进口环节税计算的基础

（一）征税对象

征税对象为跨境运输的货物及《吉尔吉斯海关法》做出明确规定的其他货物。

（二）计算基础

按照吉尔吉斯斯坦海关规定，海关计算关税、进口环节税以海关完税价

格和商品的物理特性为基础。物理特性是指商品的数量、重量、体积、包装及其他属性。

三、关税、进口环节税的计算

根据吉尔吉斯税法有关规定执行。

四、关税、进口环节税适用的税率

税率的执行按照报关单登记日期的税率执行。

五、税费收缴方式

根据吉尔吉斯斯坦政府规定，以统一税率缴纳保障措施关税、反倾销税、反补贴税、关税、进口环节税，或以汇总纳税、滞纳金、利息、罚金方式缴纳关税、进口环节税根据《吉尔吉斯海关法》，可以通过用于电子支付的设备完成支付，也可通过支付终端或银行自动提款机完成支付。

六、税款缴纳义务的履行

（一）一般规定

海关税费的支付人及根据《吉尔吉斯海关法》具有海关税费缴纳义务的主体共同承担税费缴纳义务。相关税费通过银行账户、海关窗口、电子支付、预付款保证金抵销、担保协议支付等方式支付后则视为支付人已履行纳税义务。

支付人已履行纳税义务，可对货物进行放行处理。通过电子终端、支付终端或银行自动提款机支付税款，相关电子凭证可视作缴纳税款的凭证。已出具电子凭证后，用于支付税款的转账不可进行撤销操作。税款支付人支付税费后，纳税人提出需求，海关应出具纸质的税款收款确认书。

（二）税款追缴

未履行纳税义务或纳税义务履行不当的，海关向海关税款支付人及根据《吉尔吉斯海关法》共同负有海关税款缴纳义务的主体发送逾期未缴款通知书。通知书内容由吉尔吉斯斯坦政府确定，并包括以下信息：应缴纳的海关税款金额（按缴纳方式）、罚款金额、发送通知书时应计入的利息、根据《吉尔吉斯海关法》规定的税款缴纳期限、通知书的执行日期、海关强制征收措施，以及支付人未按照通知书要求按时缴纳关税的情况下海关的追缴措施。

通知书可发送至组织的负责人、其他授权代表，或者凭签名及其他可确定收取通知书方式（内容、日期）的个人。如通知书不能发送指定人员或被拒绝接受，则可以邮政挂号信的方式发送。通知书自发送次日起 10 个自然日后视同已交付。通知书已交付，方具有效力。

通知书须在未缴纳税款或税款缴纳不足事实被发现的 30 个自然日内发送给海关税款支付人或根据《吉尔吉斯海关法》负有共同纳税义务的主体。在刑事案件审前程序进行中或因违反吉尔吉斯斯坦海关相关法律被提起诉讼时，通知书暂停发送，刑事案件及违法案件审理结束后恢复期限计算。

税款支付人及其他共同承担纳税义务的主体应在收到通知书的 30 个自然日内完成通知书要求的相关操作。如税款支付人及其他共同承担纳税义务的主体同意通知书上的相关要求，海关需在税款支付人及其他共同承担纳税义务的主体收到通知书的 6 个月内提供完成相关要求的协助。

应履行关税、保障措施关税、反倾销税、反补贴税纳税义务的主体向海关提交同意履行通知书要求的书面说明，海关根据书面说明，向支付人提供协助。

海关按规定向未缴纳税款的支付人发送通知书，若支付人未在期限内完成纳税义务，则海关采取措施强制征税。支付人未在规定的期限内或确定的申诉期内完成税款缴纳，则海关依法向法院提起诉讼。

七、特定条件下放行货物转为进口货物的税费缴纳规定

特定条件下放行货物的申报人或其他拥有商品所有权的人员，应向放行货物的海关提交申请办理进口货物申报手续，并在申请中注明特定条件下放行货物的报关单编号、缴纳海关税费的单证信息。在补交相关进口税费后，海关根据申报人或其他拥有商品所有权的人员的申请对货物进行放行。

八、滞纳金

不履行或未按规定期限履行海关税款缴纳义务的应缴纳滞纳金。自税款缴纳规定期限届满的次日起至履行纳税义务或决定延期、分期缴纳税款之日止，每日应缴纳的滞纳金金额为未缴纳税款金额的 0.09%。

如海关向收货人或担保人发送通知书，则滞纳金自收货人或银行担保缴

纳税款期限届满的次日开始计算，发送通知书当日也在滞纳金计算期限内。滞纳金可在缴纳海关税款的同时或之后支付，但不得晚于缴纳税款的1个月内。因未及时缴纳税款引起的滞纳金不得超过应缴税款的全额。提交延期或分期缴纳税款的申请的同时不停止计算滞纳金。货物在临时储存期间超出了海关对临时储存货物申报的期限，超出的期限不缴纳滞纳金。

九、海关规费

（一）概念

海关规费是海关在进行与放行、运输工具监管及进行预决定相关的海关业务时征收的费用。

吉尔吉斯斯坦政府对海关放行货物有关业务的海关规费制定了最高和/或最低标准。

（二）收取标准

1. 与放行有关的海关规费，按完税价格的0.25%和计算指标收取。

2. 海关押运装载商品的运输工具或本身为商品的运输工具，押运规费按每辆车每公里核算指标的10%的标准征收。

3. 海关预决定费用。货物抵达联盟关境前，海关获取计划通过海关边界的货物信息，以评估风险并做出选择海关监管对象和方式及采取保障实施海关监管措施的预先决定。每份预决定的规费按核算指标的10倍标准收取。

（三）无须支付规费的情形

以下情形，不需要就放行支付海关费用：

1. 无偿援助（协助）商品；

2. 过境商品（但不包括从到达地海关到起运地海关，从到达地海关到国内海关，从内部海关到起运地海关）；

3. 消费税标识和流通的外币；

4. 收归国有的货物；

5. 由国家级或州级图书馆、档案馆、图书馆或者其他国家级或州级组织申报暂时进境的用于展览的文物；

6. 外交使馆、领事馆、其他外国官方代表、国际组织及其工作主体申报进出境的物品，以及根据国际条例享有外交权利、特权及/或豁免权的外国居民携带的自用物品；

7. 旅客携带的合理自用物品;
8. 其他符合国际条约及吉尔吉斯斯坦政府决议的情况。

第六节　海关检查

一、海关检查方式

在实施海关监管时,海关采取下列海关检查方式:问询,审核海关单证、其他单证和信息,海关查看,海关查验,海关人身查验,场所验收和巡查,海关稽查。

二、可采取的措施

(一) 进行海关检查时海关有权采取的措施

在进行海关检查时,根据海关监管的不同对象,海关有权采取下列确保海关检查实施的措施:
1. 进行口头询问;
2. 请求、要求提供和获取为实施海关监管所必需的单证和或信息;
3. 指定实施海关鉴定,选取货物的样品和/或试样;
4. 对货物、单证、运输工具、场所和其他地点进行识别;
5. 使用海关监管技术设备、其他技术设备、海关水运船舶和航空器;
6. 采取海关押运;
7. 规定货物运输路线;
8. 对海关监管的对其实施海关作业的货物进行登记;
9. 聘请专家;
10. 聘请成员国其他国家机关专家和鉴定人;
11. 要求对货物和运输工具实施货运作业和其他作业;
12. 实施海关监视;
13. 清点海关监管货物;
14. 法律规定保障海关实施监管的其他措施。

(二) 海关押运

1. 一般规定

为了保障在联盟关境内运输海关监管货物,海关可采取押运措施。海关押运是指对运输海关监管货物的运输工具或者海关监管运输工具进行押运。海关押运由海关关员进行，或者按照吉尔吉斯斯坦法律，由吉尔吉斯斯坦海关确定的组织进行。

2. 应用风险管理系统分析结果

在将货物运送至海关监管区外临时存储时，海关有权在不进行担保的条件下进行海关押运。海关押运的组织程序由吉尔吉斯斯坦政府确定。

3. 押运路线

货物的运输路线由海关确定，对于进行海关监管和未在海关过境通关下的经过海关领土的货物，完成与这些货物运输路线的确立、变更和遵守有关的海关作业的程序由吉尔吉斯斯坦海关确定。货物运输的路线一旦确认，对于使用海关信息系统和海关监管技术手段经过海关领土运输的货物，可以按吉尔吉斯斯坦政府规定的额度和方式收取费用。上述信息系统和技术手段可以对运输工具的移动和是否遵守货物运输既定路线进行远程监控。

（三）清点海关监管货物

海关按照吉尔吉斯斯坦海关确定的方式对海关监管的货物进行清点，清点可通过海关信息系统进行。海关清点的情形和程序由吉尔吉斯斯坦海关确定。

（四）聘请专家

按照法律规定在进行海关监管时，为完成个别行动，允许海关邀请与行动结果无关的专家协助，这些专家应具备协助海关必备的专业知识和技能。

三、问询

问询是海关检查的一种方式，海关可以要求承运人、报关人和其他人员就海关实施监管所需的信息提供说明。根据吉尔吉斯斯坦海关确定的格式，海关应当填制"海关问询书"。如需邀请相关人员到海关进行问询，海关应当将"海关问询通知书"直接送达或者邮寄送达承运人、报关人等其他人员。

四、审核海关单证和信息

（一）海关主要审核的单证和信息

1. 海关申报单；

2. 其他海关制式单证；
3. 随附单据；
4. 海关需要的其他单证；
5. 申报单随附单证的信息；
6. 海关需要的其他信息。

（二）审核时限

相关信息的审核可以在货物放行前进行，也可在货物放行后进行。当相关信息经审核不一致时，海关在5个工作日内以书面形式向当事人发送通知，并通知当事人采用何种海关检查方式来审核海关单证、其他单证和信息。

（三）审核处置

书面通知书可发送给公司的负责人或者公司的其他授权代表，也可以发送给凭借收据或通过其他方式确认通知的事实和时间的个人。如果上述人员拒绝接收通知，那么可以通过邮局以挂号信的方式发送通知。

五、海关查看

海关查看是指一种海关监管方式，即在不打开运输工具载货舱（厢）、不开拆货物包装、不分解、不拆卸、以其他方式不破坏被检查对象（包括个人行李）及其部分的完整，目视查看货物，包括交通运输工具、个人行李、货物容器、海关封志、印章和其他识别标志，但在海关监管过程中，对厂房和场地实施的海关查验除外。

六、海关查验

（一）概念

海关查验是指即开拆货物包装，打开运输工具载货舱（厢）、容器、集装箱，或者进入其他装有或可能装有货物的地方，去除施加的海关封志、印章或其他识别标志，分解、拆卸或者以其他方式破坏被检查对象的整体和部分的完整，对货物包括交通工具和个人行李进行查看的海关行为。

（二）应当开展查验的情形

1. 按照某种理由推测，携带货物和驾驶交通工具进出境的行为人，携带有海关禁止和限制的货物进出境，或者行为人携带货物和驾驶交通工具进出境破坏了海关监管秩序和《吉尔吉斯海关法》范围的国际条约及法律文件。

2. 在海关申报单和海关货物申报单中提交的单证有虚假信息，影响货物放行决定，依报关员或者对货物具有权限的其他行为人的申请；

3. 为了遵守关于有条件放行货物的使用和处置的限制规定；

4. 根据风险管理系统的分析结果；

5. 根据海关监管技术手段检查结果需要进一步验核的；

6. 根据查看结果需进一步检查的。

七、海关人身检查

（一）概念

海关人身检查是指对自然人进行检查的一种海关监管方式。该方式仅可以对通过联盟海关边界且位于海关监管区或者国际机场过境区的自然人实施，且有证据表明自然人身上藏匿有违禁物品。

（二）海关人身检查程序

1. 人身检查的审批

海关实施人身检查应由海关负责人、其授权的副职决定。海关人身检查是一种特殊的海关监管方式，应当制作书面的人身检查记录。

2. 人身检查的要求

（1）海关人身检查应由与被实施海关人身检查的人相同性别的海关关员且有两名相同性别见证人在场，在符合卫生保健要求的隔离室内实施。仅有医务工作人员，且必要时使用专门的医疗器械，可以对被实施海关人身检查的自然人检查身体。在对未成年自然人或者无行为能力自然人实施海关人身检查时，其法定代理人（父母、收养人、监护人或者保护人）或者其他陪同人应当在场。

（2）在实施海关人身检查前，海关关员应当让自然人了解实施海关人身检查的决定和在实施此海关人身检查中其具有的权利，以及建议其主动交出藏匿的违禁物品。要求被检查人在检查决定上签字，如果自然人拒绝进行此签注，应在实施海关人身检查的决定中予以相应记录，且由宣布实施此海关人身检查决定的海关关员和在实施此海关人身检查时在场的见证人签字证明。在实施海关人身检查时，海关关员的行为不得侵犯被实施海关人身检查的自然人的名誉和尊严，不得对此自然人的健康造成损害和对其财产造成损失。

3. 被实施海关人身检查的自然人的权利

（1）在开始实施海关人身检查前，了解实施海关人身检查的决定和其实施程序；

（2）了解自己的权利和义务；

（3）作出解释和提出申请；

（4）主动交出其身上藏匿的物品；

（5）作出解释，且实施海关人身检查的海关关员必须将其记入海关人身检查记录中；

（6）使用母语及使用翻译人员服务；

（7）海关人身检查记录制作完毕后了解记录并在记录上签字；

（8）依照《吉尔吉斯海关法》规定对实施海关人身检查的海关关员的行为进行申诉。

4. 被实施海关人身检查人的义务

自然人和其法定代理人应当履行实施海关人身检查的海关关员的合法要求。

5. 实施海关人身检查的程序

实施检查人员应当在检查过程中或者在检查结束后 1 小时内填制检查记录。检查记录应制作两份，其中一份交给被实施海关人身检查的自然人或其法定代理人或者其陪同人。海关人身检查记录由实施海关人身检查的海关关员、被检查的自然人或其法定代理人或者其陪同人、见证人签字。

八、场所验收和巡查

场所验收和巡查是一种海关监管方式，即对房舍和场地，以及位于这些地点的货物和单证进行的目视检查。

开展海关场所验收和巡查的人员应出示开展海关场所验收和巡查的检查决定和工作证。如果被拒绝进入房舍和场地，海关关员依法有权强行进入房舍和场地。海关开展场所验收和巡查时间不得超过 1 个工作日，特殊情况可延长至 3 个工作日。

九、海关稽查

海关稽查是在货物放行 5 年内，海关通过海关申报单和申报人向海关提交的随附单证中的信息及海关获取的其他信息与进出口货物直接有关的企业、单位的会计账簿、会计凭证、银行账户和有关进出口货物进行核查，监督申报人进出口活动的真实性和合法性。

(一) 单证稽查

组织、进行和完成单证稽查的秩序，涉及海关稽查的文件形式和准备要求，由吉尔吉斯斯坦政府部门规定。货物处于海关监管之下之日起 5 年内，可以开展海关单证稽查，且单证稽查没有时间限制。

(二) 现场稽查

货物处于海关监管之下之日起 5 年内，可以开展现场稽查。实施现场稽查后，海关还可以开展稽查整改情况检查和对稽查结论复核。

稽查整改情况检查是在稽查整改期限结束后，海关对先前现场稽查所指出的违规行为的整改情况进行的检查。

稽查结论复核是在被施行稽查的行为人不同意现场稽查结果的情形下，被稽查人就稽查结论中的事项进行说明后，稽查人员对稽查结论进行复核。

现场稽查执行：

1. 现场稽查由海关机构的负责人或相关负责人决定。进行现场稽查的决定应载明内容、形式、其他信息。在被稽查人场所开始实施稽查之前，海关机构公职人员必须向被稽查人出示工作证。在稽查过程中，被稽查人不得对被检查的单证进行变更或增补。

2. 暂停现场稽查的规定。在下述情况下，实施现场稽查的海关机构负责人及其副职可以作出暂停现场稽查的决定：

（1）开展现场稽查约谈；

（2）实施海关化验；

（3）向吉尔吉斯斯坦、欧亚经济联盟成员国或者非欧亚经济联盟成员国其他机构发送协查请求；

（4）被稽查人修复稽查所需文件；

（5）补充提供的文件涉及稽查频率并且可能影响稽查结论。

现场稽查暂停期限不得超过 9 个月。在暂停或恢复现场稽查之日起 1 个工作日内，海关应当向被稽查人和被稽查人所在地负责法律统计和特别登记的机构送达《暂停或恢复现场稽查通知书》。暂停现场稽查的时间不计入现场稽查期限内。

3. 进入被稽查人所在地要求。进入被稽查人处所时，出示开展海关稽查的决定和工作证。如果被稽查人拒绝保障开展现场稽查的海关关员和被邀请参与开展现场稽查的吉尔吉斯斯坦其他国家机关公职人员进入被稽查人所在地，除稽查人员没有出示开展现场稽查的决定（命令）或工作证，稽查人员在开展现场稽查的决定（命令）中没有被列明，稽查人员没有进入被稽查人所在地的特别许可的情况,若确有必要,经过授权,海关及相关执法人员可以径行进入被稽查人住所开展稽查。海关及相关执法人员需要在有两名见证人员在场的情况下,径行进入被稽查人住所开展稽查工作。

(三) 在开展海关稽查时稽查人员的权利

1. 稽查人员开展稽查时具有以下权利:

(1) 要求被稽查人提供并从其获取商业单据、运输单据(运输凭证)、会计核算文件和报告,以及与被稽查货物有关的其他信息(其中包括电子载体所载的信息),包括被稽查人对这些货物今后交易的信息。

(2) 要求被稽查人按照规定向海关提交报告。

(3) 就与被稽查人有关的货物交易(作业),要求被开展海关稽查的人提交与这些货物交易(作业)有关的被稽查人或者第三人开展作业和结算的单证副本和其他信息。

(4) 要求成员国银行、非银行信贷组织(信贷金融组织)和开展一些种类银行业务的组织提供并从它们获取成员国组织和个体经营者具有的银行账户、账户号的单证和信息,以及涉及资金在组织和个体经营者账户流动的且为了开展海关稽查所必需的单证和信息,其中包括依照成员国立法规定具有银行秘密的单证和信息。

(5) 要求成员国国家机关提供并从它们获取开展海关稽查所必需的单证和信息,其中包括依照成员国立法规定构成商业秘密、银行秘密、税收秘密及其他受法律保护的秘密的单证和信息。

(6) 因开展海关稽查向成员国和非联盟成员国的组织、国家机关和其他机关(组织)发出请求。

(7) 指定海关鉴定。

(8) 实施成员国立法规定的其他行为。

2. 在开展现场稽查时,稽查人员有权:

(1) 要求被稽查人呈验被现场稽查的货物。

(2) 按照成员国立法规定办法清点货物或者要求清点货物。

(3) 海关关员在出示开展现场稽查的决定(命令)和工作证时进入被查人所在地。

(4) 选取货物样品和/或试样。

(5) 从被稽查人收缴单证或者其副本并制作收缴记录。

(6) 为了制止旨在转让被现场稽查的货物或者采取其他方式处分这些货物(货物)的行为,按照成员国立法规定办法在开展现场稽查期限内扣留或者收缴货物。

（7）查封被开展现场稽查的单证和货物所在（储存）的房舍、仓库、档案室和其他地点。

（8）在其权限范围内获得进入被稽查人信息系统数据库的可能。

（9）要求被稽查人的代理人提交证明身份的文件和/或证明权限的文件。

（10）要求被稽查人提供并从被稽查人处获取所必需的文件（文件副本）、涉及其活动和财产的其他信息（其中包括电子形式的信息）。如果依照成员国立法规定，这些文件（文件副本）不应位于开展外出海关稽查的地点，海关关员可以规定提供这些文件（文件副本）的期限，但不少于3个工作日。

（11）使用技术设备（其中包括实施录音、录像、拍照的设备）及处理被稽查人采用电子方式提交信息的软件。

（12）实施成员国立法规定的其他行为。

（四）在开展海关稽查时稽查人员的义务

1. 遵守被稽查人的权利和合法利益，不允许不合法的决定和行为（不作为）对被稽查人造成损害。

2. 依照规定使用在开展海关稽查时获取的信息。

3. 确保在开展海关稽查时获取和制作的单证完整，未经被稽查人同意不泄露其内容，但成员国立法规定情形除外。

4. 遵守职业道德。

5. 在开展海关稽查、指定海关鉴定、选择货物样品和/或试样时告知被稽查人其权利和义务，以及告知被稽查人海关关员在开展海关稽查时的权利和义务。

6. 在开展现场稽查期间不得违反被稽查人规定的工作制度。

7. 根据被稽查人要求提供必需的涉及开展海关稽查办法的相关法律条文信息。

8. 在开展现场稽查时向被稽查人代理人出示开展现场稽查的决定（命令）和其工作证。

9. 履行成员国立法规定的其他义务。

第七节　货物放行

一、放行的一般规定

吉尔吉斯斯坦政府明确与货物在抵达地放行有关的海关作业特征。根据申报人的要求，海关在放行货物的商业单据、运输单据（运输凭证）上填写货物放行记录，或者在取消放行货物的商业单据、运输单据（运输凭证）上进行签注。

二、货物放行期限

1. 一般情况下，自海关申报单登记之时起 4 小时内，海关应完成货物放行；而如果海关申报单在海关工作时间结束前不到 4 小时登记，则自该海关第二日工作开始起 4 小时内，海关应完成货物放行。

2. 预申报货物放行时间。在向海关预申报货物时，货物放行期限自下列一种情况发生之时起计算：

（1）变更（补充）在海关申报单中所申报的信息，收到将货物存放在海关申报单中规定的海关监管区的通知；或者对于采用水运船舶运输的货物，海关同意在海关申报单中规定的抵达地卸载货物的许可。

（2）在海关获得将货物存放在海关申报单中规定的海关监管区的通知前，或者对采用水运船舶运输的货物获得在海关申报单中规定的抵达地卸载许可前，通知海关没有必要对所递交的海关申报单进行变更（补充）或者对在海关申报单中所申报的信息进行了变更（补充）。

三、货物申报前放行

在递交货物报关单前申请货物放行时，货物必须在吉尔吉斯斯坦境内，并且需要提交关税、进口环节税、保障措施关税、反倾销税、反补贴税税款担保。

在递交货物报关单前，下列商品可以按照放行供国内消费的监管方式申请货物放行：

1. 对于消除自然灾害、自然和人为紧急情况后果所需的货物、维持和平行动或演习所需的军事产品、易腐烂变质的货物、动物产品、放射性材料、炸药、国际邮件、快递货物、国际展览展品、人道主义和技术援助物品、新闻报道使用的器材设备、维修和/或保养国际运输车辆的配件工具及备品、国家货币、外汇、其他外汇资产、吉尔吉斯斯坦国家银行及其分行进口的黄金等贵金属。

2. 在根据《吉尔吉斯共和国企业经营法典》确定的投资项目框架下进口的货物。为了实施投资项目，投资主管部门应向海关提供投资项目进口货物清单，并且双方应当共同制订方案规定货物进出的程序和期限。

3. 欧亚经济委员会批准的特定企业进口的特殊商品。

四、发现违法或犯罪行为时货物放行

被放行货物涉及行政违法或犯罪的,在未结案前,海关应中止对货物的放行。

五、对具有知识产权的货物放行期限的中止和恢复

在办理海关业务过程中,涉及在海关登记注册的列入成员国知识产权名录的货物,海关发现涉嫌侵犯知识产权嫌疑的,对货物的放行期限将中止10个工作日。

根据权利人的申请,海关可以延长此期限,但不得超过10个工作日。

六、不予放行的货物

(一)不予放行的情形

1. 不符合海关放行货物的条件的;
2. 未按照海关要求变更(补充)申报信息;
3. 货物提前申报时,在报关单接单登记后30日内未按规定办理相关手续;
4. 在定期申报时,没有遵守相关规定,申报人在规定期限内没有履行缴纳海关税费、保障措施关税、反倾销税和反补贴税、利息、滞纳金义务的;
5. 在规定的货物放行期限内,未按海关要求呈验货物;
6. 中止放行后未恢复的知识产权货物;
7. 没有履行放行前审单提供相关信息或解释要求的;
8. 海关在对货物实施监管时,发现存在违反国际条约和法律规定的情形。

(二)实施程序

1. 决定作出。海关需依据相关规定,在货物放行期届满之前,作出货物不予放行的决定。作出货物不予放行决定时,需要指出不予放行的原因。
2. 通知。货物不予放行可以通过海关信息系统或者通过纸质报关单通知,也可以在放行通知书上进行签注。

第五篇　亚美尼亚
DI – WU PIAN YAMEINIYA

第一章 亚美尼亚国家概况

一、国家概述

亚美尼亚共和国（亚美尼亚语：Հայաստանի Հանրապետություն），简称亚美尼亚，是一个位于亚洲与欧洲交界处的外高加索地区的共和制国家。行政疆界上，亚美尼亚位于黑海与里海之间，西邻土耳其，北邻格鲁吉亚，东邻阿塞拜疆，南接伊朗和阿塞拜疆的飞地——纳希切万自治共和国，以埃里温为首都。在独联体国家中，亚美尼亚是面积最小的国家，属于内陆国家，其国土面积为2.98万平方千米，划分为10个州和1个州级市（即首都埃里温）。

二、经济概述

1991年9月亚美尼亚独立后，经济发展受到经济基础薄弱等因素影响连年下滑。2001年，亚美尼亚经济开始回升，2008年第四季度起受国际金融危机的影响，经济增速放缓。2010年和2011年，亚美尼亚政府积极采取调整产业结构、扩大内需、加快基础设施建设、大力扶植农业等措施，努力消除金融危机后果，收到一定成效。2019年，亚美尼亚国内生产总值为65518亿德拉姆，约合137亿美元（1美元约合478德拉姆），同比增长7.6%。

三、对外贸易概述

（一）对外贸易政策

亚美尼亚独立后奉行"全方位对外开放，大力发展对外经济联系"的对外贸易政策，其对外经贸政策旨在促进本国商品出口、吸引外资。加强对外经济影响力是亚美尼亚制定对外贸易政策时主要考虑的问题，同世界各国和地区广泛建立并发展贸易关系和经济合作、制定和推行对外经贸政策是亚美尼亚独立后的对外经贸基本方针，是政府任务的重中之重。亚美尼亚的对外政策既是全方位的，又以俄罗斯等独联体国家和欧盟国家为重点。

2019年，亚美尼亚进出口贸易总额达81.5亿美元，同比增长10.4%。其中，出口额为26.4亿美元，同比增长9.4%；进口额为55.1亿美元，同比增长10.8%。俄罗斯为亚美尼亚第一大贸易伙伴，2019年，双边贸易额为24.94亿美元，占亚美尼亚对外贸易额的30.6%。中国是其第二大贸易伙伴，双边贸易额为52亿元人民币，同比增长52.2%。

（二）海关税费

亚美尼亚关税税率为0和10%，其中0关税税率适用于进口生产材料，10%关税税率适用于进口消费品。

除关税外，还需缴纳海关杂税。例如，产品手续办理费9美元；产品查验费1吨之内是25美元，超出的部分每吨1美元。如果为产品办理相关手续及进行查验的地点不在海关部门指定地点及非工作日，费用会超出一倍。进口商还要支付海关部门提供文件的费用。除此之外，支付额度取决于海关所提供的服务。

增值税是经济活动中的所有种类都需要缴纳的，包括进口商品及服务，但那些属于简化税收系统的公司除外。增值税应在货物进口后10日内缴纳。

消费税是对国产及进口酒精饮料、烟草制品、汽油和柴油收取的间接税。

（三）贸易管制

根据《亚美尼亚海关法》规定，大部分进口商品无须审批，无配额或许可证管理，但对涉及人身健康、环境保护的产品有管制要求，主要为药品、化学制品、武器、核材料、毒品等。其中，对动植物进口实行原产地和检疫制度，药品进口需获得卫生许可等。出口商品一律不征税，无任何配额和许可证管理，但出口核材料、药品、稀有动植物、国家艺术品等需获得国家许可。此外，禁止携带价值10000美元以上外国货币现金、未标示品牌的酒类等物品出境。

（四）进口检验检疫要求

进口任何动物都需要兽医证书，这些证书须包含出口国兽医证明该动物符合亚美尼亚接种要求并且没有寄生虫，出口国必须是经国际兽疫局认可，不在亚美尼亚立法所列出的病虫害地区。进口植物和植物原材料必须具备原产地植物检验检疫证书。边境的检查只是初步检查，完成进口植物手续办理之前，植物及相应材料必须转移到所授权的海关当局，以供最终抽样及检验。不是所有进口商品都需要接受抽样检测，属于强制性抽检之列的商品包括鱼及鱼类制品、植物油面包类食品、玩具、收音机等。

第二章　亚美尼亚海关管理

第一节　海关概况

一、机构概况

亚美尼亚国家收入委员会由税务署和海关署组成,是国家政府直辖部门。国家收入委员会的任务是:实施统一的国家税收和海关政策,全面平等地推行税收和海关法规;确保亚美尼亚财政收入的监控;实施有效的税收和海关监管;确保亚美尼亚经济安全;通过建设现代化和有竞争力的系统,为纳税人和外贸参与企业提供高质量的服务。

亚美尼亚海关署根据国家法律法规保护国家经济主权和经济安全,保障国家内部市场安全和经济利益,对跨联盟边界运输的货物和车辆实施海关监管,征收关税,打击走私和违反海关法规的行为,反恐和防范濒危动植物、武器、弹药等非法运输,开展海关统计和国际合作。

二、海关职能

亚美尼亚海关的职能具体包括:
1. 保障亚美尼亚的经济主权和安全,保护其经济利益和国内市场;
2. 保障和监督海关法规的实施,调查和预防犯罪;
3. 实施亚美尼亚海关立法规定的关于调整经贸关系的措施及非关税监管措施;
4. 实施海关监管,办理海关手续,为旅客提供便利通关环境;
5. 打击走私,禁止非法运进货物和运输工具,防止在亚美尼亚共和国关境内走私毒品、武器及具有文化、历史或考古意义的物品等,打击国际恐怖主义;
6. 促进亚美尼亚对外经济的发展;
7. 实施保障进口产品质量的措施,以保障消费者权益;

8. 根据国际协定，与其他国家海关及国际组织合作，履行亚美尼亚海关相应职责；

9. 进行海关统计；

10. 分析和研究海关事务，提出相关建议。

海关机构在海关立法框架及其职权范围内履行上述职能。

三、机构设置

亚美尼亚国家收入委员会设主席、副主席、顾问。机构设有：税务信息和风险分析局、战略发展与行政管理局、行政与管理业务局、税收管理组织监控局、纳税人服务局、综合税收检查局、内部审计局、信息技术局、海关统计和税收核算局、海关监管局、海关稽查局、反走私局、法制局、调查局、侦查局、内部安全局、国际合作局、纳税人行为稽查局、秘书处、办公厅、财务司、人事司、非贸易组织监管处、外联处、协调采购处，以及北方海关局、南方海关局、东方海关局、西方海关局和阿拉拉特海关局。其中：

1. 北方海关局设有通关业务处、巴夫拉海关办事处、什拉克机场海关办事处；

2. 南方海关局设有通关业务处、梅格丽办事处；

3. 东方海关局设有通关业务处、巴格拉他什纳海关办事处、戈尔宛—普里沃利海关办事处、阿依鲁姆—智丽扎海关办事处；

4. 西方海关局设有旅客监管处、单证审核和税收协调处、放行处；

5. 阿拉拉特海关局设有单证审核处、放行处、协调和预算追缴处。

此外，国家收入委员会还设有税收收缴设备应用推广办公室和教育培训中心。

四、历史沿革

亚美尼亚的海关体系最初是根据亚美尼亚总统令于 1992 年 1 月 4 日建立的。起初为亚美尼亚海关总署。1999 年 7 月后被划入亚美尼亚共和国国家收入部。

根据 2001 年 7 月的第 603 号政府决定，2001 年成立亚美尼亚政府下属国家海关委员会，同时规定了其中央机构的结构。

根据 2008 年 8 月亚美尼亚总统令，亚美尼亚国家税务局和亚美尼亚海关委员会合并重组为国家政府直辖的亚美尼亚国家收入委员会。

2014 年 5 月，亚美尼亚财政部和亚美尼亚政府下属的国家收入委员会重组为亚美尼亚共和国财政部。

2016年3月，亚美尼亚下发总统令，对亚美尼亚财政部进行了重组，国家收入委员会与之分离。

第二节　口岸管理

亚美尼亚是一个内陆国家，边境线长1448千米。北邻格鲁吉亚，边境线长280千米，设有4个边境口岸；南接伊朗，边境线长42千米，设有1个边境口岸；另在埃里温和久姆里两个城市分别设有空港口岸。总计7个开放口岸，除了其中1个与格鲁吉亚的口岸外，其他6个皆为24小时开放口岸。亚美尼亚与另外两个相邻的国家阿塞拜疆和土耳其仍未建交，暂未开放口岸。

一、口岸管理职责分工

根据《亚美尼亚共和国边境法》规定，亚美尼亚政府根据本国立法和相关国际条约，设立铁路、公路、航空等口岸。口岸的管理由被授权的国家机关分别负责。

（一）海关和边防部队

亚美尼亚海关和边防部队负责：检查进出境人员身份证件，并确认其有权通过口岸；监管进出境的运输工具、货物、物品；确定从事国际旅客和货物运输的交通工具在口岸的停车地点和时间；配备口岸监管设施；通过监管技术设备实施监管。

（二）卫生和流行病安全的检查机构

卫生和流行病安全的检查机构包括：亚美尼亚食品安全检查局、亚美尼亚卫生部、亚美尼亚经济部国家市场保护和消费者权益监察局、亚美尼亚国家收入部（针对非食品商品）。如在亚美尼亚或境外有传染病发生和传播的威胁，可暂时限制或停止交流，采取建立隔离区，或对人员、动物、货物、种子材料、种植材料、动植物来源的产品实施隔离及禁止进境等措施。

（三）亚美尼亚外交部

亚美尼亚外交部及其授权机构负责牵头制定进出境文件，解决边境法律问题。

（四）国家安全机关

国家安全机关及其授权机构负责确保国家、社会和个人利益，分析和预测边境地区的经济和政治威胁，处置边境非法活动。

（五）内务部

内务部及其授权机构协助边防部队保卫边境安全，维护边境地区（机场、火车站和汽车站）的公共秩序等。

二、口岸发展趋势

近年来，利用欧洲投资银行、欧洲发展银行的贷款及联合国开发计划署的资金支持，亚美尼亚多个口岸已陆续进行了现代化更新改造，改造内容包括在亚格边境的巴格拉达申、戈加万和巴伏拉3个口岸建设现代化海关检查系统，旨在提供一站式新型服务。同时，亚美尼亚政府也计划在亚伊边境的梅格里口岸建设同样的现代化系统。

边境基础设施建设方面，近年来亚美尼亚政府利用国际贷款进行大规模公路改造，目前正在积极推进的公路建设项目是全长556千米，连通亚美尼亚—格鲁吉亚边境（巴伏拉）和亚美尼亚—伊朗边境（梅格里）的"北—南"公路。

第三章 亚美尼亚通关程序

第一节 概　述

一、执法依据

进口到亚美尼亚境内的非联盟国家的货物，申报人根据《欧亚经济联盟海关法典》《亚美尼亚海关法》和亚美尼亚与其他国家和地区签订的国际条约的规定，办理货物通关手续。

二、通关方式

亚美尼亚货物的通关方式主要包括：内需放行（放行—供国内消费）、关境内加工（加工—在海关领土内）、内需加工（加工—供国内消费）、暂时进口、保税仓库、复进口（再进口）、保税贸易、销毁、没收、自由仓库、自由贸易区（自由海关区）。

三、通关单证

办理货物通关手续时，应当提供的单证包括：报关单；货物发票；运单；税费付讫单据；进口非关税调节商品，需要提前办理相关规定要求的许可证；进口应征消费税商品的，需出示购买消费税税标的发票及税标使用统计记录。

四、外贸经营权

亚美尼亚实施自由对外贸易管理体制，外贸经营权实行登记备案制，手续比较简便。所有已经注册企业，如果章程上列有外贸业务，只要在国家有关部门办理登记并领取营业执照后，都可以从事对外经济贸易活动，只需到所在辖区海关登记备案即可。登记备案时需要提供企业章程复印件、营业执照复印件、税务登记的纳税证（号）、银行出具的账户证明。除少数商品受许可证、配额等限制外，其余商品均放开经营。

第二节　申　报

货物的申报由申报人或其授权的报关代理人实施，申报人可通过签署代理合同，允许报关代理公司以其名义办理申报。

一、申报人

1. 联盟成员国人：
（1）签订了外经贸合同或以他的名义（经他授权）签订了外经贸合同。
（2）拥有货物的所有权、处置权、使用权的人，无论是否签订外经贸合同。
2. 进出自用物品的外国人。
3. 在提交转运报关单的情况下，联盟内的承运人或发货人。

二、海关申报单

（一）分类

申报人根据货物和运输工具方式的不同，有以下几种类型的海关申报单：货物报关单、转运报关单、旅客申报单、运输工具申报单。

（二）申报要求

海关申报单以电子方式向海关提交，电子海关申报单提交和使用的程序由欧亚经济委员会决定，特殊情况下可采取纸质申报。

（三）随附单据

根据海关程序、货物类型、进出口收发货人、运输工具类型的不同，随同申报单一并提交的随附单据有所不同。海关有权核查申报时提交的单据副本与原件的一致性。为了便利企业，海关根据法律规定可减少货物报关单和转运报关单中指定的信息，也可减少与货物报关单一同提交的其他随附单据。

三、申报地点

进出境货物、运输工具按照《欧亚经济联盟海关法典》和本国法律规定，分别在地方海关、专业海关或海关办事处进行申报。

四、申报方式

（一）一般申报方式

1. 报关单有关期限

（1）进出口货物报关单提交期限。进口货物报关单应在临时存储届满前递交，出口货物报关单应在其离开关境前递交。

（2）临时存储日期起算期限。临时存储期限自海关批准将货物置于临时储存之日的次日起计算。进口货物临时存储期限为2个月，根据收货人或其代理人的书面申请，海关可延长期限，但最长不得超过4个月。

2. 报关单登记

（1）申报单提交。申报人在书面申报的情况下，应以纸质形式向海关提交申报单；在电子申报的情况下，应通过自动申报系统向海关提交申报单。

（2）申报单确认。纸质申报单由海关在提交的申报单上做标记，电子申报单由自动申报系统确认。在对提交的纸质申报单和使用自动申报系统提交的电子申报单进行登记之前，海关关员应在申报单提交后的2个小时内，核实是否符合亚美尼亚和联盟海关法律法规规定的海关申报单申报程序。

（3）申报单编号。海关予以登记海关申报单后，为申报单分配编号，并注明登记时间。

（4）登记期限。自申报人或其代理人递交报关单证2个小时内，海关按规定登记或拒绝登记。如拒绝登记，海关应出具文书，说明拒绝的理由并退还其所递交的单证。

（5）相同申报单不予登记。如果海关在系统中发现已有电子申报单而企业再次提交的，海关将通知申报人不予登记。在申报人向海关确认是重复提交的或者未能在2个小时内向海关确认的，则重新提交的申报单不予登记。

（6）自动申报系统。在以电子方式提交海关申报单的情况下，申报人在提交申报单时必须通过自动申报系统向海关提交准备就绪的通知，提交已申报的货物和用于海关检查的单证。海关登记报关单后，通过风险管理系统选择海关监管通道。海关在登记后的1个工作日内，将同书面声明一起提交的电子副本输入自动申报系统。

3. 报关单的修改和补充

（1）企业申请改单。在货物放行前，符合以下条件的，经海关同意可以修改或补充报关单申报信息：

①申报信息的修改和补充不影响货物放行、不影响税费金额、不涉及许可证；

②在收到申报人申请前，海关没有通知对货物实施海关查验的时间和地点，以及没有做出实施其他海关监管的决定。

报关单信息的修改和补充，不可添加新的商品信息。

（2）海关发起改单。如果已登记报关单中的信息可能影响计税的完税价格或因违反联盟禁止和限制规定导致不能放行货物，海关可以要求申报人修改或补充有关信息。

（二）特殊申报方式

1. 提前申报

（1）概念。在外国货物进口到亚美尼亚领土之前，可以先进行海关申报。在办理提前申报时，海关接受由申报人确认的随附运输（装运）或商业单据的副本，或者通过电子系统提交这些单据中包含的信息，并将其与申报人提交给海关的单据原件进行比对。

（2）补充相关信息。在海关提前申报单中可以不填写申报人在货物运送到亚美尼亚领土之前或在向海关申报之前无法了解的信息。在海关做出货物放行决定之前，申报人应当补充相关信息。

（3）提交证明文件。申报人发现货物的价格、数量、重量的实际信息与提前申报的信息不一致，应当向海关提交包含以上变更信息的证明文件。货物进口到联盟关境后，经海关确认上述信息存在不一致的，允许申报人撤回已提交的提前申报报关单。

（4）提前申报失效。如果在提前申报单申报登记后的 30 个自然日内，提前申报的货物未运抵登记提前申报单的海关，则提前申报单失效，海关将其从自动申报系统中删除。

2. 不完整申报

（1）概念。对于特定货物，申报人在申报时不掌握填写海关申报单所需的全部信息，可以提交不完整的海关申报单，前提条件是该申报单应包含计算和支付海关税费及放行货物所需的必要数据，所提供的信息必须确认遵守法律禁止和限制规定，并且确保海关可以根据其数量和特性进行检查。

（2）适用范围。不完整海关申报适用于下列货物：

①使用敞开式运输工具运输，截至海关登记报关单之日，仍无法提供货物准确重量信息的；

②使用特殊的运输工具和容器运输，须采取一定的技术手段才能确定准确数量的（如果不采取与货物有关的某些技术措施，无法确定准确的数量）。

（3）补充申报。提交不完整的报关单时，适用提交完整报关单的法律规定的要求和条件，包括支付海关税费的义务。申报人应当在不完整申报单登记之日起30天内，向海关提交带有准确数据的海关申报单。

3. 定期申报

（1）概念。定期申报是指收发货人在同一边境口岸多次进出口同一批次货物时，可以向海关递交一份报关单作为总申报单。总申报单中的货物可在海关登记之日起30个自然日内，分三批次及以上进出境。

（2）完整申报。收发货人或其代理人应在供货周期结束后10个自然日内，向海关提交包含实际进出口货物准确数量和其他数据的完整海关申报单。

（3）税费缴纳。定期申报货物前，应向海关提供税款担保。在货物放行前，收发货人或其代理人要按完整海关申报单中的货物情况缴纳关税和进口环节税。

（4）拒绝登记。下列情况下，海关拒绝登记定期申报单：

①不符合亚美尼亚海关法律规定的定期申报要求；

②申报人有未偿清税费；

③申报人被宣布破产。

4. 分批到货的汇总申报

（1）概念。收发货人在进出口未组装件或拆散件时，可以在货物进出境前，向海关提交预归类申请，经海关审核后，下达预归类决定。收发货人并向海关提出汇总申报申请，经上级海关许可后，可以按照分批到货汇总申报的方式使用预归类确定的商品编码进行申报。

（2）预归类决定信息。预归类决定应包括货物的海关编码、运输工具、报关单位、批准单位等信息。

（3）许可有效期。海关许可分批到货有效期限为一年，经申请后，可以再延长6个月。

5. 简化归类申报

收发货人进出口货物中包含多项商品的，申报人产生的通关费用相当于或超过按照简化归类上报应付的费用时，可以向海关提出书面申请，采取简化归类的方式，按照该批货物中适用税率最高的货物进行申报，并按照该货物的税率缴纳海关税费。

第三节　进出口税费

海关税费是指向海关缴纳的关税、进口环节税及海关费用。

一、海关税收种类

海关税收种类主要有关税及代税务部门征收的进口环节增值税和进口环节消费税。

（一）关税

亚美尼亚国内资源匮乏，人民日常生活用品很多依赖进口，因此，亚美尼亚进口关税税率很低。按亚美尼亚海关法典规定，对进入境内的商品征收的关税税率分为 0 和 10% 两种税率，制定关税税率遵循的总原则是，消费性商品进口关税税率为 10%，其他则一律为零关税（见表 5-1）。近几年来，亚美尼亚在进口关税及有关规定方面进行了一些调整和修订，如税则号更趋细化，更加便于实际操作。

表 5-1　主要商品税率

税率	商品名称或类别
0	种子、烟草、矿石、矿石燃料、石油及制品、沥青、石蜡、化工产品、贵金属及稀有金属、药品、有机化合物、化肥、油漆涂料、洗涤剂、塑料制品、橡胶、木材及制品、纸张、棉毛及制品、玻璃、金属及黑色金属、发电设备、变压器、蓄电池、电子设备、民航设备、视频记录设备、通信设备、铁路设备、拖拉机、卡车、专用车辆、武器和弹药、玩具、体育器材
10%	肉类及其产品、奶及其制品、禽蛋、蔬菜、咖啡和茶、黄油、糖、粮食作物食品、酒精饮料及非酒精饮料、香烟、石材、水泥、轮胎、丝绸及制品、纺织品、鞋、一般轻工产品、首饰品、家电设备、办公设备、普通交通设备、摄影器材、钟表、家具、艺术品

2015 年 1 月 2 日，亚美尼亚加入欧亚经济联盟。经过争取，欧亚经济联盟同意亚美尼亚保留肉和肉制品在内的 752 个税号商品作为"例外商品"，维持原有税率在过渡期内不变，过渡期分为 3 年、5 年、7 年，大部分为 5 年。亚美尼亚在 2022 年之前逐步过渡到联盟统一关税税率，具体包括：2018 年之前亚美尼亚对进口汽油实施零税率，然后在 2020 年之前过渡到联盟统一关税

税率；2019年之前，亚美尼亚对水果和干果实施单独进口税率；2021年之前，亚美尼亚对部分纺织品实施单独税率；2022年之前，亚美尼亚对肉类及肉产品、部分奶制品、鸡蛋和蜂蜜实施单独进口税率。

（二）进口环节税

进口货物、物品海关放行后，进入亚美尼亚国内流通领域，应征的国内税包括进口环节增值税和消费税。

1. 进口环节增值税

属于零关税税率的商品免征增值税，列入征收10%进口关税税率的商品在进口时征收20%的增值税。进口商品所征收的增值税由海关按商品的海关价值直接征收。

2. 进口环节消费税

消费税和增值税一样都是商品销售流通税，也是一种间接税，消费税是在商品征收增值税后加征的税种。

二、税款缴纳期限变更

按照亚美尼亚海关法和其他法律规定，对关税、进口环节税可以延长期限缴纳。

（一）分类

申报人或代理人可以通过延期或者分期的方式缴纳关税、进口环节税。

1. 延期缴纳税款是指经海关批准，允许申报人或其代理人延长税款缴纳时间。

2. 分期缴纳税款指经海关批准，允许申报人或其代理人按照分期缴款计划分阶段缴纳税款。

（二）批准

申报人或其代理人在提供担保的前提下提出申请，海关在5个自然日内做出准予或拒绝延期或分期缴纳的决定，并向申请人提供书面决定。其中，书面决定应当注明延期缴纳税款期限或分期缴纳时间表，拒绝的应注明拒绝的理由。

（三）支付利息

海关同意延期或分期缴纳税款的，申请人应支付利息。利息以亚美尼亚央行确定的银行利息计算，并且需要在关税和进口环节税延期或分期缴纳结束后的 1 个工作日内缴纳。

三、税款担保

（一）税款担保的分类

税款担保分为一次性担保或总担保。

1. 缴纳关税、进口环节税一次性担保：对于同一供应商根据同一外贸协议，以一个收货人的名义运输的一批货物，需提供一次性担保。

2. 缴纳关税、进口环节税总担保：定期在亚美尼亚从事跨境对外经济活动的经营者，可以向海关提供缴纳关税、进口环节税的总担保，作为其一年内所有交易的担保。

（二）需要向海关提供税款担保的情形

1. 在货物放行前，海关发现有迹象表明货物价格可能是不真实的，有权开展补充检查，要求申报人补充提交相关单证和信息。如果 1 个工作日内办结补充检查手续，则根据补充检查结果，需要补缴增加的税款后再予以放行。如果海关在 1 个工作日内未办结补充检查手续，则需提供税款担保。

2. 在货物放行前，涉及商品归类问题。

3. 采用"内需放行"监管方式中的被提供了税收优惠但同时也规定了使用和处置限制条件的商品，比如，特定减免税货物。

4. 《亚美尼亚海关法》及其他法律规定的情况。

（三）担保方式

税款担保方式分为保证金、银行担保、保证或者财产抵押。

1. 保证金

存款人存入保证金后，海关向存款人提供保证金收据，该收据不得转移给其他人。如收据丢失，签发海关根据存款人申请，在 1 个工作日内补发票据副本。

2. 银行担保

海关接受银行、信贷机构或保险公司签发的银行担保。申报人或其代理人开具的银行担保的有效期不能超过 36 个月，银行担保在向海关提交时生效。银行担保的证明材料需提交原件，如无法提交原件，需提供经公证的复印件。海关在 3 个工作日内确定接受银行担保或者拒绝，海关如果接受银行担保，应向税款缴纳人签发担保备案凭证。

如果银行丧失其作为金融机构的资格，税款缴纳人应当自银行金融资格被终止之日起提供其他担保，如未提供，则不能延长缴纳关税和进口环节税的期限。

3. 保证

保证是指海关与保证人之间通过拟定协议，由保证人来担保缴纳关税和进口环节税。海关在接收提交的文件后，在5个工作日内做出是否同意的决定。

4. 财产抵押

由海关和税款缴纳人之间达成财产抵押协议。对抵押的物品需进行评估，根据评估的价值来确定其抵押的额度，抵押物的市场价值应该超过缴纳税款所需担保金额的20%，方可签订财产抵押协议。按照规定，抵押物在协议有效期内应处于亚美尼亚境内。

四、税款滞纳罚款标准

纳税义务人如果在法律规定的期限内不能缴纳税款，海关按日收取罚款，罚款金额为未缴纳税款金额的0.15%，期限不超过365天，法律另有规定或申报人及其代理人获准延迟缴纳并签订合约的除外。

五、海关规费

海关规费是海关按照亚美尼亚海关法规定的程序和数额，在办理通关业务时强制征收的费用，主要用于发展海关业务，为海关提供物质、技术和基础设施保障。

（一）海关规费类别及收取标准

1. 基本收费

亚美尼亚对通过本国边界运输的货物和运输工具每次进出皆收取3500德拉姆（约合人民币49.32元）的费用。

2. 货物收费

除通过管道运输及输电线路运输的货物外，海关按重量收取以下费用：对单次申报不超过1吨的货物收取1000德拉姆（约合人民币14.09元）；对于单次申报重量超过1吨的，每增加1吨（或不满1吨）收取300德拉姆（约合人民币4.23元）。

3. 管道输电收费

对于通过管道运输或输电线路运输的货物，海关应在1个月内根据同一合同在同一方向上，向同一批货物收取500000德拉姆（约合人民币7045元）的费用。如若在海关指定的地点及工作时间以外，对货物进行通关或监管，应按该规定的双倍收取海关费用。

4. 随附文件收费

海关对提供的每份文件（表格）收取1000德拉姆（约合人民币14.09元）的费用。

5. 押运费用

为了保障遵守海关转运规定，海关工作人员可以根据法律规定对海关转运制度下运输货物的运输工具实施押运。在亚美尼亚境内实施海关押运行为，每百公里收取10000德拉姆（约合人民币140.9元）的海关费用。海关押运的费用应在其实施前缴纳。同时，在以下情况下，海关有权决定对货物实施强制押运：

（1）根据风险管理系统评估结果；

（2）没有提供缴纳进口关税、进口环节税的担保或者缴纳进口关税、进口环节税担保不充分；

（3）承运人不履行转运相关要求，并且有发生法律规定的被追究行政责任的行为；

（4）承运人没有依照规定履行缴纳关税、进口环节税的义务。

6. 临时存储收费

海关对于临时存储货物按以下标准收费：1吨以下，每天收取1000德拉姆（约合人民币14.09元）；超过1吨的每增加1吨（包括不满1吨），每天收取300德拉姆（约合人民币4.23元）。

临时存储货物需要特殊存放条件的，按规定双倍收取海关费用。

7. 海关监管收费

海关对进出境运输工具的监管按以下标准收费：

（1）10座以下车辆收取2000德拉姆（约合人民币28.18元）；

（2）其他运输工具收取5000德拉姆（约合人民币70.45元）。

8. 货物分类收费

海关依据规定提供货物初步分类决定，每次收取30000（约合人民币422.7元）德拉姆的海关费用。

（二）免收海关费用

以下情况可以免收海关费用：

1. 人道主义援助和慈善物资

作为人道主义援助计划和慈善计划进口到亚美尼亚境内的物资,如果在立法中(包括国际条约中)没有明确规定,由亚美尼亚政府授权的负责协调人道主义援助的机构对其进行界定。

2. 常规运输班次

从事常规国际运输的交通工具,在实施此类运输期间。

3. 自驾车

自然人驾驶的在亚美尼亚登记注册的小型交通工具。

4. 暂时进出境货物

以亚美尼亚规定的方式进行展示或注册的文化财产,符合海关暂时进境或暂时出境监管规定,在规定期限内,按复出口和复进口办理通关手续的。

(三)海关规费的缴纳和退还

1. 海关规费多征退还

超出法律规定计算的海关规费,依缴纳人申请,可以抵销需要支付的其他海关收费项目,或者在收到缴纳人退款申请30天内退还。

2. 海关规费追缴及追缴期限

海关规费缴纳人未缴纳或者少缴纳海关规费,海关自发生付款义务之日起3年内可进行追缴。

3. 海关规费缴纳货币

海关规费应使用亚美尼亚货币(德拉姆)缴纳。

(四)海关规费缴纳期限

1. 海关监管时产生的费用

海关监管时产生的费用,应在货物报关时缴纳。

2. 临时仓储费用

临时仓储费用,应在货物实际运离海关仓库前缴纳。

3. 预先决定费用

预先决定费用,应在海关作出预先决定之前缴纳。

(五)未缴纳海关规费的责任

未在海关规定期限内缴纳海关规费,缴纳人每逾期1天需缴纳应付费用的0.15%作为罚款,逾期期限最多不超过365天。

第四节 海关检查

一、概述

(一) 实施海关检查的原则

亚美尼亚海关在实施海关检查时,在风险分析的基础上,通过抽查的方式进行。为了提高海关监管效率,海关与国家其他机关、对外经济活动参与者、在海关事务领域开展活动的主体及专业联合会(协会)开展互助。

(二) 海关检查的对象

1. 进出境货物、物品、运输工具;
2. 依照法律法规规定需提交的报关单证、货物信息;
3. 进出口企业、收发货人、报关企业、报关人员;
4. 运输工具司乘人员、进出境旅客。

(三) 货币检查

海关对个人携带通过亚美尼亚边境的货币实施检查,在实施货币检查时,海关的职能和权力由亚美尼亚中央银行确定。

(四) 风险管理

海关在实施检查时,运用风险管理系统提高海关检查的有效性,海关在实施检查时采取随机原则。风险评估标准的方法由亚美尼亚政府授权机构制定,海关组织开展风险评估,判定风险级别。

(五) 海关监管区域

在边界口岸及海关所在地设立海关监管区。海关监管区可以是永久海关监管区,也可以是临时海关监管区。在海关监管区内,从事任何商业活动,包括其他国家机构官员在其权限范围内进行的活动(包括进出境),除法律规定的其他情况外,必须在海关的许可和检查下进行。

(六) 海关监管期限

从货物进口到亚美尼亚境内到其办理其他海关程序止,都应接受海关监管。在结束监管期限 3 年内，海关仍可进行后续管理。

（七）海关监管货物和运输工具管理

未经海关许可，不得部分或全部转移、转让或销毁处于海关监管下的货物及运输工具，不得对货物进行装卸、超载、损坏包装、打开包装、重新包装或更改贴在货物或其包装上的海关标识。

二、实施海关检查的方式和程序

（一）审核单证和信息

1. 海关审核申报人提交的单证和信息，以查明信息的真实性，单证是否为原件，以及填写是否规范、正确。

2. 海关通过与其他渠道获取的信息进行比对、分析，审核申报人提交信息的真实性。

3. 在实施海关检查时，为了审核海关单证中所载的信息，海关可以书面形式要求提供补充单证和补充信息。

（二）口头询问

在实施海关作业时，对收发货人或代理人进行口头询问。该询问不制作相关书面文件。

（三）问询

海关可以从承运人、申报人及其他人员处获取海关检查需要的信息。海关问询时应制作书面通知，并交给被问询人。

（四）海关监视

海关工作人员可以通过目视或使用技术设备观察海关监管货物。

（五）海关查看

海关查看即外形查验。海关工作人员不打开运输工具、不开拆货物包装、不拆卸，仅通过目视检查货物、行李、货舱（厢）、海关封志、印章及其他识别标记。海关工作人员在海关监管区内查看货物时，收发货人或其代理人未明确表示需要到场时，海关工作人员可实施检查。根据海关查看结果，海关依照规定的格式制作记录。该记录一式两份，一份海关留存，一份交给收发货人。

（六）海关查验

1. 概念

海关查验指海关工作人员实施的开拆货物包装、打开运输工具货舱（厢）等核对信息的行为。海关查验时，申报人、收发货人或其代理人应当在场，并向海关查验人员提供必要协助。

2. 径行查验

申报人、收发货人或其代理人不在场时，在下列情形下，海关可以实施查验：

（1）申报人、收发货人或其代理人未到场或者上述人员联系不到；

（2）发现威胁国家安全，危害人、动物生命健康，动物流行病疫情，对国家文物保护存在威胁及其他紧急情况；

（3）利用国际邮件寄递货物（物品）的；

（4）违反其他有关规定的。

在以上情形下进行海关查验，应在有 2 名见证人在场的情况下实施。

3. 查验记录

根据海关查验结果，海关制作查验记录。查验记录一式两份，一份海关留存，一份交给收发货人或其代理人。查验记录应包含以下信息：

（1）实施海关查验的海关查验人员及在实施查验时在场人的信息；

（2）申报人、收发货人或其代理人不在场的原因；

（3）海关查验结果；

（4）记录单中所列的其他信息。

（七）海关人身检查

海关工作人员在有充分理由认为进出境的自然人身上藏匿有违反法律规定的物品且不主动交出的，根据海关负责人的书面决定实施人身检查。

（八）检查识别标记

海关检查货物或者其包装上是否具有在联盟海关立法或联盟成员国法律规定的情形下，为了证明进口到联盟关境使用其核发的专门标签、识别标记或者其他方式标识的货物。

（九）检查场所

为了确认海关监管场所是否符合有关条件和场所内存储货物情况，海关可以到监管场所实地查看。

（十）清点海关监管货物

海关作业当中的货物清点，可以通过信息系统和信息技术进行。

（十一）商品清点和报告系统核查

商品清点和报告系统核查是海关对享受通关便利措施的收发货人所使用的商品清点和报告系统实施的检查。

（十二）海关稽查

海关为了核查进出口收发货人是否遵守联盟法律法规和联盟成员国有关规定的要求，可以开展海关稽查。

三、海关鉴定

海关为了更客观、有效地实施检查，依照法定程序，组织海关工作人员和业务专家使用专业知识和科学知识，选取货物样品，通过研究、比照、检验、化验等方式，实施识别鉴定、商品价格鉴定、材料鉴定、工艺鉴定、刑事侦查鉴定及其他鉴定，以辅助海关实施监管。

（一）海关监管过程中的鉴定及专家的参与

1. 业务专家参与鉴定

为实施海关监管，海关有权依法吸纳国家机关的业务专家参与到其工作中，比如，对从亚美尼亚境内出口的金属精矿进行鉴定，并向海关提交对精矿进行鉴定的结果。

2. 鉴定期限

自鉴定人接收鉴定材料之日起不超过 20 个工作日得出鉴定结论。海关鉴定期限符合以下条件时可以暂停，但不超过 10 个工作日：

（1）海关鉴定决定书中所列清单与提交鉴定的货物不符的；

（2）海关专家为进行鉴定需要获取其他材料或样本的；

（3）如果鉴定可能损坏或销毁货物，经上级海关批准的。

3. 一般鉴定期限延长

经申请，具有管辖权的海关关长、副关长或临时代理人书面同意后，可以延长鉴定期限，但对于需要依据鉴定结果方可放行的情况，鉴定应在放行期限内完成。

4. 特殊鉴定期限延长

如果需对两个或者两个以上的对象（地点、客体等），通过使用比较（对照）方法和科学技术手段来获得鉴定结果，经上级海关关长同意，可以根据需要延长鉴定时间，直到获得结果为止。

5. 海关拒绝鉴定

如出现海关鉴定依据不充分、海关鉴定决定不正确、实施鉴定采样或货样与鉴定决定不符，或者进行鉴定的海关或其他机构不具备鉴定所需的资质等情况，海关可以拒绝进行鉴定。

（二）委托鉴定

在海关专家不能进行鉴定的情况下，可以委托其他授权机构的专家进行鉴定。其他授权机构的专家应按规定参与到以合约为基础的海关鉴定过程中。如果海关委托另一经授权组织的专家进行海关鉴定，则该专家需向海关提交必要的专业技能证明。

（三）鉴定结论

海关鉴定时，对货物进行抽样，抽样数量应为满足鉴定的最小数量，同时制作两份记录，一份交给申报人，一份海关留存。经海关鉴定后应出具鉴定结论，鉴定结论的所有页都需要专家签字，并由实施海关鉴定的机构盖章。

按照法律规定，在鉴定过程中，聘请专家的服务费用由国家支付。

第五节　货物放行

货物办结通关手续后，海关对进出境货物予以放行。如果同一份报关单中有多项商品，海关可以仅放行依据本国法律和欧亚经济联盟规定可以放行的部分商品。

一、货物放行期限

（一）预申报货物放行期限起算日期

办理货物预申报手续时，货物放行期限自下列情形之一发生时起计算：

1. 对报关单申报信息进行变更（补充）。前提是海关已经收到关于货物停放在预申报报关单中申报的海关监管区的通知，或者海关签发准许船舶运输货物在预申报报关单中申报的运抵地点卸货的许可。

2. 海关已经收到关于货物停放在预申报报关单中申报的海关监管区的通知，或者海关签发准许船舶运输货物在预申报报关单中申报的运抵地点卸货的许可。前提是申报人通知海关不需要对申报信息进行变更（补充），或者在海关收到关于货物停放在预申报报关单中申报的海关监管区的通知之前及海关签发准许船舶运输货物在预申报报关单中申报的运抵地点卸货的许可之前，已对申报信息进行变更（补充）。

（二）货物放行的期限

除特殊情况除外，海关应在报关单接单登记之时起 4 小时内完成货物的放行。如果报关单在海关工作时间结束前不到 4 小时登记，则应在海关重新开始工作之时起 4 小时内完成。

如果发生下列情况之一，应在报关单登记之日起 1 个工作日内或者办理货物预申报手续时货物放行期限起算之日起 1 个工作日内完成货物放行：

1. 海关要求提供申报信息证明文件和/或决定实施查验或化验，以及采取海关监管保障措施；

2. 申报人向海关提出申请变更（补充）申报信息；

3. 申报人未根据海关要求对申报信息进行变更（补充）。

（三）货物放行期限延期

经海关负责人同意，有以下情形的，货物的放行期限自登记报关单之日的次日起最多延长 10 个工作日：

1. 申报人提供支付关税和进口环节税的担保；

2. 申报人在法律规定的情况下，提交许可证、证书、许可或其他单证；

3. 确定海关商品归类；

4. 海关在放行前对货物价格进行审查时，发现价格存在问题，要求申报人提供补充材料的；

5. 在海关检查中，发现可能单货不符有违规嫌疑的，需要申报人补充提供单证和信息的；

6. 根据海关决定需要补征税款的情况下，申报人提出书面申请。

二、有条件放行货物

所谓有条件放行，即海关监管货物的放行，即已办理了放行手续，但货物仍处于海关监管之下，需纳入海关后续管理。主要包括以下 3 种置于放行供境内消费的货物类型：

1. 特定减免税货物。这些货物适用了缴纳进口关税、进口环节税优惠，这些优惠具有使用或处分这些货物的限制，即货物放行后 5 年内不得移作他用。

解除监管的情形主要包括限制期限届满、补缴税款、销毁、放弃、灭失、罚没、复出口等。

2. 在货物放行后可以证明遵守依照《欧亚经济联盟条约》和法律规定的限制规定，即禁止出售、转让。

证明遵守限制规定后即解除监管。

3. 适用协定税率货物。依照联盟框架下的国际条约或者加入联盟的国际条约规定，适用了比《欧亚经济联盟对外经济活动统一商品目录》规定更低的进口关税税率。此类货物仅限于在亚美尼亚境内使用。

解除监管的情形包括补缴税款、特定商品限制期限届满、销毁、放弃、灭失、罚没、复出口等。

除上述货物外，还包括：在规定的期限内分批次进口的未组装或拆散件，包括不完整品或未制成品形式的货物组件；按照保税仓库、保税贸易、关境内加工、内需加工、暂时进口、转口、再出口、海关过境和销毁的海关程序清关的货物；亚美尼亚政府决定和亚美尼亚签署的各国际条约确定的其他货物。

三、拒绝放行货物

在不遵守本法和《欧亚经济联盟海关法典》和《亚美尼亚海关法》对货物放行的要求和条件的情况下，海关拒绝放行货物，并书面通知申报人拒绝的理由。海关在查验中发现违法行为，则拒绝放行，但违法情节轻微或违法行为已消除的可以放行。对拒绝放行货物，可按亚美尼亚法律法规规定的方式提出上诉。

第六节　海关稽查

一、海关稽查概述

（一）概念

海关稽查是指在货物放行后 3 年内，海关为了核查申报人是否遵守国际条约和法律规定而采取的检查。海关稽查主要通过将海关申报单和向海关提交的随附单证中的信息及海关获取的其他信息与企业会计账簿、会计凭证、银行账户等信息进行比对的方式进行。

（二）海关稽查的分类

海关稽查可分为海关单证稽查和海关现场稽查。

1. 海关单证稽查

单证稽查是海关工作人员在工作所在地，通过研究和分析被稽查人在实施海关作业时提交的报关单、商业单据、运输单据（运输凭证）及海关获得的其他信息，同时有权要求企业提供会计数据及相关报表，来核查企业申报情况的稽查行为。

2. 海关现场稽查

海关现场稽查是海关前往被稽查人所在地或实际开展业务的地点实施的检查。

（三）被稽查人

被稽查人包括：申报人，报关代理人，承运人，收货人或其代理人，货物临时存储人，免税商店、海关仓库经营人，经授权的经营者，进出口贸易相关参与人，占有和使用海关监管货物信息的人。

二、海关稽查人员实施稽查时的权利和义务

（一）在开展海关稽查时，海关稽查人员具有的权利

1. 要求被稽查人提供并从其获取商业单据、运输单据、会计核算文件和报告，以及与被稽查货物有关的其他信息；

2. 要求被稽查人呈验对其开展外出稽查的货物；

3. 要求被稽查人提交与货物处置（处理）相关情况的报告；

4. 要求银行及其他金融机构提供被稽查人与稽查事项相关账户资金流动情况，其中包括具有银行秘密的信息和文件；

5. 要求税务机关和国家其他机关提供所必需的信息和文件，其中包括构成商业秘密、银行秘密、税收秘密及受立法保护的其他秘密的信息和文件；

6. 在开展外出海关稽查时按照规定对货物进行盘点；

7. 因稽查业务需要，发出国际请求；

8. 进入被稽查人处所时，出示开展海关稽查的决定和工作证；

9. 在开展外出海关稽查时,选取货物试样和样品,并且制作记录;

10. 在开展外出海关稽查时,从被稽查人处收缴单证或单证副本,制作收缴文书;

11. 为了制止旨在转让或者以其他方式处分被稽查货物的行为,按照规定在开展海关稽查期限内,对货物进行扣押或者收缴;

12. 查封存储货物的场所;

13. 实施法律法规规定的其他行为。

(二)在开展海关稽查时,海关稽查人员具有的义务

1. 维护被稽查人的权利和合法利益,不允许非法的决定和行为给被稽查人造成损害;

2. 在开展外出海关稽查期间,不得违反被稽查人的工作制度;

3. 在开展海关稽查时,获取的任何信息仅用于海关稽查使用;

4. 不得泄露在开展海关稽查时知悉的机密信息,以及知悉的构成税收秘密、银行秘密和受法律保护的其他秘密信息;

5. 根据被稽查人要求,提供所必需的涉及开展外出海关稽查程序规定的信息;

6. 确保在开展海关稽查时获取和制作的单证完整无缺,未经被稽查人同意不得泄露其内容,法律另有规定的除外;

7. 在货物放行后,提取货物试样和样品时,告知被稽查人的权利和义务;

8. 履行法律法规规定的其他义务。

三、被稽查人员在海关实施稽查时的权利和义务

(一)在开展海关稽查时,被稽查人具有的权利

1. 向海关了解稽查程序;
2. 提供货物放行手续及遵守法律的所有文件和信息;
3. 对海关做出的决定不服提出申诉;
4. 法律规定的其他权利。

(二)在开展海关稽查时,被稽查人具有的义务

1. 配合海关检查货物;
2. 根据海关要求,在规定期限内提交有关材料,如材料是电子文本或者扫描文件,需同时提供纸质文件;

3. 不得阻挠海关公职人员进入其办公处所，同时需向海关工作人员提供工作地点；

4. 签收海关稽查决定；

5. 按照本国语言翻译海关所需文件的译文；

6. 最晚2个工作日内向海关提交其所需要的文件；

7. 履行法律规定的其他义务。

四、不配合现场稽查的处置

海关稽查人员在实施稽查时，应出示稽查决定和工作证件，稽查决定中应列明稽查人员，否则被稽查人有权拒绝对其货物进行稽查。如果被稽查人不允许对其货物进行稽查，海关稽查人员应按照上级海关规定的形式做好记录，记录应由进行现场稽查的海关稽查人员与被稽查人或其代理人签字，并将记录复印件交被稽查人员或其代理人。

如果被稽查人或其代理人拒绝在记录上签字，海关稽查人员应在记录中注明。被稽查人有权就拒绝签署记录作出书面解释。

五、扣留、没收被稽查人账簿、单证或进出口货物

（一）扣留

海关对被稽查货物的扣留是指禁止被稽查人员对其进行处置和使用。

扣留的货物应转移至海关指定场所或在所有权人场所封存。

1. **稽查实施扣留情况**

稽查时遇到以下情况，需实施扣留：

（1）流通的货物不具有联盟和亚美尼亚法律规定的商标、识别标志或伪造商标和识别标志的；

（2）被稽查人员的商业文件中缺少亚美尼亚和联盟法律规定的关于申报或放行手续的，以及提供虚假信息或未提供亚美尼亚和联盟法律规定的商业文件的；

（3）查明货物在有条件的放行后，改变其原有使用目的，与其适用的通关方式不符的；

（4）采用伪报瞒报手段，骗取适用关税、进口环节税优惠政策的；

（5）经查明有违反海关监管条件和要求使用货物的。

2. **扣留货物的管理**

海关稽查人员对被扣留的货物应做好记录，详细登记其名称、数量和特

征。该记录应由稽查人员、被稽查人及证人签字。记录的副本应交给被稽查人或其授权的人员。

3. 扣留货物费用承担

扣留货物的储存费用一般由货物所有权人承担。如果稽查结束发现不存在违反海关法律的行为,则扣留货物的存储费用由国家承担。

(二) 没收

经海关稽查,认定被稽查人有违反海关监管规定行为的,可以依据相关法律规定,没收货物或单证。

1. 一般规定

(1) 海关在实施没收时,应通知货物所有人,以及在不少于两名证人在场的情况下进行。

(2) 海关在实施没收行为时,为了确保货物的完整性,所有被没收的货物、单证,可以进行包装或施封。被没收的文件必须由其所有人或其授权人编号、盖章或签字。如果被稽查人或其授权人拒绝在没收文件上盖章或签名,海关应在没收文件的记录上加注。

2. 没收禁止进境货物

如果查明货物属于禁止进境的货物,或者采取扣留措施会对货物造成损失或破损,则可以没收货物。

3. 没收原始单据

海关稽查时发现被稽查人员不能按照要求提供所需的原始单据的全部复印件,或者有理由相信原始单据可能被破坏、隐藏、更改或替换,则海关稽查人员有权没收原始单据。没收原始单据时,应制作没收清单,一式两份。应将决定书的一份副本连同没收的文件副本一起交给被稽查人。文件副本上需显示没收决定书编号、日期及进行没收的海关公职人员的签字。

(三) 返还没收货物及解除扣留货物

1. 经海关稽查,未发现有违法行为,不存在违反亚美尼亚海关法或未违反亚美尼亚行政违法和刑事诉讼法产生没收和扣留的情况,应于稽查结束前返还没收的货物和文件、解除扣留货物。返还没收货物和文件、解除扣留货物的决定,应由海关稽查人员根据现场稽查情况做出。返还没收货物和文件、解除扣留货物,应按照海关稽查人员及被稽查人共同签署的协议书完成,该协议书一式两份,一份交于被稽查人,一份由海关留存。

2. 从现场海关稽查结束之日起两个月内未申请的没收货物,根据法院判决,交由亚美尼亚所有。

在没收货物或需要储存的理由不存在后，这些货物应在 1 个工作日内退还给所有权人。

（四）中止现场稽查

海关稽查人员在稽查过程中，遇有特殊情况，经上级海关批准，可以中止现场稽查。海关现场稽查的中止和恢复，应由上级海关负责人根据进行检查的海关关员的书面说明决定。海关在此决定做出后，1 个工作日内需将决定书面通知被检查者。在中止理由取消前，现场稽查应予以暂停，但其期限不得超过 90 个工作日，如联盟成员国或其他签订国际条约的国家提出申请，则期限截止到收到回复之日。

六、稽查结论

（一）海关稽查结果的分类

海关稽查结束后，应形成稽查结论。包括以下两种：
1. 海关单证稽查时的稽查结论；
2. 海关现场稽查时的稽查结论。
海关稽查单应一式两份，由进行稽查的海关稽查人员签字。

（二）海关稽查结论内容

海关稽查结论应该包括以下内容：
1. 被稽查人信息；
2. 实施稽查的海关稽查人员信息（职位、姓名）；
3. 是否违法的结论；
4. 对存在的违法行为的处置意见，如向海关支付的税费、罚金等。

（三）稽查完成日期

制成稽查结论的日期视为完成稽查的日期。海关稽查结论由实施稽查的海关关长（副关长）签批。

（四）稽查后续处置

经稽查发现，被稽查人员如存在未按照亚美尼亚法律规定支付或者未付清应缴纳的海关税费或其他税费等情况，则实施稽查的海关关长或其授权的其他人可以针对稽查结果做出稽查决定。稽查结论和补税决定在完成稽查后 5

个工作日内，交给被稽查人或纳税义务人。被稽查人应在接收到稽查结论和补税决定后 10 个工作日之内，履行补缴税款义务并履行其他法定义务。如果在规定的期限内完成支付，则无须缴纳相应的罚款。如在稽查中发现行政或刑事犯罪行为，则应按照亚美尼亚法律规定进行进一步审理。